浙江理工大学学术专著出版资金资助（2011年度）
国家自然科学基金资助（项目号：71102115）

# 组织变革背景下
## 团队主动性特征与效能机制研究

# Under the Background of Organizational Change
## *Team Initiative Characteristics and Efficiency Mechanism Research*

薛宪方 著

# 摘 要

结合组织变革背景，在团队水平上开展主动性研究，探索团队主动性的内涵及其主要特征和效能机制。本书主要包括以下内容：

(1)通过对两阶段来自 20 家企业 27 位高管的深度访谈，获得了变革背景下团队主动性的原始研究资料，然后按照扎根理论的思路对获取资料进行了细致的分析，构建了团队主动性构思的结构体系。本研究认为团队主动性是一个集体行为构思，主要是指团队为了达到应对环境变化、捕捉未来机会、预防已有问题等目的而展开的集体行为，是组织变革背景下一种重要的群体动力，具有三个典型特征：群策、协作和适应，三个维度分别反映了团队主动性的动力基础、行动过程和持续机制方面的特征。

(2)对团队主动性进行了多方法测量和比较。团队主动性可以使用问卷法和回顾式行为测量法进行测量，两种方法都可以有效地捕捉到团队主动性的内涵，而且两种方法之间的聚合效度较高。团队主动性在不同行业类型、企业所有制类型、变革类型和团队类型间存在显著差异，IT 行业、民营和三资企业中，正在经历国际化、公司创业和并购的 IT 团队在各方面都展现出了较高的团队主动性水平。

(3)借鉴团队研究中情感、认知和行为中介过程的研究启示，把团队心理状态作为组织变革背景下团队行为的重要影响因素，并进一步探索了团队主动性的效能机制，而且专门对团队变革效能指标进行了建构，测量了变革任务绩效和变革周边绩效，其中包含了客观结果类、任务执行类和心理反应类指标，较为全面地捕捉到了组织变革给团队带来的影响。通过对来自 98 家企业 108 个团队有效样本的分析，研究发现：①变革任务依存、变革目标合作和团队主动性正相关；②决策集中度和团队主动性负相关，专长分散度和团队主动性正相关；③团队效能感、心理安全感与团队主动性正相关，而且在变革任务特征、团队结构特征对团队主动性的影响过程中起到了中介作用；④团队主动性和团队变革任务绩效、团队变革周边绩效正相关;⑤交互记忆系统和团队变革绩效正相关,而且在团队主动性影响团队变革绩效的过程中起到了缓冲作用。

(4)采取整合式研究思路,把团队认知过程作为团队行为与团队效能之间关系的重要调节变量,研究了团队主动性的效能机制。通过基于真实企业变革案例开发的模拟实验,研究发现交互记忆系统和团队变革绩效正相关,交互记忆系统在团队主动性和团队变革绩效的关系中起到了重要的缓冲作用,只有在团队主动性水平和交互记忆系统水平都高的条件下,团队变革绩效才能达到最好的水平;研究还发现 Lewin 的变革模型适用于对团队主动性的发展阶段进行解释。

(5)本书系统地归纳了上述研究结论并进行了讨论,提炼了本研究的关键理论进展,并指出了研究局限,对未来研究方向做了进一步的展望。

**关键词**:组织变革;团队主动性;特征;效能机制

# Abstract

This study focuses upon initiative on the team level under organizational change. In order to reveal the construct of team initiative, its main characteristics and effectiveness mechanism, Four studies were conducted.

Study one was based on grounded theory. Twenty-seven top managers from 20 enterprises were interviewed in depth. Then the open code, axis code and selective code were executed. Team initiative was a kind of collective constructs, It mainly concerned with the behaviors for dealing with environment change, grasping future opportunities and preventing existed problems. It is one of the most important group dynamic elements under change. It had three typical characteristics: team-driven, collaboration, adaptation. These three dimensions reflected team initiative's dynamic basis, action process and sustainability mechanism.

Study two used multiple methods to measure and compare team initiative. It could be measured by questionnaires and retrospective behavior measure . Both of them could grasp its nature and they had quite high convergence validity. There were significant differences of team initiative among different industries, ownerships, teams and changes. Teams from private enterprises and joint ventures in the IT industry and were experiencing internationalization, corporate entrepreneurship and merge showed higher level of team initiative.

In team studies affective, cognitive and behavioral mediating processes were paid more attention. Study three explored the influencing factors and effectiveness mechanism of team initiative. Data analysis was based on 108 teams from 98 enterprises. The study focused on the team change effectiveness construction and measured change performance which including performance indicator, executing indicator and psychological indicator. It was found that change task interdependence, cooperative goal interdependence were correlated with team initiative positively. Decision power centralization was correlated with team initiative negatively. Expertise distribution was correlated with team initiative positively. Team effectiveness and team safety perception were correlated with team initiative positively and they played a mediator role in the relationship between change task character, team structure character and team initiative. Team initiative and team change task performance, team change contextual performance were correlated positively. Transactive memory system (TMS) was correlated with team performance and it was a moderator between the relationship of team initiative and team change performance.

Study four further took an integrative approach. Team cognitive process was dealed as one important moderator in the link between team behavior and team effectiveness. Results from the experiment which was based on the true organizational change case showed that TMS was correlated with team change performance and It played an important moderating role in the relationship between team initiative and team effectiveness. Only under the mixture of high team initiative and high TMS the highest performance could be gained. Further, this study found that Lewin's change model could be used to explain the developing stages of team initiative.

Research results were concluded systematically and discussed, related theory development were summarized. The limitations of these studies were also pointed and new issues for future research were proposed.

**Keywords**: organizational change, team initiative, characteristic, effectiveness mechanism

# 前言

现今的多数企业已经把团队作为基本的工作单元(Ruggles & Holtshouse,1999),团队绩效的高低已成为决定企业竞争力的重要因素。在人力资源管理实践中,团队管理越来越受到重视,然而团队管理也存在一些突出的问题,主要表现在:(1)员工的团队精神较差,对团队的愿景和目标认同度不高,不能充分地嵌入团队,缺乏团队合作行为;(2)团队成员在个人业绩好的时候表现较为积极主动,也能和团队其他成员相处融洽,但是一旦业绩不佳时,就表现得相当消极被动,对整个团队的归属感也下降了;(3)团队成员间的协作性较差,面对共同的任务时,成员之间的专长发挥、信息交流不充分,难以提出良好的问题解决方案;(4)团队规范模糊,在工作准备、任务执行、工作总结中没有建立一种快速响应、协同运作的规范,以至于团队自身执行水平适应方面表现较弱。这些都是实践中很重要的问题,以上问题的解决都涉及了团队管理非常关键的部分,即如何建立一种团队工作机制,能够使得团队成员有较高的团队认同感、主动参与度、协作互助水平和规范运作程度,这就给理论研究提出了新的问题和挑战。

当今组织所面临的环境和任务的不确定性逐渐增加:来自全球竞争的压力使得企业要面对来自全球竞争者的挑战;更快的创新速度要求创意的构思和执行都要具有行动领先性;临时工作的增加使得个体更多的是被分配在任务上,而不是在固定的工作上,工作更可能是以项目团队的形式来展开的,当一个项目完成时,个体就要转到另一个项目上去,在这种背景下,员工的个人主动性对于个人和组织的成功都非常关键(Frese,2001)。在变革和不确定的环境下,组织对团队的依存程度越来越高(Edmondson,1999)。Ilgen 等(2005)指出,团队研究中所关注的问题,已经由什么因素可以预测团队效能变为为什么一些团队的效能会比另外一些团队要高,而且还指出很有必要研究从预测指标到效能之间的情感的、认知的和行为的中介过程。Rank 等(2004)认为创造性、创新和主动性是个体、团队和组织达到目标状态的三种心理过程，主动性在构思到执行，执行到绩效的过程中都有影响作用。由此可见，主动性在不确定性环境下对于组织的绩效达成发挥着重要的作用，主动性的发挥可以提前预测未来的机会、发现存在的问题、做出行动领先的方案，从而可以在激烈的市场竞争中先人一步，处于有利的位置。

现今全世界都在努力和金融危机做斗争，我国政府积极鼓励创业行为，我国企业也处于产业不断转型升级的背景下，公司创业、企业兼并重组、企业信息化、企业国际化等进行得如火如荼，这些都反映了企业正处于一个变革的时代。在这样一个变革的背景下，不仅要求个人具有较高的主动性，也对团队的主动性提出了较高的要求。个人主动性已经得到了较多的研究，但是在理论研究中还缺乏对团队主动性的探究，特别是在当今的组织变革背景下，所以对组织变革背景下团队主动性的内涵、团队主动性的形成过程及其效能机制的研究就具有很强的理论意义和实践意义。

# 目 录

# 第一章　理论基础

## 第一节　个人主动性研究综述

团队主动性的基础是个体层面的主动性，也就是个人主动性，所以首先对个人主动性的相关研究进行概述和评价。

在企业管理中，经常发生的一个现象就是管理者抱怨员工没有主动性，不能为组织高效灵活的运转作出贡献。在理论上与之相对应的问题就是关于个人主动性的研究，自从20世纪90年代以来，研究中越来越重视个人的周边绩效对组织效能适应的作用，个人主动性也是属于周边绩效这一大的范畴。在企业面临的环境和任务日益不确定的情境下，为了有效地应对未来的挑战，组织会更加重视个人主动性的作用。

### 一、个人主动性的内涵及与其他相关概念的区别

1. 个人主动性的内涵

个人主动性这一概念是由Frese于20世纪90年代在对东、西德进行比较研究时提出来的，当时很突出的一个问题就是西德的管理者经常抱怨东德的员工没有主动性，为了理解这一社会问题，Frese等开展了一系列的纵向比较研究。Frese等(1996)指出，个人主动性是一系列工作行为的集合，是指个体采用一种积极的和自我驱动的方式进行工作，超出了工作本身的正式规定。具体地说，个人主动性有5个特点：(1)和组织的使命是一致的；(2)有一个长期的焦点；(3)是目标导向和行动导向的；(4)在障碍

和挫折面前仍能坚持不懈；(5)是自我驱动和行动领先的。Frese 等(2001)又把这一概念进一步归纳为三个方面：(1)自我驱动。自我驱动意味着个体作某件事情，并不是被要求的、没有得到清晰的说明、没有具体的角色要求。所以个人主动性追求的是自我设定的目标。(2)行动领先。行动领先意味着有着长期导向的目标，并不是等到个人不得不行动的时候才去行动，工作中有长期的焦点可以使得个体会考虑即将到来的事情(新的需求，新出现或者反复出现的问题，即将出现的机会)，然后在它们到来之前做好一些准备。所以个体对问题和机会是进行过预测的，并已经准备好马上去处理。(3)坚持不懈。当展现主动性的时候，坚持不懈是必需的，因为个人主动性意味着某些事情发生了变化，比如工作流程或者任务的改变，这些变化可能在执行之初进展得并不顺利，受到变化影响的人们可能并不喜欢去适应一些新的东西，而且直接上司也未必喜欢下属超越他们工作的边界。这就要求个体能够坚持不懈地努力，去克服他人的反对和惰性。

Frese(2001)指出，个人主动性的三个方面是互相强化的，行动领先导致了自我驱动目标的发展；自我驱动目标导致了克服障碍的需要，在克服障碍的过程中也导致了更多自我驱动目标的出现；自我驱动意味着个体考虑了未来的事情，所以会有更高程度的行动领先。所以，三个方面是倾向于同时发生的。

2. 个人主动性与组织公民行为的区别

个人主动性和组织公民行为(OCB)都属于周边绩效的范畴，两者都是间接地对组织效能作出贡献。但是这两个概念还是有差异的，Frese 等(1996)认为两者的区别主要表现在：(1)OCB 在实证上最重要的两个成分是利他主义和依从，而依从是一个更加被动的概念，意味着遵守规则。相反，个人主动性通常包含着反叛的成分。(2)OCB 是以上司的框架来作为起点的，从上司的角度来看该员工对组织的价值。但是上司可能不支持个人主动性甚至还会对其进行惩罚。(3)时间框架是不同的，长期来看个人主动性对于组织是有价值的，但是短期可能甚至会令人讨厌，因为高主动性的个体总是不断地提出新的想法，但是 OCB 是趋向于短期的积极社会导向的。(4)与满意感的关系是不同的，OCB 一般和较高的满意感相关的，而个人主动性通常是因为不满意才进行行动的。

3. 个人主动性与创业和内创业的区别

Hisrich(1990)指出，创业(entrepreneurship)意味着进行主动性的和创造性的思考，组织社会及经济机制以使资源和组织能够适应现实的需要，并能够接受风险和失败。Covin 等(1991)提出了关于创业的三个维度并得到了广泛的认同，这三个维度就是：创新、行动领先和冒险。所以可以看出主动性必然是创业的一个重要成分，但是主动性并不一定有商业上的含义。

Antoncic 等(2003)把内创业(intrapreneurship)定义为:现存组织中的创业活动,涉及组织中与常规做法不同的意图和行为。内创业不仅是指开创新的风险事业,还包括其他的创新活动或者导向,诸如新产品、新技术、新管理策略的开发等,它的特征维度可以总结为:新的风险事业、产品/服务创新、流程创新、自我更新、冒险、行动领先、竞争性进攻和新创企业。内创业和个人主动性都需要独创的、与常规不同的实践,但是两者最大的区别就在于其所关注水平的不同,内创业更多的是从组织的角度出发来进行行动的,个人主动性核心在于组织中个人的行动。

4.个人主动性与主动性个性的区别

Bateman 等(1993)提出了主动性个性的概念,他们认为主动性个性是个体主动采取行动影响周围环境的一种稳定的倾向,具有这种个性的人可以主动地预测机会,积极行动,从而主动地去影响环境。两者的区别就在于个人主动性是指一系列行为的集合,是一个行动的概念,而主动性个性是一种倾向性。另外,即使具有了主动性个性,可以表现出自我驱动和行动领先的特征,但是面对障碍和挫折时,未必能够表现出坚持不懈的行为,所以个人主动性是对这一概念在行动上的进一步深化和拓展。

## 二、个人主动性的测量

Frese 等(2001)指出,个人主动性是一系列行为的集合,是不适合只使用问卷来进行测量的,原因有三个方面:(1)避免社会称许性,在社会情景中,个体普遍想给别人一种积极、主动的印象,所以如果只使用问卷来进行测量,很容易出现社会称许性;(2)使用问卷所测量出的可能仅是个体的一种意图,虽然意图和行为是相关的,但是意图并不能真正代表行为;(3)避免同源偏差,如果只使用问卷来进行测量,那么就不可避免会出现同源偏差的问题。所以基于这些考虑,Frese 等开发了多评价来源、多评价方法、行为测量和问卷测量相结合的个人主动性测量方法。这种方法主要包括两大部分,第一部分是结构化访谈,第二部分是问卷填写。针对结构化访谈的不同部分,研究者开发了相应的评分表和编码表。

Frese 等(2001)总结了在结构化访谈中使用的5个用来测量个人主动性的量表:(1)一般的主动性。这部分主要是询问个体过去的行为,例如是否在过去两年中提出过改进工作的建议,然后评分者进一步追问此建议是否是本人的想法、是否经常被别的同事提出来、是否需要额外的努力等问题,然后根据相应的评价标准进行评分和编码。这是一种回顾式的行为测量,其缺点就是受到了记忆效应的影响。(2)教育主动性。这部分主要是测量个体在当前工作中对个人继续教育的参与程度和未来的教育计划。只有那些并不是由公司所发动的相关教育活动才称之为教育主动性。评价者然后根据个体是否对继续教育计划过以及是否有具体的计划来进行编码。(3)克服障碍。首先假定个体面临一种困难的情景,被要求提出解决问题的方案,每当回答出一种方案,访谈者就说假设这种方案不能解决问题,要求被试再想出其他方案,一般访谈者会否定四次已经提出的方案,最后评分者对方案进行评价,判断哪些可以作为能够解决问题的方案,并计算这些方案的数目。(4)积极性程度评价。根据前面提出的克服障碍的方案,评价其所体现出来的积极性程度,就是有多少方案是个体亲自去完成的,而并不是借助外界的力量来完成的。(5)访谈者评价。访谈者是经过专门训练的,一般由心理学或者管理学的研究生来担当,由于其已经参与了1个小时左右的访谈,是可以对被试的主动性水平进行评价的,在操作中使用语意差别量表来进行评价,例如评定访谈对象的积极程度、主动水平、目标导向水平和计划导向程度等。

问卷部分采用自我报告的方法,使用的就是根据调研开发出的7个题目。Frese等(1996)对东西德的比较研究中还使用了配偶评价的方法,用来对个人主动性测量的效度进行检验。

在测量分数的处理中,Frese等(1997)对基于结构化访谈得来的5个部分的数据进行了合成,通过二阶主成份分析,抽取出来一个单因素的结构,就称之为个人主动性,而且这个二阶因素和个人自我报告的主动性水平、配偶报告的个人主动性水平的相关都达到了显著水平。在操作中,基于结构化访谈的个人主动性和基于问卷的个人主动性是可以独立使用的,而且都是单维的结构。至于个人主动性采用单因素结构处理的原因,Frese等(2007)认为:(1)从理论上来说,个人主动性是一系列行为的集合,这些行为之间是高相关的,而且彼此之间有强化和补充的关系,所以在概念上很难把这些行为表征的具体维度区分开来;(2)在方法论上这样处理也是有优势的,一方面减少了多重共线性的问题,另一方面由于并没有包含多个变量,没有减少自由度,从而增强了其在回归分析中的应用。

Searle(2008)研究了压力管理中个人主动性培训的问题,其中对个人主动性的测量分为定量和定性两部分。在定量部分,主要使用了问卷测量的方法,包括了Frese开发的7个项目的问题,另外还有目标导向的行动领先行为,使用了四个项目来测量,涉及了被试过去一周中设定目标、收集目标相关信息、制订计划和监控计划实施过程的程度。定性的个人主动性测量主要是要求被试在培训期间完成压力日记,让被试记录下来他们所经历的压力、他们认为能够改变的压力以及他们所采取的具体行动。最后对这些日记进行内容分析,从而评定其个人主动性水平。Fay 等(2002)就压力对个人主动性的影响进行了研究，在个人主动性的测量上，他们把个人主动性分为一般的个人主动性、主动性数量和主动性质量。一般的个人主动性测量也是采用了 Frese 的问卷，主动性数量和质量是通过访谈来进行的，主动性数量涉及被试采取主动行动所花费的时间和努力程度，主动性质量涉及被试所采取的行动与工作中常规做法的差异程度。Kim 等(2005)就企业的社会化策略、员工的个人主动行为和个人组织匹配之间的关系进行了研究，在个人主动行为的测量上，为了避免社会称许性，并没有让员工本人来进行个人主动性的评价，而是让主管对其下属员工进行评价，评价的内容是员工在意义定位、反馈搜寻和关系建构上的各种行为。由这些研究可以看出，个人主动性的测量基本上是采用了问卷评价和访谈评价相结合的方法，既有定量数据，又有定性分析，较为全面地捕捉到了个人主动性的内涵。

## 三、个人主动性的影响因素研究

个人主动性的影响因素主要包括四个方面：环境、知识技能、个性和导向。

1. 环境

环境中有三种变量被认为是最影响个人主动性的发展的，即工作控制、工作的复杂度和直接上司对个人主动性的支持。Frese 等(2007)在对东西德四阶段纵向研究数据进行分析后发现，工作特征和个人主动性的相关系数在不同的研究阶段都达到了显著水平，而且其因果效应是通过一个组合的中介变量实现的(包括：控制渴望、知觉到的控制机会和自我效能感)。奇怪的是，当以提出的工作改进建议作为因变量时，直接上司的支持并不影响个人主动性，但是来自高层管理者的支持有助于主动性的展现。

Fay 等(2002)在对东西德纵向研究数据分析后发现，工作压力和个人主动性是正相关的关系，而且个体所感知到的压力可以用来预测个体后来个人主动性的变化。因为压力意味着工作流程或者工作设计是不完善的，所以个体感到应该作对某些事情进行改变。

2. 知识技能

个体需要工作相关的知识和技能，否则就不能确定工作中的哪些方面需要改进，不能提出问题和解决方案；另一方面，工作相关的知识和技能可能也是个人主动性的结果，有着长期导向的个体能更好地预测未来的需求，积极地为未来做准备。Frese 等(2001)总结两德纵向比较研究时，发现无论是在联邦德国还是民主德国，工作胜任力和个人主动性几个部分测量之间都是显著相关的。

3. 个性

个性差异反映了一种跨越情景的倾向性，这种倾向性对行为有着更为宽泛的和一般的影响力。和个人主动性相关的重要的个性特征有成就动机、保守心理和主动性个性等。Frese(1997)在民主德国样本中发现,成就动机和个人主动性有显著的正相关,在德国的学生研究中,也有类似的结果。Fay 等(2002)对两德比较研究发现保守主义和个人主动性显著地负相关。

Frese 等(2001)还对个人主动性和大五个性之间的关系做了检验,检验发现个人主动性与外向性和责任心相关系数分别是 0.33、0.29,且都达到了显著水平。个人主动性与宜人性、开放性、神经质的相关系数分别是−0.09、0.13、−0.14,而且都未达到显著水平。这些检验也表明,个人主动性和大五个性之间还是有很多差异的。

4. 导向

导向(orientation)反映了一种更加具体的、和情景直接相关的行为的倾向性,应该对个人主动性有着更直接的效应。主动性要求个体追求自我设定的目标,这就要求个体承担相应的责任。和个人主动性相关的重要导向就是控制渴望和自我效能感,Frese 等(1996)通过对东西德的比较研究发现个人主动性和控制渴望、自我效能感的相关都达到了显著水平。

导向在环境、知识技能和个人主动性之间的关系中应该起到中介作用。较高的工作控制和复杂度会促进员工采取主动的控制行为,这就进一步适应了自我效能感,而如果工作中缺少控制和复杂度则会导致无助感,从而减少了控制渴望。所以实际上工作中的控制、复杂度影响了自我效能感和控制渴望,然后这些导向又影响到了个人主动性。Frese 等(2007)在东西德比较研究中发现,自我效能感、控制渴望在工作特征对个人主动性的影响作用中起到了完全中介作用。

基于一系列的纵向比较研究,Frese 等(2001)提出了一个个人主动性相关变量的关系模型图,如图 1.1 所示。

## 四、个人主动性的影响效果研究

1. 个人主动性对工作变动的影响

Frese 等(1996)在对东德员工工作变化情况纵向研究后,发现了五种现象:(1)高主动性的个体可以更好地利用工作机会,所以更有机会去找到他们更喜欢的工作;(2)个人主动性和不稳定的工作环境之间有交互作用,面对不稳定的工作环境,低个人主动性者最有可能离职,而高个人主动性者可能留下来帮助企业的生存;(3)在失业的情况下,个人主动性高的个体更有可能较快找到工作;(4)个人主动性和职业规划及实施是密切相关的;(5)个人主动性有助于创造工作,已经创业者表现出了更高的个人主动性。

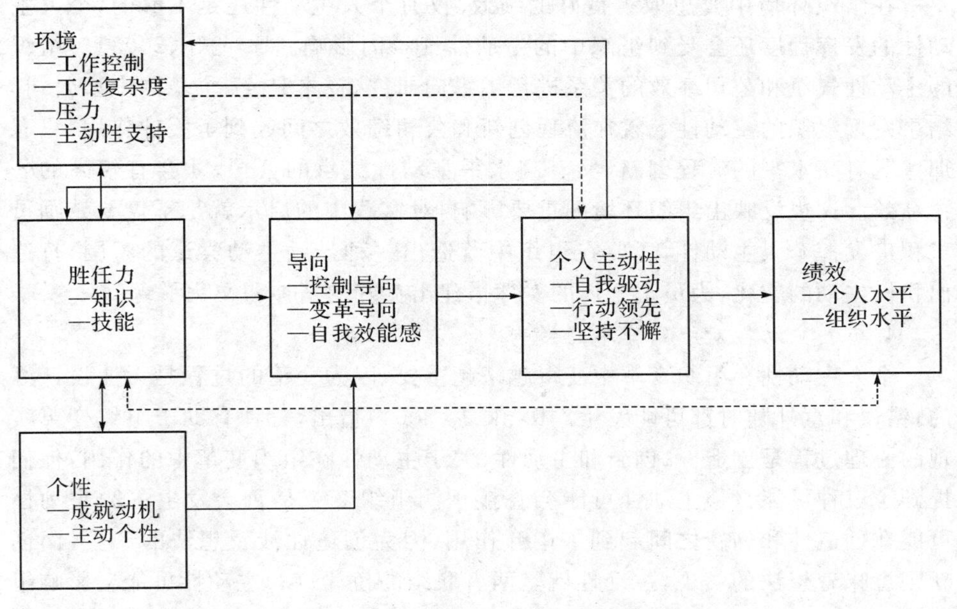


图 1.1 个人主动性相关变量关系模型图

2. 个人主动性对学习行为的影响

Frese 等(2001)在培训的背景下研究了个人主动性与学习行为的关系，样本是德国的学生，采用实验室实验的方法进行研究，并对全部过程进行录像。通过测量把学生分为了高主动性组和低主动性组，学习任务是操作某个计算机软件，学习材料都在介绍表上，主试简要介绍后由被试自己操作完成一些任务。结果发现，控制了一系列相关变量(先前对类似软件的经验，犯错误的次数，言语活动，性别等)后，再进行协方差分析表明，两组被试在两个方面存在显著差异：一是被试寻求主试帮助的频率(如：我该怎么办?)，二是被试寻求主试确认的频率(如：我这样做对吗?)。高主动性者更多的是依靠自我进行学习，更加信任自己，通过不断地试错来找到正确的做法。从这里可以看出，高个人主动性者更偏好自我探索式的学习，更可能适应动态环境下的变革任务要求。

3. 个人主动性对绩效的影响

高主动性员工应该有更高的工作绩效，因为高主动性的员工有更长期的时间框架，会对工作未来的挑战和要求进行预测，而且会主动地去学习和克服障碍。Frese 等(1999)在对荷兰的蓝领工人研究中发现，个人主动性和工作改进建议的想法是正相关的。Frese 等(2001)在德国、乌干达、津巴布韦之间进行了企业家的跨文化比较研究，结果表明，在不同的经济环境下，企业家的个人主动性和公司的成功都是显著相关的。

在组织环境中要想取得良好的绩效，仅有个人主动性还是不够的，个人主动性的发挥程度还会受到组织中的主动性气氛的影响。Baer 等(2003)对组织的主动性气氛和公司绩效的关系进行了纵向研究，样本是 47 个德国中型公司，结果发现组织的主动性气氛在流程创新和公司绩效之间起到了缓冲作用，只有那些既有高水平的流程创新，又有高水平主动性气氛的公司，才会有较高的公司绩效。这也反映出组织环境的重要影响，对实践中的启示就是不仅要鼓励员工积极发挥个人主动性，还要在组织中营造出一种鼓励主动尝试的氛围，打造出积极主动的文化，为员工个体的发挥搭建出良好的精神和文化平台。

4. 个人主动性对组织变革的影响

个人主动性在组织变革中变得越来越重要，因为变革的过程是无法设计好的，错误和意外随时都可能发生。Rank 等(2004)指出，三种有助于组织变革实现的心理过程是创造性、创新和主动性，关于主动性在组织变革中的作用，他们提到了三种可能：(1)主动性可能会直接预测组织变革是否会发生；(2)主动性可能在创造性和创新之间起到了中介作用，因为创造性涉及想法的产生，而创新则意味着想法的实现，主动性就是两者联结的桥梁；(3)主动性可能会影响组织变革与组织绩效之间的关系。这些可能都表明了在变革背景下主动性对变革成功与否的重要影响，不仅是个体层面的主动性意义重大，团队层面的主动性对于组织整体绩效的达成可能影响更为深远。

## 五、个人主动性研究小结

个人主动性的相关研究已经在以下几个方面取得了一定的进展：(1)界定了个人主动性的内涵和关键特征，并与相似概念之间的异同进行了比较；(2)通过问卷测量、回顾式行为测量等方法对个人主动性进行了测量，从不同角度捕捉到了个人主动性的特征；(3)探索了影响个人主动性表现的各种因素，包括环境、知识技能、个性和导向等因素，并且有研究表明个体的导向在环境和个体因素对个人主动性的影响中起到了中介作用；(4)探讨了个人主动性的效应，研究表明个人主动性对于个人职业活动、学习行为、工作绩效都有着正相关的关系，而且个人主动性还对个人在组织变革中的绩效有着重要的调节作用。

虽然个人主动性相关研究取得了一定进展，但是还是存在一些问题：(1)个人主动性概念的开发和实证研究主要是在西方文化背景下进行的，其能否适用于中国文化背景还存在一定的问题。(2)前面的模型中从环境、知识技能、个性和导向四个方面出发考虑了影响个人主动性形成的因素，但还有很多影响因素并没有得到研究，比如领导风格的影响。(3)在管理实践中提出的一个问题就是个人主动性是否可以通过培训来提高，比如进行员工的控制导向、自我效能感等方面的培训，通过改变动机模式来进一步提高员工的个人主动性行为。这些问题还都有待于进一步的研究。(4)个人主动性在什么样的机制下才能有效地促进个体或者组织水平绩效的提高。这是一个很值得探讨的问题。并不是所有的个人主动性都会促进绩效的提高，如果一开始设定的并不是理性的目标，那么就有可能会出现消极的结果，比如承诺升级现象的出现。个人主动性的发挥还受到很多组织因素的制约，如组织的管理制度和工作设计等。个人主动性应是在组织的业务策略与人力资源策略相匹配的情况下才能充分发挥作用。这些假设还需要进行进一步的检验。

此外，还有一个很重要的问题就是在组织变革背景下，个人主动性影响绩效的模式和过程是怎么样的，理论上已经指出了个人主动性在组织变革中可能的作用方式，但是这些还需要实证上的检验。

## 第二节　团队相关研究综述

### 一、团队研究重心的调整

团队是一个嵌套在组织中的复杂的、动态的和适应性的系统(McGrath 等，2000)，DeShon 等(2004)也认为团队本身就是一个复杂的体系，存在于一个更大的系统背景下，这个系统由人、任务、技术和物理空间组成。团队存在于某个时间段内的某种背景下，随着时间推移和背景变化，团队及其成员也在不断调整和变化，在这个过程中团队成员之间交互影响，而且也和环境中其他人群交互影响，这些交互的过程会带来团队成员以及团队的变化，变化过程最终会影响到团队获取的效能。

Ilgen 等(2005)指出，组织行为中的团队研究所关注的核心问题，已经不是什么因素可以预测团队的效能和生存能力，而是转向了更加复杂的问题，这些就是关于为什么一些团队会比其他团队效能更高的问题，所以在这种背景下，研究者已经越来越重视导致团队效能的情感的、认知的和行为的中介过程的研究。Hackman(1987)就以经典的系统模式总结了团队绩效的本质过程，即输入导致过程、过程导致结果的模式，也就是经典的 I-P-O(input-process-output)模式。一般来说，团队面临的任务、团队所拥有的知识技能、团队的动机态度等因素可以作为输入因素，团队的决策、心智模型、行为策略等可以作为过程因素，团队的任务绩效、凝聚力、领导力等可以作为输出因素，这种研究范式已成为团队效能研究的主流范式。

经典的I-P-O模式为理解团队效能机制提供了一种有益的思路，更有助于鉴别出团队效能达成的过程机制，从而可以找出一些团队比其他团队效能更高的原因，而且在研究操作上，这种模式比较易于设计，可以广泛地应用到现场研究和实验研究中来。

## 二、团队结构的权变模型

Burns等(1961)通过案例研究了组织结构与不同环境的对应关系，提出了对责任、权限做出明确规定的“机械式组织”，与相对稳定的环境相适应；还提出了规章制度较少、重视自由交换意见的“有机式组织”。基于Burns等(1961)的机械式和有机式组织理论，Wagner(2000)提出了团队结构的权变模型，主要包括了两个可以进行权变预测的结构维度，一个是决策集中度，一个是专长集中度。决策集中度反映了团队结构的垂直层面，主要是指决策权在团队成员之间的分布状况，决策集中度越高，说明决策权越是掌握在少数几个人或者是团队领导一个人手中，在一个高决策集中度的团队中，团队领导控制了大多数问题的控制权，在一个低决策集中度的团队里，团队领导和成员在影响他们各自工作的决策中有广泛的自主权，通常他们要在影响团队的事务问题上通过协商达成一致。专长集中度反映了团队结构的水平层面，主要是指团队成员角色分工的专业化程度和专长分享程度，高专长集中度的团队被称为功能性团队，其中的每个团队成员都是一个专家，而且专长并不为他人所共享，低专长集中度的团队中，团队成员拥有专长并且共享专长。

Johnson等(2006)指出，这两个维度组成了结构权变理论的基础，根据这一理论，不同的结构组合可以适应不同的环境，并且对绩效产生不同的影响。具体来讲，如果从准确度和速度两个方面来理解绩效，高决策集中度和高专长集中度的结构适应了准确度，能够最好地适应可以预测的环境，而低决策集中度和低专长集中度适应了速度，最能适应不可预测的环境。这些论点已经得到大量实证的支撑，例如Drazin等(1985)对加利福尼亚和威斯康星的629个安全机构进行了权变任务和工作设计，结果发现在稳定的环境下高决策集中度和高专长集中度更有助于做出更准确的判断，在变化的环境下低决策集中度和低专长集中度更有助于加快行动的速度。Hollenbeck等(2002)对80个团队进行了模拟实验，这个研究是基于结构权变理论的，同时对团队与任务匹配和成员与团队匹配进行了研究，结果发现专长集中度高的团队决策准确度更高，专长集中度低的团队决策速度更快。

团队结构的权变模型从团队决策和专长集中度的视角出发，建构了团队结构和团队绩效之间交互作用的权变模式，有助于理解团队结构对绩效影响的匹配效应，而且这种权变模式不仅适用于静态的横切面研究，也适用于动态的纵向研究，特别是在组织变革背景下，团队对最佳匹配结构模式的探索对于团队获取良好的变革绩效就显得非常重要。



## 三、团队心理状态对团队行动的调节作用

Ilgen 等(2005)尝试探索不同阶段团队的效能机制，揭示出情感的、行为的和认知的中间过程，他们认为信任、效能感、心理安全感等变量可以作为影响团队行动的重要情感过程。本研究的焦点是变革背景下的团队，在变革背景下由于环境的变化和任务的不确定性，对团队效能感和团队心理安全感提出了更高的要求，只有在效能感高和安全感高的情况下，团队才更愿意进行变革并且相信有可能够在变革中获得良好的绩效，下面将重点关注团队效能感和团队心理安全感及其相关的研究。

1. 团队效能感

团队效能感是在 Bandura(1997)个人效能感的基础上提出来的，是指团队成员对其所在团队能够成功完成某项任务的能力感知。团队效能感是整个团队所共有的成功完成某种任务的信念(Gibson，2007)，这种信念反映了团队成员对其进行运作和协调的联合能力的知觉，团队效能感就成为了团队制订计划和开展任务的心理基础，只有在团队认为其可以掌控的前提下，才更有可能开展某项工作，并且在面对困难时能够进行坚持不懈的努力。

团队效能感的测量一般有自我效能感加总法、个体评估平均法和团队讨论法(李锐，2007)。自我效能感加总法是分别对团队成员进行自我效能感的测量，然后再把这些分数加总起来，这样操作实际测量到的是个人的自我效能感，并没有把团队作为整体来考虑；个体评估平均法是使用团队效能感问卷对团队成员分别进行测量，然后根据成员评分的一致性程度进行数据加总，只有在团队成员间评价一致性程度较高的条件下才可以合成数据；团队讨论法是以整个团队为单位来完成研究量表，团队需要通过集体讨论的方法来做出集体反应，这种方法是把团队作为一个整体来研究的，其时间成本、人力成本相对比较高。Gibson 等(2000)对这几种测量方法的预测效度进行了比较，发现团队讨论法对团队效能有更高的预测效度。Jung 等(2003)认为团队效能感的水平和团队发展阶段有关，在团队初期，其更多表现为个体层面的特质，在团队成熟阶段，团队层面共同的特征就表现得更多。Whiteoak 等(2006)研究发现，对于依存性较低的任务，这几种测量方法的预测效度并没有显著差异。由此可见，团队效能感的测量并没有最佳的方法，还要考虑团队发展阶段和团队任务特征等因素的影响。

个体效能感的产生受到了四方面信息的影响：直接经验、间接经验、言语劝说和情感唤起(Bandura，1997)，在这四个因素中，Bandura 认为团队以往绩效是团队效能感最有效力的预测指标。Gibson(1996)认为团队效能感是在个体自我效能感的基础上经由团队的互动过程形成，其产生受到团队任务难度、领导风格、之前成功经验等诸多因素的影响。Zaccaro 等(1995)研究表明领导气氛也是团队效能感的良好预测指标。Seijts 等(2000)研究发现，团队绩效既是团队效能感的结果，也是团队效能感的原因，而且他们还发现三人小组的团队效能感显著高于七人小组，并认为这主要是因为规模较小的团队更便于沟通和协作。综上可见，团队效能感的形成受到了多方面因素的影响，既有团队本身结构特征和任务特征的影响，也有团队领导、团队以往绩效等因素的影响。

Bandura 指出团队效能感影响团队目标设置、计划与策略制定、资源配置和集体努力程度，一般说来，团队效能感高的团队，其行为更加主动，也更有可能取得好的团队绩效。Rico(2008)也指出团队效能感可以预测共享心智模型的准确度和相似度。Prussia 等(1996)的研究发现，团队效能感在绩效反馈与群体绩效之间起到了完全中介作用，在间接经验和群体绩效之间起到了部分中介作用。Edmondson(1999)对一家制造公司的工作团队进行了研究，结果发现团队效能感和团队绩效以及团队学习行为显著相关。由此可见团队效能感对团队行为的产生和团队绩效的获取都有着广泛的影响，而且在行为产生和绩效获取的过程中起到了重要的调节作用。

在组织变革背景下，团队效能感的水平会对团队行为产生显著的影响，由于变革的前景是不清晰的，变革可能会遇到的困难和挫折也是不能事先掌控的，所以只有高团队效能感的团队才更有可能采取主动的、冒险的和创新的行动来推进组织变革进程。由于团队效能感是一种一般的行为倾向性，是针对各种任务、在各种背景下都可以展现出来的群体心理特征，所以比较具有一般的行为预测力。

2. 团队心理安全感

Edmondson(1999)提出团队心理安全感是团队成员共享的一种信念，这种信念就是个体在团队中进行冒险活动时是安全的。团队心理安全感不同于团队的内聚力，团队的内聚力有可能减少团队成员质疑或者挑战他人观点的意愿，比如在群体沉思中发生的现象，在有安全感的团队中，团队不会使大胆讲话的人难堪、被拒绝或者被惩罚，这种对团队的信心来自团队成员之间的互相尊重和信任。团队心理安全感是一个群体水平上的构思，能够反映出整个团队的特征，团队成员应该有着类似的知觉，这是因为团队成员受到了相同的外界因素的影响，而且他们有着相同的经验。

May 等(2004)指出,员工与同事和上司的关系对员工的安全感有着重要的影响,支持性的上司会鼓励员工主动说出他们所关心的问题、鼓励他们发展新的技能并参与到工作问题解决中来。Edmondson(1999)研究发现同事之间的信任关系带来了心理安全感。此外员工所处的整个组织环境以及面临的团队任务也会影响其心理安全感(Nembhard et al.,2006)。由此可见,团队心理安全感的产生受到了外界环境、团队任务、团队结构和人际关系等多种因素的影响。

心理安全感是一种策略性认知,起源于早期的组织变革研究,Schein 等(1965)认为,如果要让个体感到安全并且能够进行变革,就需要创造一种有心理安全感的氛围。团队心理安全感对变革的顺利实施有着重要的影响作用,Nembhard 等(2006)指出有效的执行变革就要求员工展开他们认为有风险的活动,比如在变革执行过程中给出或者接受不确定的反馈。May 等(2004)认为感受到心理安全的员工会更加投入到工作角色中去。心理安全感对于可能导致错误的不确定的组织过程更加重要(Reason, 2000)。Marx(2001)通过对不同行业的员工差错的研究,发现要想让员工及时地报告差错并且对改进工作流程负责,就要让他们心里感到安全。由此可见,心理安全感对于变革背景下的组织来说具有非常重要的现实意义。

心理安全感对于个体在组织中的行动有着重要的影响。Edmondson(1999)指出,团队心理安全感有助于改进团队学习的过程,从而使团队获取更高的工作绩效。团队心理安全感可以改进团队学习过程的基础在于,由于安全感的存在,使得团队对差错的容忍度增加,团队成员不会担心因为犯过错误而受到惩罚,团队成员之间也可以更为开放地进行一些错误的交流和改进讨论活动,并能够从别人那里得到比较及时的反馈,从而优化了学习过程,提高了学习速度和改善了学习质量,这些改进的结果就是提高了团队绩效。Tyler 等(1992)指出人们非常重视与人交往的社会过程,如果他们感到自己被接受、可以自由地表达自己的观点,那么其自我价值感会更高,也就会更加积极地投入到有益于社会交往过程的活动中去。

团队心理安全感塑造的关键在于打造一种容忍差错、鼓励交流、积极反馈的群体气氛和行为模式,由于容忍差错,团队成员敢于进行一些冒险性和创新性的活动;由于鼓励交流,成员可以感受到更大的群体支持,当成员感受到群体支持的时候,会对群体和组织的认同度增加,从而表现出更多的积极主动行为;由于能够从成员和领导那里得到积极有效的反馈,可以使成员获得更多来自工作的激励,按照 Hacman(1976)的工作特征模型来说,由于改进的外部工作设计和工作氛围,使得员工体验到的核心工作意义得到适应,从而感受到更大的意义感和获得了更强的激励。

在组织变革背景下，由于变革带来了很多的不确定性，行动带来的效果并不明晰，犯错误的几率增加了，这时非常需要团队营造出一种开放、包容的氛围，鼓励成员大胆地提出好的建议并积极实施，即使犯了错误，也能够给予包容，并从中进行反思和学习，从而打造出一种安全的整体心理气氛，只有在这种环境的影响下，群体的行为表现才可能更为积极主动，更有可能获取变革工作的高绩效。

## 四、动态环境下团队效能的重要调节变量：交互记忆系统

### 1. 交互记忆系统的内涵

交互记忆系统（transactive memory system）是在交互记忆（transactive memory）的基础上发展起来的，交互记忆最初是用来描述夫妻如何来形成一种信息分工机制来解决信息处理问题的（Wegner，1987），后来这个概念被拓展到群体和团队研究中来。Wegner（1987）把交互记忆系统定义为群体处理和建构信息的方式，是群体成员在信息的编码、存储和提取上的认知分工。Peltokorpi（2008）认为这种认知分工包含了两种成分：一种是内部记忆，是指个体本身所知道的知识；另一种是外部记忆，是指大家周知的群体中他人的知识或者是可以从其他的外部存储媒介中提取的知识。交互记忆系统是一个集合水平的构思，是群体中个体交互记忆联合运作的认知系统。交互记忆系统是通过信息的编码、存储和提取阶段而起作用的，Wegner（1995）指出，这三个阶段还可以用群体中的信息更新、交互分配和提取协调来解释，信息更新是指习得谁知道什么的过程，交互分配是指为了进行信息的加工和存储，而根据群体中个人的专长进行的交互分配过程，提取协调是指为了获取任务绩效而进行专门信息提取的过程。Ellis 等（2006）进一步指出，通过信息更新，团队成员获知了彼此的专长领域，并且通过共享或者请求来自队友的信息而更加清楚地认知到“谁知道什么”；通过交互分配，信息通过交流被分配到拥有相关领域专长的成员那里，这样就不会增加其他成员信息存储的容量；通过提取协调，团队成员会根据任务需要，使用他们自己的团队知识分布目录，来获取其他拥有相关专长成员的信息。从这些理论推导来看，团队中的信息更新、交互分配和提取协调过程分别对应了团队信息处理中的编码、存储和提取的过程，正好与经典的个体记忆的概念是相对应的，所以团队的这种认知系统被称为交互记忆系统。

交互记忆系统可以从不同的视角来分析，Ellis 等（2006）指出交互记忆系统有行为和认知两种成分，这两种视角是不同的、但也是可以兼容的。行为视角主要是来自社会心理学研究者的观点，主要聚焦在前面所说的信息更新、交互

分配和提取协调三种行为上，这些被认为是交互记忆系统的独立的行为指标。认知视角主要是组织行为学研究者的观点，Moreland(1999)认为该系统具有三个方面的特征：专长、可信和协调，按照这种思路，Lewis(2003)开发了一个三维的测量量表，这些研究者认为，交互记忆系统可以使成员理解谁拥有哪种专门的知识，这反映了其专长特征；可以使成员相信这种专长知识的可信度，这反映了其可信特征；可以使成员有效地组织不同的知识，这反映了其协调特征。其实认知视角还是从对交互记忆系统三种主要行为出发的，对行为所反映出来的认知特征进行了评定，专长、可信和协调分别表征了团队信息编码的主要内容、信息存储的质量和信息提取的过程，从这个意义上来说，两种视角其实是从形式和内容上分别对交互记忆系统的关键特征进行了界定。

Hinsz(1997)把信息处理定义为在人类意识中进行的信息的获取、转化和输出的过程，其基本成分是注意、编码、存储和提取。在个体层面上，首先是在注意阶段知觉到信息，然后在编码阶段对信息进行评价、解释，在存储阶段进行转化，然后在有必要的时候就会对信息进行提取。在团队水平上，信息处理被定义为群体成员之间信息、意见和认知过程被共享的程度，以及这种共享信息是如何影响个体和群体水平的结果的(Hinsz，1997)。虽然不同水平上信息处理的基本成分是相同的，但是团队工作的本质就改变了每个阶段发挥作用的方式，而且在每个阶段团队成员还有不同程度的交互依存。Salas 等(2004)指出因为工作群体面临的任务在智力和认知上的要求越来越高，所以团队的绩效就更加依存于团队信息处理的能力。Ellis 等(2006)认为可以把团队看作一个信息处理器，其中最重要的两个过程就是心智模型和交互记忆。但是这两种结构是不同的，团队心智模型是对团队任务环境关键成分的共享理解(Mohammed，2001)，它的主要焦点在于团队共享心智模型的准确度和相似度上，交互记忆系统聚焦在团队成员的知识专长分布以及分布知识的整合上，这两种过程在影响团队效能上是互补的。

2. 交互记忆系统的形成及其意义

Peltokorpi(2008)认为当团队中的成员接受了信息编码、存储和提取的责任的时候，交互记忆系统就可能形成了。知道了各自的专长，就可以使得成员把相关的信息进行合适的编码；依据各自的专长和群体的规模等因素，类似的信息可以在单个成员或者多个成员中进行存储；当团队中至少有两个人一起工作时，就可能会要求提取各自专门的知识。交互记忆系统有效的运作还受到很多因素的影响：(1)团队中的成员应该是认知上交互依存的、彼此互动的而且愿意进行知识的分享和交流，Hollingshead(2001)认为当群体成员习得了他人的专长并且在信息的编码、存储和提取上互动的时候，认知上的交互依存就形成了;(2)团队成员需要在成员的专长分布上达成共识,Brandon 等(2004)指出,那些被认为是专家的人应该是真正的专家;(3)任务也会影响交互记忆系统的运作,任务应该是足够复杂的,这样为了完成整个任务团队成员才会彼此依存、共同协作,来获取和处理能够完成任务的各种相关信息;(4)群体组成应该相对是稳定的,因为群体成员的变化可能会导致交互记忆系统的重新建立,在动态环境下,对快速建立交互记忆系统就提出了更高的要求。

交互记忆系统对于团队的益处是非常明显的。Zhang 等(2007)指出,在一个建构了交互记忆系统的团队中,个体可以较大地适应他们有效利用他人资源的能力,可以建立一种知识持有体系,该体系比任何个人的自我记忆系统都更加庞大和复杂,这会使得团队运作的更加有效。Peltokorpi(2008)认为交互记忆系统可以使团队成员通过利用其他成员作为外部记忆辅助而变得更加专业化,这就使得个体拥有了更大容量的关于任务的知识;交互记忆系统还可以以创新的方式对群体成员的互补性信息进行合并,从而推进团队的创新活动。Wegner(1986)指出交互记忆系统的所有要素都是有助于优化群体学习过程的,从而有助于适应群体绩效。交互记忆系统也有其局限性,随着团队人数的增加,其建立和良好运转会变得更加困难,有效的交互记忆系统可能会使得团队过于相信他们的知识,从而降低其决策能力,Kozlowski 等(2003)指出这些因素阻碍了团队在时间紧迫情境下效能的获取。

3. 交互记忆系统对团队效能的调节效应

交互记忆系统对团队效能的获取有着广泛的调节效应,本书主要聚焦于三个方面的联结:在团队专长多样性中的作用、在压力情境下的效用和与一般团队任务绩效的关系,下面将分别进行论述。

面对不确定的环境和复杂的任务,现今团队的专长多样性程度越来越高,Rulke 等(2000)认为如果团队成员不能在交互过程中熟知他人的专长并且加以利用的话,那么这个团队的专长知识库是没有被充分利用的,不利于团队决策过程质量的提高。Brodbeck 等(2007)指出交互记忆系统会减少一个群体的谈判焦点,因为其可以使团队成员更有信心共享他人的专家信息,会更积极地去获取别人的专家信息。Stasser 等(1995)认为发展良好的交互记忆系统还可以减少群体讨论的偏差,因为团队成员都可以聚焦在自己专长的领域上,可以比别人更好地评估相关信息,而且知道彼此专长的群体倾向于更多讨论非共享信息,这样就可以更加全面地了解问题,从而做出较高质量的团队决策。由此可见,随着团队专长多样性的增加,团队成员之间的互动和交流就变得更加重要,特别是要发挥出这种多种专长的优势,就要建立交互记忆系统这种有效的团队认知结构。

研究表明剧烈压力给个体的信息处理能力带来了消极的影响，因为剧烈压力使得个体注意的宽度变窄了，结果个体倾向于把注意力聚焦在具有优先性的信息来源上，而忽视了次要的或者周边的任务（Gladstein，1985）。Driskell等（1999）也指出团队成员在压力情景下会变得更加个体中心，对次要任务关注更少，而团队信息加工是要更加具有团队焦点的，是以团队为中心进行的信息加工过程。Ellis（2006）通过实验研究发现，剧烈压力明显地减少了团队的信息更新、交互分配和提取协调行为，从而对团队绩效带来了消极的影响。这反映出交互记忆系统的建构是需要团队较多的注意资源的，而且随着压力的增大，团队成员在团队焦点上会变得弱化起来，这就对实践中交互记忆系统的建构具有很好的指导意义，特别是在组织变革背景下，团队面临着很大的压力，更加需要注意进行交互记忆系统的培养和建构。

关于交互记忆系统和团队任务绩效的关系，已有研究已经提供了很多有意义的结果。Lewis等（2005）发现在新产品开发团队中团队稳定性、人际信任和成员熟悉度有助于交互记忆系统的形成，并且会带来较好的新产品开发方案。Rau（2006）研究发现，交互记忆系统有助于团队信息获取过程的优化，这种信息获取的优化会有助于团队对动态环境更准确地认知，所以交互记忆系统在外部环境和任务绩效之间起到了调节作用。Zhang（2007）的研究以交互记忆系统作为中介变量，发现了交互记忆系统的确在创新任务特征、创新支持和团队绩效之间起到了中介作用。张志学等（2006）研究发现交互记忆系统和团队的任务绩效、团队凝聚力显著正相关。张钢等（2008）也发现交互记忆系统可以用来解释团队任务完成过程中的知识处理机制。

从上面诸多研究结果可以看出，交互记忆系统对团队绩效的获取有着重要的影响，特别是随着团队专长多样性的增加、团队面临环境压力的增大，交互记忆系统的建构就更应该受到重视，其在团队结构或者行为变量、环境变量和团队绩效中的调节作用也得到了大量研究的支持，是一种影响团队绩效的重要的认知过程因素。

## 第三节　团队行动相关研究综述

Ilgen等（2005）认为团队运作中最重要的过程就是团队的联结和适应。联结反映了团队成员间一种强烈的友善感及在一起共事的愿望。群体凝聚力、团队生存、社会整合、群体满意感、人团队匹配和团队承诺等概念都属于联结的范畴，这些概念都反映了团队成员对群体的情感依附。团队的联结需要较长的时间才能形成，通常是在团队较为成熟运作的阶段才能表现出来。联结过程中很重要的管理措施就是要管理好团队成员的多元性和团队成员间的冲突。适应相关的近期文献主要关注适应的过程，重点围绕在两个方面，一个是在常规和新异背景下的绩效差异的比较；另一个是更为具体的方面，即工作负荷的分担问题，通常以助人行为或者支持行为的形式表现出来，适应行为的关键就在于团队如何能够随着外界环境变化以及团队本身的状态而不断地进行调整，从其运作流程到文化建设等方面都需要不断地改进和提升，才能够保持适应的状态。

对于团队行动而言，除了需要较强的联结作为保障，良好的适应进行推动之外，还需要不断地加强团队成员之间的协作行为，进行团队的规范建设和拓展。在任务复杂度日益提高的背景下，团队协作是保证团队取得良好绩效的重要基础。Horak (2006)指出团队建设是促进团队内人际交流的重要手段，可以更好地解决问题、鼓舞士气和促进工作协调。Beer(1976)指出团队发展的目标是移除团队有效运作的障碍，并在团队内部发展出管理团队过程和有效解决未来问题的能力。Eden(1985)认为团队发展是组织发展的重要组成部分。团队建设和团队发展是为了使团队能够更好地凝聚人心、流畅运作，其关键目标也是为了提升团队适应的水平。

## 一、团队凝聚力

Dion(2004)指出，心理学上对凝聚力的研究来自 20 世纪四、五十年代 Festinger 及其同事的研究，他们把凝聚力定义为一个力场，该力场对个体发生了影响，使他们愿意留在群体中。到了 60 年代中期，Lott 等把凝聚力概念化为人际间的吸引。在 80 年代和 90 年代，凝聚力的多维度模型占据了主导地位，当然在这些维度上还存在着诸多争论。除了多层次模型以外，还有一些两维模型也得到了很多研究，包括任务和社会凝聚、垂直和水平凝聚、归属和士气、人际和社会吸引等。

Beal 等(2003)就群体凝聚力和绩效之间的关系进行了元分析研究，指出先前群体凝聚力和绩效关系的元分析主要聚焦在周边因素上，Beal 等的研究检验了和实践研究者相关的问题，对效标领域进行了更为细致的分析，另外还考虑到了绩效标准的不同类型。Beal 等的元分析结果表明当绩效被定义为行为指标时，凝聚力与行为绩效的相关比与结果绩效的相关更大。当使用效率指标测量时，相比于使用效果指标测量时，相关度更大。还有当团队工作模式变得更为突出时，两者间的相关度更高。有一些因素在群体凝聚力和绩效之间的关系中起到了调节作用，这些因素包括群体规模、分析水平和群体依存性等。

在组织变革背景下，由于变革可能带来的一些任务上甚至是利益上的重新调整，对团队成员的工作能力和工作态度都提出了新的要求，这种情况下尤其需要团队成员同心协力，共同面对变革带来的挑战，无论是在工作本身，还是在心理状态调整上，团队凝聚力的两个方面——任务凝聚和关系凝聚都会变得更加重要。

## 二、人团队匹配

工作很少是独立完成的，合作者组成了工作环境中另一个重要的体系。当一个个体和合作者相处和谐的时候，就会体验到良好的人群体匹配（P-G Fit，Adkins et al.，1996；Kristof-Brown & Stevens，2001）。Kristof(2004)进行了一个策略捕捉的实验研究，同时检验了人工作匹配、人群体匹配和人组织匹配对工作满意感的影响，使用了多层线性建模技术进行分析，结果发现三种不同类型的匹配对满意感都有着重要和独立的影响。人团队匹配的概念也从属于人环境匹配的范畴之中，匹配的层次也包含了一致性匹配和互补性匹配，涉及了个人和团队的知识、技能、价值观等多方面的匹配。一般说来，人团队匹配程度高的员工可以对团队产生更高的认同感，也就更可能在团队中表现积极主动的行为。Kozlowski 等(2003)认为个体和团队中的个体并不是相同的概念，在团队背景下，个体嵌套在一个互相依存的社会系统中，这个系统随着复杂和动态环境的发展而发生变化。Derue 等(2007)也把人团队匹配看作是一个动态变化的概念，团队中的个体会随着环境的变化而对团队产生不同的知觉，并有不同的匹配评价，Derue 等研究了基于价值观的人团队匹配随着时间推移而发生的变化情况，结果发现基于价值观的匹配是比较稳定的。而基于角色或者职责本身的匹配却会随着时间而发生变化。这就说明随着环境的变化，工作本身要求的技能、知识可能会有较大的变化，从而使得人工作匹配本身也发生了变换，而价值观的匹配相对来说是比较稳定的，不会随着技术本身的变化而有太大的差异。

在组织变革背景下，要保证团队成员能够齐心协力地积极投入到变革中来，个体的与团队匹配知觉就显得比较重要，只有个体认为自己可以适应团队新任务要求，并且能够在价值观上和团队保持一致，这样个体才会积极参与到变革中来。由此可见，团队文化、价值观的影响作用还是比较大的，特别是在变革后团队成员心理状态不是很统一的时候，特别需要重视进行人团队匹配的建设，不仅是在工作技能上，还要在员工的心理状态上。

## 三、团队适应

不同的研究者对团队适应的概念提出了不同的解释，Klein 等(2001)认为团队适应是为了达到新挑战的要求而做出的必要调整。Kozlowski 等(2001)认为团队适应是能够把知识和技能概化到新的、更困难和更复杂的任务情景中去的能力。Fleming 等(2003)认为团队适应是为了应对改变了的环境条件而进行的功能变化,是一种对个体属性更高阶整合的过程。Lepine(2003)认为是团队适应是对团队体系的一种较为被动的调整,这些调整有助于提高团队效能。

团队最重要的特征之一就是其具有很大的适应潜力,只要有合适的培训和组织支持,团队就可以开发出战胜或者预防绩效障碍的能力。Burke(2003)提出的团队适应模型包含了四个界定适应过程的特征:(1)情景评估,团队首先要清晰地界定其所处环境的特征;(2)计划形成,根据要达成的目标结合所处的环境,制定出团队的行动计划;(3)计划执行,通过团队成员间的交互过程来共同执行制订的计划;(4)团队学习,在计划的实施过程中可能会遇到一些不顺利的情形,需要团队进行及时的反思和改进,需要一个不断学习和更新的过程,这其中包含一些有助于团队学习的突发认知状态(如共享心智模型、团队情景意识、心理安全感等)。适应性的团队通常可以更有效地管理绩效,团队可以采用问题管理技术,通过主动地破除威胁,或者成功地移除障碍,来自组织政策、技术或者其他团队环境的部分可能偶然地对团队效能带来了障碍。

Marks 等(2000)对紧急医疗团队为代表的行动团队进行了研究,经常要和周围环境进行频繁交互的团队类型就是行动团队,有效的行动团队需要在成员之间分布信息和专长,并且具备动态适应不断变化的绩效环境的能力。Marks 等通过实验发现,领导和团队交互培训都影响了团队心智模型的发展,然后心智模型又积极地影响了团队交流过程和团队绩效。心智模型和交流过程在新异环境下相比于稳定环境下更能预测绩效。LePine 等(2003)聚焦在团队水平的关系上(73 个团队),结果发现当任务背景中发生了不能预测的变革时,团队成员的认知能力、成就动机和开放度较高,依赖度较低的时候,团队绩效更高。团队适应能力高的团队可以在变革中更好地适应环境的变化并获取更高的绩效。

### 四、团队协作

Nihuis 等(2007)对团队协作进行了较为全面的回顾,提出了一个综合的团队协作框架,他们认为团队协作包括了团队成员之间的交流、团队决策制定、团队运作过程和团队活动组织等多个方面,其中团队交流中也包含了成员之间的冲突、信息的分享和专长的交流等几个部分,团队决策制定主要是来解决团队运作过程中遇到的问题,团队运作过程是一个比较综合的概念,涵盖了团队成员对团队的承诺水平、团队领导力、团队角色分布等成分,团队活动的组织则意味着对外界环境进行充分的评估，从而进一步制订行动的计划，并且寻求全体成员的支持。研究者认为只有这些方面都达到运作良好的水平才可以说团队协作达到了较高的层次。这个框架是一个比较全面的总结，基本上囊括了团队行动的各个方面，在研究者看来团队运作的每个步骤都需要有团队协作的成分。Madrid 等(2007)认为团队协作不仅是指团队合作，还包括了团队竞争，竞争也是协作的一种形式，他们以学生团队为被试进行了实验研究，实验条件分为竞争式团队、合作式团队和老师说教式团队，结果发现竞争式团队和合作式团队的成绩都要明显好于老师说教式团队，而且进一步研究者发现在团队合作条件下团队成绩表现是最好的，研究者的解释是合作式团队可以更充分地发挥出成员的专长。这个结果的获取可能和学生样本的选择也是有关系的。

Pickering 等(2004)指出，在当今的全球化背景下，对于跨国公司来说，其整体绩效很大程度上取决于分布式团队的协作水平，这就需要从团队沟通工具、团队协作过程和团队能力等多方面进行整合，才能提升团队整体的协作水平。Goldsmith(2004)提出了增强团队协作水平的四个措施：(1)准确评估团队工作的现实水平以及理想水平；(2)确定可以消除现实和理想水平之间差距的行为，并且共享这些知识；(3)使团队成员可以彼此经常进行面谈，从而增加团队成员间协作的默契度；(4)持续地进行团队学习，只有不断地学习才能保持团队整体都在不断进行更新，从而保证良好的团队协作水平。在管理实践中，这些措施都可以作为促进团队协作的手段。

在组织变革背景下，变革的影响涉及了方方面面，团队协作的优势在这种情形下应该可以更好地体现出来。团队成员集体协作的搜集环境信息，可以对环境的发展变化方向作出更为准确的判断，团队成员群策群力地进行集体协商，可以制订较为全面的行动计划，作出质量更高的决策，团队成员在执行的过程中相互的合作甚至一定程度上的竞争，对于团队整体效能的提升都是相当有利的。所以在变革背景下，团队协作的重要性就变得更加明显。

### 五、团队建设和团队发展

团队建设对于提升团队士气、提高团队工作技能有着重要意义。Horak 等(2006)对医院中的护士团队进行了研究，领导们想要通过更大的员工参与和共享管理来适应其专业化水准。提出了一些团队建设的建议，比如员工会议、意见箱、共享管理委员会等。这些团队建设的措施，结果就是促进了团队面临的问题更好地得到解决，团队成员协调处事的水平也有所提高。

Beer(1976)指出团队发展的目标是移除团队有效运作的障碍，并在团队内部发展出管理团队过程和有效解决未来问题的能力。Beer 进一步把团队发展分为四个模型:(1)目标设置、问题解决模型,主要是关于群体任务的设计;(2)人际间模型,人际间的交流会增加彼此的信任、人际间的合作和群体凝聚力;(3)角色模型,把群体看作是一个交互作用的角色集合体,假定群体效能可以通过对这些角色的更好理解来得到适应;(4)管理栅格模型,这个模型和前面的模型都是有所交叉的。Woodman等(1980)认为团队发展更普遍的是应用在管理团队中,而不是一般的组织层级较低的工作群体中,而且更通常是用在已经建立的群体中。他们还进一步认为目标设置、问题解决模型可能是团队发展最有效的路径,其内部效度是最高的。另外他们还发现研究中存在一种更多依赖情绪反应作为因变量的倾向,较多使用的因变量是满意感、态度、组织氛围、知觉到的效能感等。较少研究尝试真实绩效变化的测量,如生产力、成本、离职率或者生产质量等指标。Clarke(1994)总结出了更好地建设工作团队的七条建议:(1)团队成员要对决策承担更大的责任;(2)对团队精神和合作行为进行更大的奖励;(3)鼓励团队成员可以做到自我激励;(4)增强团队成员的归属感;(5)快速地对变革作出反应,并且能适应变革的新要求;(6)重视成员的人际技能;(7)扩展团队成员的知识面。在管理实践上,团队的建设和发展是一个永恒的主题,原因就是不断变化的环境,既有外界的压力,也有团队自身带来的变化,特别是在当前的组织变革背景下,团队进行建设和团队发展都有助于团队更好地适应变革,从而促进变革中团队绩效的提升。

从团队行动相关文献的回顾中可以看出,理论上还缺乏一个概念,能够把团队的驱动、执行和适应联结起来,当前随着组织所处环境变化的加快,团队面临着快速变革带来的压力,为了有效应对未来不确定性带来的挑战,团队需要能够快速行动,那么团队行动的动力从何而来?团队行动的过程如何展开?团队行动怎么样能够得到不断地适应?在组织变革背景下这些问题的探讨就具有更大的理论和实践意义。

## 第四节　组织变革相关研究综述

### 一、组织变革的内涵及主要形式

从组织变革的概念来看,Michael(1982)把组织变革定义为组织无法适应外界环境变化时而进行的调整活动及其过程,企业进行组织变革的目的是为了获取竞争优势,组织变革是一个系统工程,涉及了多方面的关系。Daft(1994)认为组织变革是组织采用新的思维或者行为模式的过程,变革中最关键的是个体态度及其行为的变化。孟范祥等(2008)认为,组织变革的概念和内涵一方面随着技术进步和组织外部环境变化而不断发展,另一方面变革的思想、过程以及方法也随着管理实践和研究的深入而更加丰富。张永生(2008)也认为组织变革是一项系统工程,主要包括了组织成员的变革(员工在态度、技能、期望和行为上的改变等)、组织结构的变革(管理关系、协调机制、集权程度、工作设计等)、组织技术与任务的改变(工作流程重新设计、设备更新、新工艺采用、新技术开发等),而且进一步指出人力资源管理工作已经广泛地参与到组织变革的各个方面中来,人力资源管理实践的成功是组织变革成功的基础之一。

从组织变革的内容来看,提出得比较早应用得也比较多的就是 Leavitt (1965)提出的三种组织变革类型的划分,第一种是组织结构的变革,即通过工作结构和职权关系的调整,从而达到适应工作绩效目标的管理行为;第二种是人员的变革,是指员工态度、知识及技能的改变,主要是为了提高人员的生产力;第三种是技术的变革,是指新的生产加工技术的采用或者新的制造设备的引进。Armenakis 等(1999)对组织变革文献进行了较为全面的回顾,提出了一个包含内容、背景和过程的组织变革理论框架,并认为这些方面会对员工对变革的反应产生全面的影响。在他们看来,组织变革的内容主要聚焦在当前组织变革的实质方面,比如战略导向、组织结构的调整等;组织变革的背景主要聚焦在组织内外环境中的各种力量或者条件上面,比如产业环境、组织规模、企业氛围等;组织变革的过程主要强调了在变革中展开的行动,比如流程再造、新技术开发等。

从上面组织变革的定义和主要内容来看,组织变革是一种影响广泛的企业活动,对组织层面、团队层面和个体层面都有不同程度的影响,而且组织变革是贯穿于企业发展的整个生命周期的,从公司创业到企业转型都体现这组织变革的过程。在我国当前的变革时代背景下,有四种形式的组织变革受到了较多的关注,即公司创业、并购、企业信息化和企业国际化,四种变革类型有着不同的特征,对企业的组织层面、团队层面和个体层面也带来了不同程度的影响。

Miller(1983)指出公司创业最重要的三个特征就是创新、冒险和行动领先。姜彦福等(2006)依据公司创业在创新或者再造方面实际结果的不同,区分出了持续创新、组织再造、战略更新和领域重新定义四种公司创业类型,持续创新主要是指企业为了支持不断的产品和市场创新而持续地在文化上、组织结构上和生产流程上进行更新,组织再造就是对企业内部的工作流程、企业结构和核心能力进行重新的设计,战略更新则表现为企业发展方向和竞争方式的改变,领域重新定义是指创造出竞争对手尚未发现的新产品或者新市场,从而获得先发优势。公司创业给组织带来最大压力就是生存压力,而且这种压力伴随着创业活动的整个过程，这就对团队和员工个人的行为的主动性、创新性和持续性提出了较高的要求。

随着市场竞争的加剧和信息技术的不断进步，为了进一步获得竞争优势，越来越多的企业投入资源在企业信息化建设项目上，傅鸿震(2008)认为信息化背景下组织变革趋势主要有四个方面：(1)企业组织结构趋向扁平化，通过减少管理层次、裁汰冗员来建立一种扁平化的组织结构，从而提高组织效率和效能；(2)企业组织结构的虚拟化，是指依靠信息技术，把供应商、顾客甚至竞争对手等外部实体联结起来，以共享各方的技术和服务，分担成本和风险，从而提高组织竞争力；(3)企业组织结构的网络化，主要反映在企业内部结构网络化和企业间结构网络化上面，网络化可以打破界限，使得信息和知识在企业内快速传播，实现更大程度的资源共享；(4)企业组织结构柔性化，是指组织依据环境的变化来调整组织结构，可以建立一些临时的以任务为导向的团队，从而达到灵活适应环境的目的。信息化对组织的影响主要表现在技术手段和工作流程的改变，对组织的知识和信息管理能力提出了更高的要求，而对员工的适应能力、学习能力和知识分享能力都提出了新的标准，特别是信息化下工作效率和知识更新速度的加快、临时任务团队的组建对个体和团队的动态整合能力都有着更大的影响。

企业并购是兼并和收购的合称，张德亮(2003)认为企业并购最常见的分类方法是按照交易各方之间的市场关系，把并购分为横向并购、纵向并购和混合并购三种类型。横向并购是指同一产业或同一生产部门的企业之间发生的并购；纵向并购是指处于同种产品不同生产阶段上的企业之间的并购；混合并购是指并购企业和被并购企业分别处于互不相关的产业部门，各自生产不同的产品，而且它们之间没有特别的生产技术联系。从长期绩效来看，中国企业并购成功率是相当低的，胡玲(2003)总结了企业层面并购失败的主要原因：(1)企业并购过多地关注短期财务利益，以短期获取生产要素资源为导向，缺乏以核心能力为导向的并购思维；(2)企业在根基不稳时盲目进行不相关混合并购，没有基于其原有的核心竞争优势，导致了较高的经营风险；(3)缺乏有效的并购后整合措施，并购后整合管理不当，比如并购双方组织文化不相容，增大了后期整合难度，降低了企业的价值创造能力。并购给企业带来的压力不亚于新创企业的压力，并购后的整合重组涉及了权力和利益的重新分配，也是一个文化重新融合塑造的过程，对员工的心态和行为都有着全面和深刻的影响。

国际化主要是描述一个企业或集团的外向型国际经营活动(Johanson & Vahlne, 1977)。国际化可以使得企业更好地利用国内外资源，开发国内外市场和客户，并且能够拓展更广阔的融资渠道，改革开放以后，我国企业国际化经营进行得如火如荼，然而却面临诸多的问题，吴三清(2004)指出我国中小企业国际化经营面临的主要问题有：(1)资产规模相对较小；(2)中小企业总体国际化经营程度很低；(3)国际化经营中的资源获取、整合和利用能力较差；(4)人力资源管理和开发能力严重滞后，人力资源理念和素质不能适应国际化经营的要求；(5)知识产权意识薄弱。走出国门并不一定真正意味着实现了国际化，国际化对企业战略、流程、人力资源等各方面都提出了全新的要求和挑战，特别对中国企业来说，我们国际化的历程还很短，对企业、团队和个人多个层面的协调和管理带来了更大的压力。

组织变革是一个充满了风险的动态变化的过程，企业在组织变革的过程中需要对外部环境因素充分把握，并制定相应的组织行动策略和计划，这是一个由外而内的过程，随着组织行动的展开，企业也可以评估原来的策略和计划是否成功，并不断地进行一些调整，从而更好地适应环境变化的要求，这又是一个由内而外的过程，企业要在组织变革中取得成功，就一定要平衡好内外各种关系，准确地把握组织变革对工作任务、工作目标带来的挑战，并根据组织变革对员工的态度和行为的影响制定相应的人力资源策略，而且在组织变革背景下还需要对工作绩效进行相应的重新界定。

## 二、组织变革对工作任务执行带来的挑战

在组织变革中，由于环境和任务不确定性逐渐增加，因而也需要成员之间更多地合作，才能有效地开发组织内存在的知识和更加充分地利用组织资源。组织在变革背景下可能更多地涉足以前未曾熟悉的领域，这时候就特别需要采用任务依存高的群体决策方式来开展工作，这样才能尽可能全面掌握各种相关信息，才可能把决策的风险降低，并使决策质量更高。

任务依存(task interdependence)是指某个团队成员的行为在多大程度上影响了他人绩效(Thomposon, 1967)，也就是指多大程度上团队成员必须合作来完成工作。任务依存的增加有助于提高团队的目标承诺水平和团队支持行为的出现(Aube,2005)。Banchrach 等(2006)研究发现互助行为和群体绩效之间的关系受到任务依存的调节，当团队成员之间的任务依存越高时，团队成员就会表现出更多的组织公民行为。Wageman(1995)也研究了任务依存和群体绩效之间的关系，结果发现任务依存高的群体成员之间的合作度是最高的，而且这种群体的工作绩效也是最好的。

Brodbeck 等(2007)指出，群体决策的效能是组织逐渐增加关注度的一个主题，当重要的经济、技术、医疗、政治问题需要解决的时候，是以群体形式而不是个人形式来进行高质量的决策(Hollenbeck, 1995)，这些群体以委员会、专家

团、代理处、项目群体、咨询团队、智囊团或多学科多功能团队的形式展开工作,很明显群体决策的成本要比个人高很多,包括时间成本、金钱成本等,但是群体决策的优势主要体现在两个方面:(1)群体被认为是确认和整合个体观点的工具,这种代表性的和整合性的功能,就使得群体决策更容易被接受和更好地被执行,研究表明参与群体决策增加了公平感,提高了对决策的认同度;(2)群体被认为是联结和整合不同知识、想法和视角的工具,可以把它们整合成高质量的决策并进行创新。和个体相比,群体会获得更多更广的知识分布,被认为更能做出高质量决策,产生创造性和创新的方案。

通过对美国组织的随机抽样,Devine 等(1999)发现群体工作在大部分企业分支机构中更加占主导地位,表明很多组织在本质上是功能交叉和多学科的。这也和劳动力市场上增加的多样化是相关的。组织已经开始重视重新设计工作,这样就会使得任务依存和团队工作增加(Jackson,1996),这样做的目的就是刺激有着不同知识和专长的员工进行信息交换从而促进互相适应、创新和做出高质量的决策。一个广为接受的假设是不同知识、专长的群体要比同质性群体或个体决策效能更高,但是关于群体决策的研究表明群体通常不能有效地使用全部信息(Brodbeck, 2007),这就给任务依存研究带来了新的挑战,如何能够使得团队在任务依存逐渐增加的情况下还能保持良好的协同运作功能是一个很大的问题,特别是在组织变革的背景下,由于环境和任务的不确定性,任务的依存就面临着更多动态性的变化,给变革中团队效能的发挥带来了新的挑战。

### 三、组织变革对工作目标制定带来的挑战

组织变革给组织带来了全方位的变化,涉及了组织中权力结构、利益格局、价值理念等各方面深刻的调整,因此组织特别需要重新设计明晰的战略,对组织目标重新进行制定,并且要能够使得组织的目标为员工所接受,从而达到个人目标和组织目标一致的状态,这样才可能减少变革的阻力和不和谐因素的影响,提高变革成功的可能性。

在目标制定问题上,最主要的一个研究变量就是合作目标依存(cooperative goal interdependence),其主要含义是团队成员对个体目标和他人目标相关度的知觉,Wageman(1995)指出目标依存和任务依存的概念是不同的,目标是个体追求的一般结果,而任务是个体需要执行的具体工作,两个人可能追求的目标不同,但是在某些任务上还是交互依存的。Saavedra 等(1993)在实证上也对任务依存和目标依存做出了区分,在他们的研究中把任务依存分为集合式的、顺序式的、互惠式的和团队式的依存四种类型,把目标依存分为了个体依存和群体依存两种水平,结果发现两者都对群体绩效的质量产生了影响。

这就表明在管理实践中，不仅要重视具体工作任务的设计，还要重视总体目标的制定。

目标依存对团队的活动和团队绩效都有影响作用。Deutsch(1973)指出这些知觉影响到了团队成员的交互活动和团队产出，并进一步指出个体意识到当实现其目标可以帮助他人实现他们的目标时，可以影响其他成员的期望、问题解决活动和绩效时，团队成员之间的目标依存会增加。Johnson 等(1989)也发现如果成员知觉到他们的目标是正相关的、知觉到一个共同的命运，就会做出更多支持性的行为，如交换见解和信息。Alper 等(1998)通过现场研究发现，有着高度合作式目标的团队在讨论他们不同观点上是更有建设性的，而且带来更高的绩效。Tjosvold 等(2004)发现合作目标有助于提高团队创新水平。Zhang 等(2007)的研究发现，在团队中采取合作式目标，有助于大家为彼此共同收益的目标进行更多的交流与合作，从而有助于提高团队绩效。

在组织变革背景下，由于变革涉及利益和权力的重新分配，涉及组织文化的再造问题，所以在这个过程中，在团队结构的设计上如果较多地采取合作式目标执行任务，通过共同的利益把大家捆绑在一起，可以比较好地减少组织变革阻力，使团队成员可以齐心协力地投入到变革中来，从而获取较好的团队绩效和个人绩效。对比国外一些跨国公司的做法，他们组织设计中很重要的一环就是以团队为单位进行背靠背的设计，就是使团队目标能够和个人目标紧密挂钩，在激发出个人主动性的同时，使个体为了团队目标的达成也愿意为别人付出努力，整个团队共同朝一个方向前进，这样就可以达到同时获得个体和团队利益的目标。

## 四、组织变革对员工态度和行为的影响

Armenakis 等(1999)指出，随着工作场合变革的速率和复杂度的增加，对组织变革的原因、结果和策略的研究越来越多。但是 Judge 等(1999)也注意到大量的组织变革理论和研究都是采用了一种宏观的、系统导向的视角，多是在组织水平上的研究，没有关注到员工层面。Wanberg 等(2000)也呼唤有更多采取人员聚焦用的路径进行组织变革研究。组织变革不仅对组织本身施加了巨大的压力，对于组织中的员工也带来了巨大的压力(Vakola et al.,2005)。Caldwell 等(2004)指出，传统上组织变革被视为发生在组织水平上，代表了组织上具体的行动，是组织来改变其内部特征、适应或者控制环境条件的。但是现在研究兴趣越来越关注变革是如何通过组织进行传递的，以及最终是怎么被员工体验的，也就是说组织水平的一种变革(如重新调整组织结构)，将会对不同的工作群体有不同的含义。高级管理者可能把它作为强化商业的机会，是在

进行新的冒险或者应对新的挑战，但是低层管理者和员工可能把这种变化视为对他们日常活动的一种干扰；工作流程的变化也会带来对组织的目标、价值观和个人的目标、价值观一致性的重新评估。所以 Deloitte 等(2005)就指出如果一个组织要成功地实施某项变革，就必须要考虑到员工的心理过程，没有把员工的心理过程作为重要因素来考虑的变革很可能就是失败的。Elias(2009)也认为，变革的执行会带来各个层面的压力，如果没有较好地处理员工的态度和行为问题，就可能会减少员工的组织承诺、工作满意感、信任和工作动机。由此可见，研究中也越来越重视对变革背景下员工心理过程的研究，特别是对那些能够影响工作绩效的重要态度和行为变量的研究。

Kouzes 等(2002)指出，成功的变革要求员工是内在激励的，能够把变革视为一种学习的机会，并能感受到对变革过程的控制，如果能够实现这三点，员工就会积极地投入到变革进程中来。Herscovitch 等(2002)对变革承诺进行了研究，结果发现变革承诺是员工对变革支持行为的有效预测指标。Wanberg 等(2000)研究发现，个体差异变量影响了个体对组织变革的开放度，开放度又影响了工作相关的结果变量如工作满意感和离职倾向。Devos 等(2007)认为有五个因素影响了员工对变革的开放度，包括变革内容相关的组织变革特征、变革背景相关的对管理层信任、对直接上司信任、组织变革历史和变革过程相关的变革决策参与度。研究者通过两个实验研究发现变革内容、背景和过程变量对变革开放度的影响中有显著的主效应，但是没有显著的交互效应；只有在组织变革历史少和对管理层信任低的情况下，变革开放度才会明显的降低。Thomas 等(1993)的研究发现组织承诺在组织变革压力和工作满意感、离职倾向和健康之间的关系中起到了调节作用。Caldwell 等(2004)认为人和环境匹配也是变革的一种结果，并且发现个体知觉到的人环境匹配上的变化和个体特征与变革过程特征之间的交互作用是高相关的。

从上面的多项研究中可以看出，西方研究者对组织变革中员工的组织承诺、变革承诺、工作满意感、离职倾向、人环境匹配等多个态度变量都进行了研究，在行为变量上，主要关注了对变革的开放度、变革抵制、变革努力等变量。我国学者近年来对组织变革对员工态度和行为带来的影响也开展了一些研究。胡君(2002)认为组织变革会引起员工的价值观、工作态度、信仰等多方面的变化，因此指出变革中的员工关系管理非常重要，要特别重视员工的情绪管理和思想管理工作。吕新萍(2002)认为组织变革带来了员工和企业两个层面的心理契约的变化，员工和组织都在进行心理契约的重新建设，两者的匹配程度将会对员工行为产生重要的影响。彭瑞峰(2006)认为组织变革给员工带来了深刻的心理和行为变化，这些变化主要表现在：(1)员工感到心理不平衡和缺乏安全感;(2)员工感到组织的价值观发生了变化;(3)员工不愿意改变原有的工作习惯。石伟等(2008)认为组织变革成功与否,不仅受到领导者、组织结构等因素的影响,还受到员工的反应行为的制约,员工的反应行为甚至会对组织变革的成败起到决定作用,并且指出大多数员工把组织变革看作其职业生涯中最主要的压力源之一,对员工的心态有重要的影响。李红(2008)也指出在组织变革中,员工的个人效能感、团队中的冲突和组织中的信任关系都会经历一个重新建构的过程。我国学者已经重视到了组织变革可能对员工态度和行为带来的影响,但是大多还是处于理论构思的阶段,比较缺乏相应的实证研究。

员工的态度和行为对于组织变革的设计、实施和绩效都有着重要的调节作用,变革管理实践的优劣将会对组织变革最终的成败产生重要的影响,那么在组织管理中应该进行哪些相应的调整措施?中外学者也进行了一些有益的探索。彭瑞峰(2006)认为要特别重视组织变革中的员工的心理契约管理,企业与员工之间的心理契约处理得好,可以加强员工的敬业精神和凝聚力,推动组织变革,处理得不好,员工的工作效能不仅不能发挥应有水平,甚至还会产生破坏作用,阻碍变革的进程。石伟等(2008)认为组织气氛的营造很重要,如来自同事和领导的支持、组织内良好的沟通等,另外一些积极的管理措施也很重要,比如管理者从员工的需求出发来对组织变革进行解释,让员工自由表达意见,建立员工帮助计划等,可以比较有效地减少变革对员工的威胁感,从而使得变革可以顺利展开。Judge 等(1999)通过研究发现对变革的管理对员工的外在工作结果(如工资、职位、绩效)和内在工作结果(如满意感、组织承诺)都有着重要的影响,因此进一步指出变革管理实践的重要性。Rafferty 等(2006)的研究发现组织变革的频率、影响范围和计划性对员工的压力感和身心健康带了不同程度影响,并进一步建议变革管理中应该注重对加强变革的计划性和对员工的交流沟通工作。Furst 等(2008)从领导成员交换理论出发,通过实证研究发现在领导成员交换质量高的情况下,员工对变革的抵制会降低,从而建议在组织变革管理中应该进一步加强领导和成员交换关系的建设。

组织变革背景下的研究越来越重视对变革过程的研究,研究的焦点也包含了微观层面上的员工态度和行为研究,切入点主要在组织变革对员工态度和行为的影响、员工态度和行为对组织变革绩效的调节作用以及变革管理实践对员工态度和行为改进效应上面,但是从研究的重点来看,主要还是聚焦在在个体层面上的,对于团队态度和行为模式的研究还比较缺乏,团队层面的研究应该是未来一个值得关注的方向。

## 五、组织变革背景下效标的选取

组织变革是一个复杂的体系,组织变革的效能如何来评价就涉及变革效标的选取问题，当前组织变革研究中效标选取中还存在一些问题，比如缺乏对组织变革效标体系的专门建构，大多研究还是使用最常见的一些效标，并不能充分反映不同变革类型、任务特征、人员特征的独特之处，从而使研究结果的理论概化效力受到影响，也对研究结果的外部效度产生了较大的限制；在测量手段上，主要是进行主观评价，比较缺乏二手数据和其他旁证数据的支持，为了克服这些问题，研究者也在多方面进行了努力探索。

组织变革最重要的形式之一就是公司创业，Chandler 等(2002)对新创企业的绩效测量进行了一个效度研究，研究者指出，当新创企业绩效只能获得自我报告的数据时，有三种测量方法是使用最多的：(1)企业主要负责人评定一些基本项目上的公司的绩效，比如销售额、利润等；(2)主要负责人对公司绩效的满意感进行主观评价测量；(3)请主要负责人评定和竞争者相比的绩效表现。研究者同时使用了这些手段对 120 家公司进行比较测量，研究结果发现，在公司基本项目评价上，企业成长和企业规模是使用最多的，而且这两个指标有良好的效度和内部一致性系数，比绩效满意感和竞争者比较绩效的内部效度都要好；绩效满意感有着较高的内部一致性系数和评分者间一致性系数，竞争者比较绩效评分者间一致性系数较低，但是有着较好的外部效度。这项研究也为组织变革效标选取提供了有益的借鉴，即要采用多效标评价的方法，并且对不同效标之间的信度和效度进行对比研究，从而可以使研究结果得以更好地解释和比较。

Armenakis 等(1999)对组织变革相关理论和研究进行了回顾，其中专门涉及了组织变革效标问题，主要是关于在组织变革研究中通常使用的结果变量，研究者指出最常用的指标包括变革结果类指标和变革执行类指标，结果类指标主要是指成功/失败类指标，如利润率或者市场份额，变革执行类指标包括组织变革执行的效率和效能。研究者进一步指出成功的变革执行肯定需要鼓励个体展开新的行动，才能达到理想的变革效果，而变革的行动可能会遭受到不愿看到的反应，如拒绝和抵制，并可能进一步影响变革的顺利开展，因此仅仅关注结果类和执行类效标是不够的，还要关注员工的心理和行为类指标研究；实践经验认为这些心理和行为反应类指标可以作为补充效标，从而更好地理解和管理促使员工开展相应变革行动的过程；在测量手段上，通常的做法就是使用自我报告的方法来评估员工对于组织变革的反应。研究中也存在相关的证据，Clarke 等(1996)在一个以大学为样本的研究中，发现了教职员工对变革的抵制行动，具体来说就是如果个人认为自己的利益受到了威胁，就可能会对变革进行抵制，这就大大影响了组织变革的进程。Meyer 等(1997)提出的承诺的概念可以作为用来评价组织变革对员工组织关系的影响，承诺的各种形式会影响员工感受到的对组织的依附感，还会影响到员工的压力感和离职行为。由变革而引发的压力也被作为一个要改变的障碍，Schabracq 等(1998)认为当组织变革发起的时候，个体习惯的技能可能无效了，组织变革越动态，已经习惯的技能可能越无效，然后员工就会体验到更大的不确定性，随着变革的推进，应对和适应就变得越来越困难，不确定感越大、掌控感越低，员工感受到的压力就越大。变革可能会产生意想不到的结果，因为变革带来的员工的反应可能是相当复杂的，Gilmore 等(1997)研究了 530 家公司的文化变革中的各种效应，结果发现积极效应和消极效应是同时发生的，典型的积极效应改进包括质量、服务、生产力的提高，消极效应则表现为组织承诺、工作气氛和员工忠诚发生了明显的弱化，他们警告说没有预料到的情感结果上的消极效应可能会破坏甚至挫败进行中的变革。上面这些研究充分说明心理和行为类效标对于组织变革成功与否是非常关键的，因此也是一类很重要的组织变革效标。

在组织变革研究中有一些效标并没有得到普遍的应用，但却是很有应用价值的，对于充分理解组织变革中员工的情感和行为变化有着积极意义。Caldwell 等(2004)指出组织变革研究中并没有把人环境匹配(P-E Fit)作为典型的效标变量，但是人环境匹配是一个很重要的组织行为变量，人环境匹配是指员工和工作环境的各个方面的匹配程度，是一个可以解释多种员工和组织结果变化的有效变量，比如员工在选择雇主时的重要决定因素就是人环境匹配，企业进行人才选拔时的重要标准也是人环境匹配，人环境匹配还对员工的工作满意感、组织承诺和离职倾向有着重要预测作用(O'Reilly，1991；Judge，1997；Kristof，2000)。Cable 等(2001)指出，人环境匹配研究主要聚焦在了组织进入和员工的早期社会化阶段，这些研究通常是在某个时间段做出的匹配评估，是在一个相对静态的环境下进行的匹配，因此很难反映出当环境或者个体某方面发生了变化之后的匹配程度如何变化，特别是在组织变革背景下，当组织进行了变革以后，人环境匹配会如何变化，这些知觉到的变化又会怎样影响员工情感和行为上的变化，而这些变化又会怎样影响到绩效，这些的确是值得进一步研究的问题。Caldwell 等(2004)以 34 家不同工作单位为样本，进行了组织变革、个体差异和人环境匹配变化之间关系的研究，结果发现当把变革特征和个体差异的交互效应联合起来分析的时候，可以更好地解释员工知觉到的人环境匹配的变化，年龄、控制导向和变革特征在预测人环境匹配变化上有着显著的交互效应。人环境匹配的变化很可能就是引发员工情感和行为变化的重要过程，因为总体匹配知觉的改变会对员工产生多方面的影响，这还需要更多实证研究的支持。

组织本身就是一个开放的社会技术系统，组织变革又是一个复杂系统工程，而且是在不断地发展变化的，所以在组织变革效标选取上应该采用多指标、多评价者、多阶段的评价方法，具体效标选取上不仅要注重客观结果类指标和执行过程类指标，还要关注组织变革中的员工心理和行为类指标。Armenakis等(1999)也指出组织变革研究需要继续对工作场合需求的动态性做出响应，特别指出要关注组织变革中的情感和行为研究，从而可以更好地对组织变革引发的情感和行为活动进行监控和管理。

## 第五节　Lewin的相关理论综述

本研究尝试把主动性的研究从个人层面拓展到团队层面上，而且是在组织变革背景下进行的一种尝试，组织变革的动态性就必然和团队的复杂性结合在了一起，在这种结合上做过很多有益探索研究的就是Lewin。Lewin于20世纪40年代在场研究的基础上开创了群体动力学理论，内容涵盖了群体结构、群体任务、群体内关系分析等多个方面，大大推进了人们对群体自身发展及其和环境交互作用的理解。在场研究和群体动力学的基础上，Lewin又提出了“解冻—变革—再冻结”的变革模型，其主要思路就是把群体动力学相关理论应用到了组织变革背景下进行分析，主要着眼于变革中各种力量之间的冲突变化而最后达成一种平衡状态的过程，对组织变革研究、群体研究都有着重要的理论和实践指导意义。下面就结合本书研究焦点对Lewin的相关理论进行综述。

### 一、场理论及其对团队研究的启示

场理论的基本思想是动力思想，动力思想也是Lewin的心理学理论的基础。Lewin(1939)指出某些心理能量即产生于意志或需求压力的心理紧张系统，才是心理事件发生的必要前提。心理紧张系统是Lewin在对人的行为根源进行动力分析时提出的，其中紧张和需求是两个最基本的术语。Lewin认为紧张(tension，或称张力)的释放为心理活动和行为提供了动力和能量，从而构成了决定人的心理活动和行为表现的潜在因素。在Lewin看来，紧张必然要有它的确定的目标，这种目标既可以是主观的，也可以是客观的，但一定是个体当时在心理上所感知的，或当时对个体产生实际影响的。需求的产生会突破原有的心理平衡，而引起一定的心理紧张。在Lewin的场理论中，人与环境是密切相关的，他的心理紧张系统便包括了人与环境的关系，包括了紧张与目标的相互作用。除了“心理紧张系统”这个概念之外，他还有另一个基本概念：生活空间。生活空间是人的心理活动和行为动力产生与表现的场所，是一种具有整体性的动力场，反映了一种整体思想，这也是场理论的基本思想。Lewin 描述的心理紧张系统便发生在他所界定的生活空间之中。Lewin 以此为背景所阐述的心理紧张系统不但具有动力性，而且具有结构性、关系性和系统性。Lewin 认为生活空间包括在一定时间决定个体行为和心理活动的所有事实，生活空间包括了人与其环境，行为发生在这种生活空间之中，它就是人与环境交互作用的函数，他进一步提出了个体行为的公式，即 $B=F(P\times E)$，其中 $B$ 表示个体当前行为的方向和强度，$P$ 表示个体内部动力和内在特征，$E$ 表示个体所处的外部环境。这表明个人行为取决于个人需要和环境力量的交互作用，Lewin 进一步指出其中任何一部分的变化都必将引起其他部分的变化，场的意义则充分体现在生活空间中，这些就是 Lewin 提出的场理论的基本容。

Lewin 的场理论强调了人与环境的共生系统，重视个体的心理和行为过程，指出个体行为的产生是一个内在特征与外部环境交互作用的结果，这些思想对团队研究很有启发意义。团队是由个体所组成的有着共同目标和行动规范的群体，团队本身的规模、结构、目标等因素是产生其行动的内在特征，团队所处的行业特征、市场现状、政府政策等因素构成了其行动的外部环境，团队有着具体的目标和想要完成的任务，这对于团队来说也是一种心理紧张系统，这种紧张系统会带来团队行动的动力，促使其对外部环境进行充分的理解和评估，然后制订相应的行动计划并展开行动，进一步会根据外部行动对环境作用的结果对团队内在因素进行调整，并继续下一轮的行动，这也就说明思考团队行动一定要充分结合外部环境的影响，才能对团队的行动进行较为全面和系统的理解。

## 二、群体动力学理论及其对团队研究的启示

在场理论研究基础上，Lewin 在 20 世纪 40 年代提出了群体动力学理论，以团体为坐标来研究人的社会行为，群体动力是指群体中的各种力量交互的作用力和影响力，Lewin 使用了场的概念来说明群体成员之间各种相互依存、相互作用的关系。Lewin(1947)认为群体是一个动力整体，群体中个人的活动、交互作用和情绪的综合就构成了群体行为的动力。任何群体都置于两种力量的交互作用之下，一种是一致性的合力，一种是干扰性的阻力，群体中的干扰性力量可能来自成员之间交流的障碍，或者是个体目标和群体目标的冲突。群体动力可能来自于群体的一致性，这种一致性表现为群体成员有着共同的目标、观点、兴趣等，群体规范具有很强的行为导向作用，群体压力会使得个体表现出群体所一致接受的价值观和行为模式。群体动力还可能来自于群体内的冲突，由于背景、专长和所掌握信息的差异，成员可能在达成目标的方式上并没有一致的

看法，这种带有竞争性质的冲突只要是控制在一定的合理范围内，对于增加决策科学性，改进决策质量都是很有帮助的，但是如果良性的竞争变成了恶意的攻击就会产生负面的结果。群体中表现出来的一致性程度则取决于群体内两种力量对比之间的关系，如果一个群体可以较好地满足成员的需求，并且对成员有足够的吸引力，那么该群体表现出来的是一种正向的驱动力。群体动力会对群体产生全面的和持续的影响，并贯穿群体形成和行动的全过程，对群体结构的设计、群体沟通模式的建构、群体任务的理解与执行、群体内人际关系的发展、群体绩效的获取和培训都有着广泛的影响，群体动力学特别关注这些活动产生背后的动力机制、行动执行中的心理和情感机制，并尝试把这种理论分析和社会实践过程紧密结合，开展了一系列领导力培训、群体氛围建设和文化塑造等社会实践活动，在社会上产生了很大的反响。群体动力学提供了一种群体和组织社会行为分析的思路，对心理学、组织行为学、人力资源管理等学科都有着重要的理论和实践指导意义。

从群体动力学理论可以看出，团队行动是团队内多种力量综合作用的结果，这些力量既有推动力，也有阻碍力。随着环境的动态性和任务的复杂性增强，团队面临的挑战也更加激烈，特别是在组织变革背景下，团队的权力结构、利益关系和价值观体系可能都要进行一些调整，伴随着这些调整发生的必然是团队成员心理和行为过程的变化，在这个过程中，群体之间的互动、协作抑或是竞争、排斥行为都可能更多地表现出来，而且整个团队的氛围和文化塑造也会经历一个重新定位的过程，这个过程监控和控制的好坏，直接决定了团队绩效的优劣和团队成员的心理与行为反应。当今组织的竞争力越来越依存于团队的竞争力，那么一个表现良好的团队就应该能够把各种积极的力量整合起来，把消极的力量控制在一定的范围以内，这就需要在管理实践中全面分析各种可能会影响团队绩效的关键力量来源及其对团队成员心理过程和行为模式的影响，从而才可能打造一支高绩效的团队。

## 三、Lewin 变革模型及其对变革背景下团队研究的启示

Lewin(1951)发展出了一套有关组织变革的理论，他认为组织就是一个由各种作用力交互影响而形成的一个平衡体，组织中永远存在两种对立力量，一种是驱动力，包括竞争压力、新技术使用、流程创新等方面，另一种就是抵制力，包括组织惯例、旧有文化、保守思想等方面。当两方面力量平衡的时候，组织处于惯性的状态，不会进行变革，而为了应对环境的变化或者进一步适应组织绩效，管理者需要找出办法增强变革的力量，降低变革的阻力。Lewin 的变革理论也被称为力场变革理论，图 1.2 所示就是对这一理论的表现。

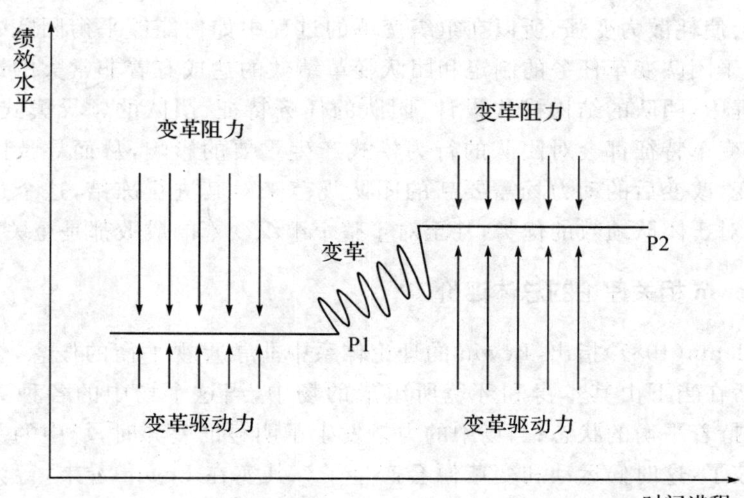


图 1.2 力场组织变革模型

图 1.2 中反映出，当组织处在绩效水平 P1 阶段时为处于平衡的状态，此时进行组织变革的阻力大于驱动力，但是随着外部环境的变化，组织为了进一步提高组织绩效达到更高的绩效水平 P2，就要进行变革，变革的过程就需要增强组织变革驱动力，降低变革阻力才能达到。Lewin 认为组织就是在这两种作用力之间寻求一种平衡，每次从一种平衡达到另一种平衡，就需要发生组织变革。

Lewin 认为组织变革就是推动组织朝向所渴望的新的平衡状态转变，因而提出了“解冻—变革—再冻结”组织变革模型，并指出了各阶段变革的要点：(1)解冻阶段，这个阶段的主要任务就是发现组织变革的阻力，力争使用各种方法克服组织变革的阻力，并明确组织变革的目标，设计比较全面的组织变革方案。(2)变革阶段，此阶段的主要任务是按照制定的变革方案展开具体的行动，促使组织从现有状态向理想状态转变。变革是个认知的过程，获得新的概念和信息得以完成。在这个过程中，应该重视对员工的心理和行为过程的监控和管理，采用多种措施推动变革进展，比如指导人计划、群体培训、行为训练等手段，旨在塑造员工新的态度和行为模式。(3)再冻结阶段，此阶段的主要目的就是预防组织倒退回变革前的旧有习惯中，管理者需要采取各种策略来保证新的行为模式和组织形态得到强化和巩固，比如明确制度、规范流程、改善氛围等方法，来使新的态度和行为模式固定下来，从而使组织处于稳定状态。

Lewin 提出的“解冻—变革—再冻结”组织变革模型，其背后的原理就是群体动力学理论，特别是在组织变革背景下，团队受到了变革的极大影响，团队的凝聚力可能会减弱，团队的驱动力可能变得多元化，团队由于利益模式的不一致可能会使耗散力变强，所以在组织变革的过程中如何能够平衡团队中的各种力量，对于团队变革任务的制定和团队变革绩效的达成有着非常大的影响。在这个过程中，团队的结构模式设计、团队的任务特征、团队的领导模式、企业文化、组织变革特征都会对团队的行为模式产生重要的影响，从而导致团队动力场的改变，改变后的动力场需要新的团队规范来对其进行冻结，这个过程执行的好坏，对于团队绩效的优劣，甚至对于整个组织变革的成败都是至关重要的。

## 四、对 Lewin 相关理论的总体评价

Wolamn(1981)指出，Lewin 的理论体系中非常重视平衡的概念，个体或者群体生活在当下由其本身和环境所组成的场中，当这个场中的各种力量相当时，场维持着平衡的状态；当场中的力量发生了明显的差异时，场中的平衡状态便被打破了，这时候运动和变革便会产生了。其实在 Lewin 看来，行为就是改变。而且 Lewin 理论体系的一个显著特点就是把来自个体心理学的概念应用到了群体行为上，Lewin 也强烈地感受到，群体就是一个单元，应该把它作为一个整体来进行分析，而不是把群体中个体的表现进行加总。

申荷永(1999)认为，自从 Lewin 为心理场论的建立打下了基础之后，心理场论便在心理学领域，以及整个社会科学领域中得到了深入而持久的发展，它本身具有一种方法论的内涵，对整个心理学的研究，都起到了积极而富有启发意义的作用。

Lewin 的理论体系提供了一种分析的思路和框架，更像是一种元理论，其本身并不能解决群体行为的因果关系问题，也不能涵盖个别案例，所以针对不同的环境、不同的行动主体，还需要进行针对性的分析，才能够回答特定场下群体动力的形成和演化问题，为理论发展和实践操作提供进一步的指导。

# 第二章　研究理论构建与整体思路



## 第一节　以往研究取得的进展

以往研究的进展主要表现在以下七个方面：

（1）界定了个人主动性的内涵和关键特征，并与相似概念之间的异同进行了比较；通过问卷测量、回顾式行为测量和情景测验的方法对个人主动性进行了测量，从不同角度捕捉到了个人主动性的特征；探索了影响个人主动性表现的各种因素，包括环境、知识技能、个性和导向等因素，并且有研究表明个体的导向在环境和个体因素对个人主动性的影响中起到了中介作用；探讨了个人主动性的效应，研究表明个人主动性和个人职业活动、学习行为、工作绩效都有着正相关的关系，而且个人主动性还对个人在组织变革中的绩效有着重要的调节作用。

（2）团队研究中越来越重视探索产生团队效能的情感的、认知的和行为的中介过程，经典的I-P-O模式为理解团队效能机制提供了一种有益的思路，更有助于鉴别出团队效能达成的过程机制，从而可以找出一些团队比其他团队效能更高的原因，而且在研究操作上，这种模式比较易于设计，可以广泛地应用到现场研究和实验研究中来。

（3）团队结构的权变模型从团队决策和专长集中度的视角出发，建构了团队结构和团队绩效之间交互作用的权变模式，有助于理解团队结构对团队绩效影响的匹配效应，而且这种权变模式不仅适用于静态的横切面研究，也适用于动态的纵向研究。

(4)逐渐开始关注团队效能获取过程中团队心理状态对团队行动的调节作用,团队效能感和团队心理安全感是两个得到了较多研究的重要变量,研究者分别从内涵、影响因素和影响效应等方面对其进行了探索,得到了很多有意义的结果。

(5)交互记忆系统是动态环境下团队效能的重要调节变量,有助于专长多样性团队在不确定情境下做出质量更高的决策,使团队在高压力情境下更加注重成员之间的交流和互动,有助于优化团队行动过程,从而促进团队效能的适应。

(6)对组织变革的内涵、原因、过程及其主要形式有了比较清晰的界定,越来越关注组织变革对工作任务执行和工作目标设定带来的挑战,强调互动与合作,越来越重视对变革过程的研究,研究的焦点也包含了微观层面上的员工态度和行为研究,切入点主要在组织变革对员工态度和行为的影响、员工态度和行为对组织变革绩效的调节作用以及变革管理实践对员工态度和行为改进效应上面,而且在组织变革成效评价效标的选择上,除了客观结果类指标和任务执行类指标外,也逐渐关注到了变革中的员工心理和行为类指标。

(7)组织变革背景下,组织变革的动态性就必然和团队的复杂性结合在了一起,在这种结合上做过很多有益探索研究的就是 Lewin。Lewin 于 20 世纪 40 年代在场研究的基础上开创了群体动力学理论,内容涵盖了群体结构、群体任务、群体内关系分析等多个方面,大大推进了人们对群体自身发展及其和环境交互作用的理解。在场研究和群体动力学的基础上,Lewin 又提出了他的"解冻—变革—再冻结"的变革模型,其主要思路就是把群体动力学相关理论应用到了组织变革背景下进行分析,主要着眼于变革中各种力量之间的冲突变化而最后达成一种平衡状态的过程,对组织变革研究、群体研究都有着重要的理论和实践指导意义。

## 第二节　以往研究存在的局限

以往研究存在的局限主要有以下五个方面:

(1)随着团队成为组织竞争力的基本单元,其运作和管理模式的探索就更具有理论和实践意义,主动性对于工作绩效有着积极的预测作用,主动性研究已经在个人层面上取得了一定的进展,但是还没有在团队层面上对主动性行为进行过研究,还缺乏对其内涵、形成过程和作用机制的了解。

(2)在变革研究中员工对变革的恐慌、对变革的抵制等态度和行为已经得到了很多关注,但是这些研究主要是从消极反应的角度出发,还很少有研究从如何使得组织中的个体和群体能够主动拥抱变革的视角出发,来对组织变革进行研究,因此还需要对组织变革背景下个体和群体的积极行为模式进行深入研究。

(3)虽然团队研究中已经重视探索产生团队效能的情感的、认知的和行为的中介过程,但是在实证上对这些过程的整合式探索研究还并不多见,特别是在组织变革的动态环境下对团队心理状态变化的过程研究比较缺乏。

(4)虽然组织变革背景下的研究越来越重视对变革过程的研究,研究的焦点也包含了微观层面上的员工态度和行为研究,但是从研究的重点来看,主要还是聚焦在个体层面上的,对于团队态度和行为模式的研究还比较缺乏,团队层面的研究应该是未来一个值得关注的方向。

(5)Lewin 的场理论、群体动力学和变革模型为结合团队研究和组织变革研究提供了有益的理论视角,但是还比较缺乏以此为理论基础的实证研究,限制了这些理论在变革背景下团队管理中的应用,而且 Lewin 的相关理论主要是提供了一种分析问题的思路,还要更加关注管理实践本身,紧密结合实践中提出的问题才能更好地发展相关理论。

## 第三节　本书拟解决的理论问题

根据上面的文献综述和研究小结,初步总结有待解决的决问题如下:

(1)在团队水平上开展主动性研究,探索团队主动性的内涵和影响因素,并尝试揭示团队主动性的效能机制,明确团队主动性发挥效能的关键边界条件。

(2)把团队主动性的研究置于组织变革背景下,从群体积极拥抱变革的视角来对组织变革展开研究,更加深入地了解变革背景下群体行为模式的变化。

(3)借鉴团队研究中情感、认知、行为中介过程研究启示,把团队心理状态作为组织变革背景下影响团队行为的重要因素,更加明确动态环境下团队心理状态的调节效应。

(4)采用整合式研究思路,把团队认知过程作为团队行为与团队效能之间关系的重要调节变量,从而对组织变革背景下团队的态度和行为模式及其与绩效的关系有一种全面的理解。

(5)尝试把 Lewin 的场理论、群体动力学理论和变革模型作为研究的理论基础,并根据问题解决的需要在研究构思、研究设计等方面进行应用和拓展,从而使研究具有较好的理论意义和实践意义。

## 第四节　本书的构思框架与实证研究步骤

本书重点关注组织变革背景下团队态度和行为模式发生了怎样的变化，分析其如何转换外界不确定性因素的过程，探索团队工作模式如何获得更好的效能，其背后的心理结构与行为机制是什么，并以团队主动性作为这一过程的表征，界定其内涵，探索其影响因素和作用机制，并尝试发现团队主动性发挥效能过程中的行为与认知的交互作用，从而可以较好地勾勒出团队主动性较为完整的图景。

本书尝试以 Lewin 的相关理论为基础，探索组织变革背景下变革对团队态度和行为模式带来的影响，以团队主动性这一核心构思为焦点，围绕其内涵、形成过程和作用机制展开一系列研究，在前面文献回顾和问题分析的基础上，初步提出本研究的理论框架，如图 2.1 所示。

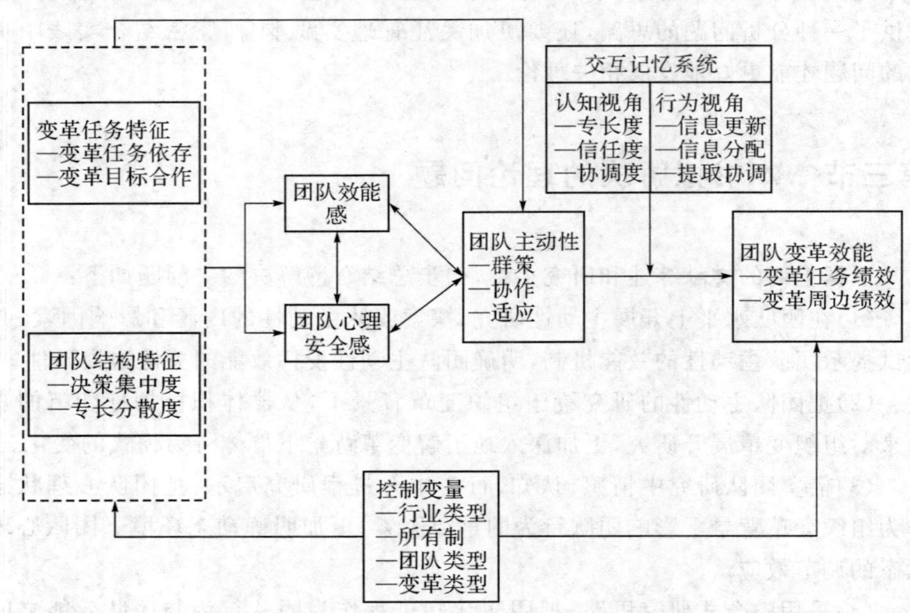

图 2.1　组织变革背景下团队主动性研究构思

根据上面的构思模型图，本研究设计了以下五个研究：

(1)团队主动性构思的开发研究，本研究拟基于扎根理论的思路和流程，通过对正在经历组织变革的企业高管的访谈来获取大量的现场资料，并对资料进行深入细致的开放性编码、主轴性编码和选择性编码，从而提取团队主动性的内涵框架。

(2)团队主动性的多方法测量比较研究,准备进行团队主动性的问卷测量和回顾式行为测量,并对两种测量方法的结果进行比较,进行同构思异方法的聚合效度检验,从而全面验证团队主动性的构思。

(3)团队主动性的影响因素研究,准备通过向正在经历组织变革的企业团队发放问卷的形式,来获取大量现场数据,从而对提出的团队主动性影响因素及其作用过程假设进行检验。

(4)团队主动性的效能机制研究,拟通过对处于组织变革中的团队进行大规模的问卷研究,检验提出的关于团队主动性作用机制的假设。

(5)团队主动性和团队变革绩效关系中团队主动性和交互记忆系统的交互作用研究,拟通过基于真实组织变革背景开发的模拟任务进行实验研究,从而检验团队主动性和交互记忆系统的交互效应。

另外需要指出的是,由于组织变革广泛地发生在不同行业中各种所有制的企业中,所以行业类型和所有制在本研究中是作为控制的背景变量。本研究选取的行业类型为IT、制造和服务行业,企业所有制包括了国有、民营和三资企业三种类型。Ilgen(2005)认为按照时间维度可以把团队划分为形成阶段、执行阶段和完成阶段,其中形成阶段是指团队制定目标、建立关系模式和确定运作结构的阶段,执行阶段是指团队紧密联结、适应性解决问题和学习创新的阶段,完成阶段是指团队完成了某次任务、将要进入下一个任务循环的阶段,本书准备考察的重点是变革背景下处于执行阶段的团队,所以在样本选取上的标准是组建时间超过了 3 月的团队。不同形式的组织变革在变革剧烈程度、影响范围和对员工要求上是有所不同的,本研究主要选取了当前一些最主要的变革形式,包括公司创业、并购、信息化和国际化。

## 第五节　本研究的技术路线

根据以上研究内容和流程,整理出了本研究的技术路线图,如图 2.2 所示。

在第一部分文献综述中,全面回顾了个人主动性相关、团队相关、组织变革相关和 Lewin 的理论和实证研究,并逐步总结出了和团队主动性相关的研究问题,梳理出了团队主动性研究的思路和框架。在第二部分的扎根理论研究中,尝试通过质的研究方法,基于正在经历组织变革的多团队访谈材料,提炼出团队主动性的构思,捕捉其关键特征和内涵。在第三部分的多重比较研究中,拟通过问卷法和回顾式行为测量的方法,通过定量数据和定性数据的对比分析,

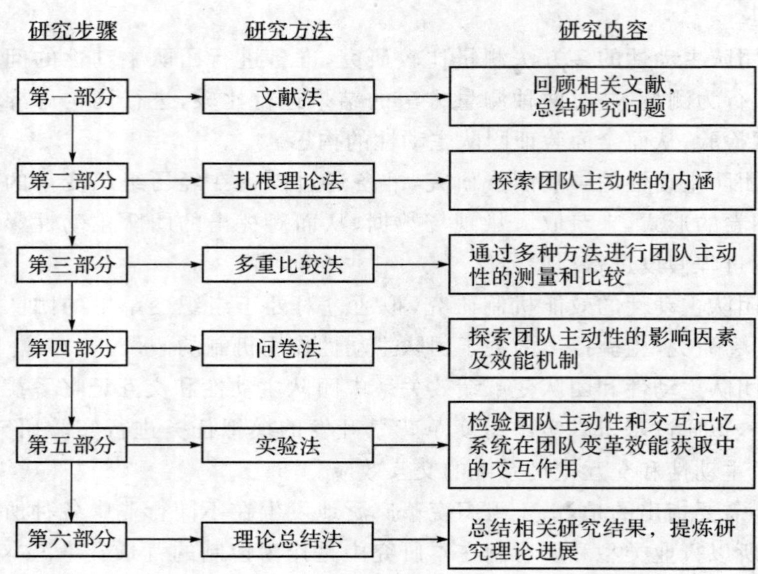


图 2.2　本研究的技术路线

说明团队主动性维度开发的有效性，并进一步检验团队主动性构思的聚合效度。在第四部分的问卷研究中，尝试通过现场研究的方法，向正在经历组织变革的团队发放问卷，检验团队主动性的影响因素及其作用过程，并进一步检验团队主动性的效能机制。在第五部分的实验研究中，就本研究关注的交互式记忆系统和团队主动性的关系进一步进行检验，交互式记忆系统是基于分布式加工的视角，是团队发挥其效能的关键边界条件之一。在第六部分的总结中，将全面总结各个子研究的发现，细致提炼本研究的理论进展，概括本研究存在的问题，并进一步对未来研究方向作出展望。

# 第三章　团队主动性的结构研究

## 第一节　研究目的

在学校教育、公司管理、政府治理等社会活动中，主动性是经常被提及的一个词语，以往主动性研究更多是在个体层面上展开的，较少涉及一个团队主动性的问题。团队主动性是一种群体层面上的活动，它是团队成员为了达到应对环境变化、捕捉未来机会、预防已有问题等目的而展现出的群体行为，现今企业的竞争更多的是以团队为单元进行的竞争，特别是在当今组织变革进行得如火如荼的时代背景下，团队主动性更是一个值得探究的问题，本章的目的就是尝试揭示组织变革背景下团队主动性的组成要素，阐释其内涵，建构其结构。

## 第二节　研究方法

扎根理论(grounded theory)是由 Glaser 和 Strauss 在 1967 年提出的，是一种质性研究方法，其主要思路是研究前并没有理论假设，主张从原始资料中不断地进行归纳和概括，然后适应为理论。Strauss 等(1999)指出扎根理论的关键不在于其经验性，而是从现实资料中抽象出新的构思和理论。在过去的四十多年中，该理论被广泛应用到社会学、管理学、心理学、教育学、卫生科学等众多领域。费小冬(2008)指出扎根理论研究方法目前主要有三个流派:(1)Glaser 和 Strauss 的原始版;(2)Strauss 和 Corbin 的程序化版本;(3)Charmaz 的构建型扎根理论。本研究采用的是应用最广泛的 Strauss 和 Corbin 的程序化版本。

Corbin 等(1990)指出,扎根理论研究的主要操作程序可以概括为以下几个步骤:(1)理论性取样;(2)收集资料;(3)对资料进行逐级编码,从资料中产生概念;(4)不断地进行数据之间、概念之间以及数据与概念之间的比较;(5)形成理论性概念,建立概念之间的联系;(6)构建理论并进行评判。其中,对资料的三级编码,即开放性编码(open coding)、主轴性编码(axial coding)和选择性编码(selective coding),被视为核心的环节。开放性编码就是把研究资料逐步进行概念化和范畴化,概念化就是对研究资料中提及的现象进行定义,范畴化就是根据概念之间的联系进行一定的分类和整合,通过概念和范畴可以正确而全面地反映资料内容,并且把资料以及从中抽象出来的概念进行重新的综合,范畴化命名之后,还要进一步挖掘出范畴的性质和性质的维度,对范畴的性质和性质的维度进行界定是为了确保概念到范畴的提炼操作尽量的科学贴切。主轴性编码是在前面资料梳理的基础上进一步对范畴进行概括和深化,按照资料、概念和范畴之间的逻辑关系进一步探索出次要范畴和主要范畴,从而可以应用更加简练聚焦的结构反映出研究资料的内涵及其关系,使用扎根理论来建构新的理论构思也就主要体现在这个过程中。选择性编码是指选择出核心范畴,并将其和其他范畴、概念等进行连接,把概念化尚未发展完备的范畴补充完整并可以进一步建构其间关系的过程。通过扎根理论来回答某个研究问题的发展过程问题即主要体现在选择性编码的过程中。

Morgeson(1999)提出了在集合性构思和理论开发方面的 11 条指导方针(guideline):(1)集合水平的构思开发可以从对组织成员之间的交互的理解开始;(2)因为一些构思的出现是情景性的,所以对集合性构思的考虑应该提供它们发展方面的细节,具体化构思出现的过程,特别是重要的关键事件;(3)在说明一个集合性构思结构的时候,要理解个体活动的背景;(4)仔细地考虑一个构思的功能,这可以作为在多水平研究和理论中的整合性机制;(5)确定结果在集合性中的作用,特别是如何有助于目标实现的,这样会有助于理解构思为什么是存在的和为什么能够持续;(6)研究者可以通过从功能分析开始来开发多水平理论,检验既定构思的输出;(7)因为一些不同的结构可以导致相同的功能,所以需要在给定的水平上确定特定的结构;(8)因为相似的结构可以导致不同的功能,因此理解影响结果差异的因素就很重要;(9)在集合水平上有一系列潜在的重要因素,如交互(interaction)、整合(integration)、协调(coordination)、互相依存(interdependence),在理论和实践层面上,研究者应该把这些因素考虑进来，从而全面地理解这些集合性构思的本质；(10)为了收集在集合水平上有意义的数据，研究者必须对测量水平有较好的控制；(11)研究者必须清楚他们到底是如何操作构思的。

这些指导方针最大的启示就是构思可以通过其结构和功能来进行描述。结构来自于交互，可以跨时间地影响交互的系统，功能代表了构思的因果输出，提供了一种整合跨水平构思的机制，并没有检验集合性构思的绝对方法，对结构的讨论也没有排除对功能的考虑，仔细地研究结构和功能可以使得研究者更加全面地建构构思，从而有助于理论的整合和实践的操作。

## 第三节　研究过程

### 一、理论性取样

理论性采样是为了形成理论，数据分析者同时收集、编码并分析数据，决定下一步要收集什么数据和从哪里可以找到它们，在理论形成的同时发展理论的数据收集过程。这个数据收集过程由正在形成的实质或者形式理论所控制。这是一个不同形式的采样方式，鉴于一切皆为数据的思想，这种采样方式是由正在形成的理论需要所控制的，而不是事先决定的变量。

由于本章要解决的问题是：组织变革背景下团队主动性的结构是什么？根据理论性采样的要求，本研究选取正在经历变革的企业中的高管进行半结构化访谈，主要探究组织变革对企业中团队管理带来哪些挑战，企业中对团队主动性的内涵是如何理解的，这样可以符合扎根理论对适用性、可行性和相关性的要求，可以较为真实地捕捉到企业界对团队主动性内涵的理解和认知。

### 二、数据收集

本章在取样中尽量考虑了样本的代表性，分两阶段选取了来自杭州、湖州、宁波、青田、青岛、兖州等地的20家企业，共对27位高管进行了半结构化访谈。本研究中企业选取的标准是：(1)企业所处行业为IT、制造或者服务行业；(2)企业正在经历或者刚刚完成某种类型的变革，变革类型为公司创业、并购、信息化和国际化四种类型；(3)企业中多项工作是以团队为单元展开的，团队的组建时间都在3个月以上。第一阶段的数据由包含了11家企业11位高管的访谈记录，由于在访谈中发现理论尚未达到饱和，又展开了第二阶段的取样。第二阶段的数据包含了9家企业的16位高管，其中在三家企业还进行了焦点小组讨论,在较短的时间里获取了较大的信息量。各企业样本的背景信息如表 3.1 所示。

**表 3.1　两阶段访谈企业和对象的背景信息**

| | 企业名称 | 行业 | 所有制 | 变革类型 | 访谈人数 | 访谈对象 |
|---|---|---|---|---|---|---|
| 第一阶段 | 杭州柏顺汽车服务有限公司 | 服务业 | 民营 | 公司创业 | 1 | 人力资源经理 |
| 第一阶段 | 杭州鹤达贸易有限公司 | 服务业 | 民营 | 公司创业 | 1 | 副总经理 |
| 第一阶段 | 宁波荣信无纺制品有限公司 | 制造业 | 民营 | 并购 | 1 | 副总经理 |
| 第一阶段 | 兖矿集团鲍店煤矿实业公司 | 制造业 | 国有 | 信息化 | 1 | 党委副书记 |
| 第一阶段 | 青岛捷能汽轮机集团有限公司 | 制造业 | 民营 | 并购 | 1 | 副总经理 |
| 第一阶段 | 浙江新远见实业有限公司 | 制造业 | 合资 | 国际化 | 1 | 副总经理 |
| 第一阶段 | 青田仙宫湖鱼头 | 服务业 | 民营 | 公司创业 | 1 | 总经理 |
| 第一阶段 | 青田春草原火锅 | 服务业 | 民营 | 公司创业 | 1 | 总经理 |
| 第一阶段 | 青田捷捷西餐厅 | 服务业 | 民营 | 公司创业 | 1 | 总经理 |
| 第一阶段 | 浙江明通科技有限公司 | IT 业 | 民营 | 公司创业 | 1 | 副总经理 |
| 第一阶段 | 杭州中瑞科技 | IT 业 | 民营 | 公司创业 | 1 | 总经理 |
| 第二阶段 | 传化集团 | 制造业 | 民营 | 信息化 | 2 | 传化集团总部管控项目部副部长、人力资源部主管 |
| 第二阶段 | 浙江省广宇集团 | 服务业 | 民营 | 信息化 | 1 | 人力资源总监 |
| 第二阶段 | 国家电网浙江省公司 | 服务业 | 国有 | 信息化 | 1 | 人力资源经理 |
| 第二阶段 | 杭州美丽健乳业有限公司 | 制造业 | 民营 | 并购整合 | 1 | 董事 |
| 第二阶段 | 杭州仁恒贸易有限公司 | 服务业 | 民营 | 公司创业 | 1 | 人力资源经理 |
| 第二阶段 | 浙江苏泊尔股份有限公司 | 制造业 | 合资 | 并购整合 | 4 | 办公室主任、人事行政部经理、SEB项目部经理、技术管理部经理 |
| 第二阶段 | 杭州新华人寿保险公司 | 服务业 | 民营 | 公司创业 | 2 | 营销经理、培训主管 |
| 第二阶段 | 杭州花都美容有限公司 | 服务业 | 民营 | 公司创业 | 3 | 总经理、副总经理、人事主管 |
| 第二阶段 | 杭州慧泉软件有限公司 | IT 业 | 民营 | 国际化 | 1 | 总经理 |

## 三、资料的分析

本研究的原始资料是两阶段来自 20 家企业 27 位企业高管的访谈记录，下面分别对资料进行开放性编码、主轴性编码和选择性编码。

1. 开放性编码

开放性编码也叫做开放式登录，是指研究者以开放的心态把所有资料按其本身所呈现的状态进行登录。这是一个把收集的资料打散，赋予概念，然后再以新的方式重新组合起来的操作化过程。登录的目的是从资料中发现概念类属，对类属加以命名，确定类属的属性和维度，然后对研究的现象加以命名及类属化。

本研究在把原始资料打散后进行了仔细分析，细致地思考了从资料中提取的概念和范畴，并与组织行为和创业领域相关研究者进行了多次探讨，最终从原始资料中抽取了 122 个概念和 14 个范畴，具体见表 3.2。

**表 3.2 团队主动性访谈记录的开放性编码分析表**

| 原始资料资料记录 | 开放性编码 | | | |
| --- | --- | --- | --- | --- |
| | 概念化 | 范畴化 | 范畴属性 | 属性维度 |
| (1)关键问题一：团队在变革中的动力<br>(2)关键问题二：团队在变革中的行动<br>(3)关键问题三：团队在变革中的改进<br>(1)团队主动性的表现要看团队在怎么样的环境中运作，团队的氛围是很重要的($a_7$)。<br>(1)团队主动性的表现还要看是什么样的领导，领导是怎么引导下属的($a_8$)，这个是比较占主导的。<br>(1)在创业的过程中，有些岗位职责是难以明确的($a_9$)，要展现主动性的团队肯定不能只能做本职工作。<br>(1)在创业背景下的团队要想表现出主动性，公司要鼓励员工主动做事($a_{10}$)，做错了公司敢于承担责任，要在整个组织中打造一种主动、负责的环境。<br>(3)在创业的过程中，可能会遇到很多原来没有想到的问题，这时候意志不坚定的人可能已经退出团队了，而要让整个团队能够团结一致地运作下去，并能展现出主动性，对团队成员进行事业感的培养，进行理念价值的宣传，也就是说在文化上进行的一种渗透($a_{11}$)。 | $a_7$ 团队氛围<br>$a_8$ 领导引导<br>$a_9$ 岗位职责<br>$a_{10}$ 鼓励主动<br>$a_{11}$ 文化渗透 | $A_2$ 团队气氛包含：<br>$a_2$ 积极气氛<br>$a_7$ 团队氛围<br>$a_{10}$ 鼓励主动<br>$a_{38}$ 企业支持<br>$a_{76}$ 鼓励创意 | 气氛特征<br><br>团队支持 | 积极/不积极<br><br>支持/不支持 |

**续表**

| 原始资料资料记录 | 开放性编码 | | | |
|---|---|---|---|---|
| | 概念化 | 范畴化 | 范畴属性 | 属性维度 |
| (1)创业中很重要的就是要对团队成员的业绩进行激励($a_1$)，这种激励有物质形式的，也有精神形式的。<br>(1)创业过程中团队的氛围很重要的，团队要展现主动性首先就要有一种积极性的氛围($a_2$)。<br>(2)团队成员的心态很重要，我们服务行业经常要遇到顾客投诉，所以我想一个好的办法就是团队成员之间要进行充分的分享($a_3$)。<br>(2)团队会在创业的过程中遇到很多压力，遇到的问题一定要主动和及时地去解决($a_4$)。<br>(3)在创业过程中，团队要形成主动性，在团队文化上就要有很强的凝聚力($a_5$)。<br>(1)团队领导的决策能力很重要($a_6$)，很大程度影响了团队成员的积极性。 | $a_1$ 业绩激励<br>$a_2$ 积极气氛<br>$a_3$ 团队分享<br>$a_4$ 问题解决<br>$a_5$ 文化凝聚<br>$a_6$ 领导决策 | $A_1$ 团队激励<br>包含：$a_1$ 业绩激励<br>$a_{35}$ 绩效激发<br>$a_{40}$ 团队激励<br>$a_{48}$ 股份激发<br>$a_{49}$ 分配激发<br>$a_{50}$ 考核激发<br>$a_{51}$ 长短激励<br>$a_{64}$ 奖励激发 | 激励手段<br>激励时间<br>激励组合 | 物质/精神<br>长期/短期<br>单一/多元 |
| (2)在并购的过程中团队要积极主动地面对问题，能够发现问题并及时解决问题($a_{12}$)。<br>(1)团队主动性首先就是要积极主动地把本职工作做好($a_{13}$)。<br>(2)团队的主动性肯定还要求在遇到困难时，整个团队要齐心协力来解决问题，群策群力地提出合理化建议($a_{14}$)。<br>(2)那么具体到团队中的成员，应该要在工作中主动提出问题，更要提出能够解决问题的好的建议或者方案($a_{15}$)。<br>(1)团队主动性在文化上也是有所要求的，员工要有以公司为家的主人翁思想($a_{16}$)。<br>(2)主动性的基础就是整个团队凝聚力强，成员对团队的认同感高，员工之间要搞好团结，互相配合($a_{17}$)。<br>(2)在并购展开的过程中，员工个体在工作中一定要积极参与，主动把握机会($a_{18}$)。 | $a_{12}$ 主动面对问题<br>$a_{13}$ 积极完成本职工作<br>$a_{14}$ 群策群力<br>$a_{15}$ 主动提建议<br>$a_{16}$ 主人翁思想<br>$a_{17}$ 团结配合<br>$a_{18}$ 主动把握机会 | $A_3$ 团队合作<br>包含：$a_3$ 团队分享<br>$a_{14}$ 群策群力<br>$a_{17}$ 团结配合<br>$a_{52}$ 鼓励团队精神<br>$a_{60}$ 共同发力<br>$a_{69}$ 注重学习<br>$a_{78}$ 加强合作<br>$a_{90}$ 同事互助<br>$a_{97}$ 共同行动<br>$a_{102}$ 团队配合<br>$a_{103}$ 头脑风暴 | 分享水平<br>配合水平<br>互动水平 | 高低<br>高低<br>强/弱 |

**续表**

| 原始资料资料记录 | 开放性编码 | | | |
|---|---|---|---|---|
| | 概念化 | 范畴化 | 范畴属性 | 属性维度 |
| (2)在信息化开展的过程中，团队中的上下级之间要做好协调，因为信息化涉及了全部人员工作方式的调整，是一项比较系统的工程($a_{19}$)。<br>(2)团队主动性就要求团队要经常提出合理化建议($a_{20}$)。<br>(1)从工作上来讲，团队要热爱工作，追求卓越，这样才可能会主动地展开行动($a_{21}$)。<br>(1)除了工作积极外，团队还需要态度积极，以主人的心态工作($a_{22}$)。<br>(1)团队主动性可能还意味着团队成员愿意为团队利益贡献更多($a_{23}$)。<br>(2)团队作为一个群体，要表现出主动性，就要求团队表现出团结协作，($a_{24}$)有集体荣誉感。<br>(2)主动性的发挥过程中，团队的创新精神是重要的表现($a_{25}$)。<br>(2)主动性的行为上面，团队要做到超前预测，科学管理，具备开创性思维，敢为人先($a_{26}$)。 | $a_{19}$上下协调<br>$a_{20}$合理化建议<br>$a_{21}$热爱工作<br>$a_{22}$主人心态<br>$a_{23}$团队贡献<br>$a_{24}$团结协作<br>$a_{25}$创新精神<br>$a_{26}$敢为人先 | $A_4$ 问题解决<br>包含：<br>$a_4$问题解决<br>$a_{12}$主动面对问题<br>$a_{15}$主动提建议<br>$a_{20}$合理化建议<br>$a_{28}$主动发现问题<br>$a_{95}$问题预测 | 准备状态<br>领先水平 | 主动/被动<br>超前/滞后 |
| (1)在并购的过程中，首先要具备团队意识，要有为团队负责的精神($a_{27}$)。<br>(2)并购中双方的整合会面临很多的问题，管理团队要主动发现问题，不管问题是否在自己身上($a_{28}$)。<br>(2)并购的过程也是一次利益和权力重新调整分配的过程，管理团队的成员之间一定要加强沟通，争取大家共同的理解，形成共同的信念，并注意预防内部小集团的争斗行为，把内耗降到最低($a_{29}$)。<br>(2)并购的过程也是企业战略重新调整实施的重要步骤，在这个过程中，管理团队一定要加强与领导及时沟通并寻求指导($a_{30}$)。<br>(2)并购中发现问题是很正常的，更为关键的是团队能够主动地从问题中进行学习和成长，团队能够做到不断地自我修正($a_{31}$)。 | $a_{27}$团队意识<br>$a_{28}$主动发现问题<br>$a_{29}$成员间多沟通<br>$a_{30}$成员与领导沟通<br>$a_{31}$团队修正 | $A_5$团队文化打造<br>包含：<br>$a_5$文化凝聚<br>$a_{11}$文化渗透<br>$a_{39}$鼓励创造的文化<br>$a_{58}$创新文化<br>$a_{67}$打造积极氛围<br>$a_{110}$集体荣誉感<br>$a_{107}$马背文化 | 凝聚力<br>渗透度<br>创新性 | 大小<br>强弱<br>高/低 |

续表

| 原始资料资料记录 | 开放性编码 | | | |
|---|---|---|---|---|
| | 概念化 | 范畴化 | 范畴属性 | 属性维度 |
| (1)国际化的进程对中国企业来说是一个机遇也是一个挑战,管理团队就是关键的过渡中介,在管理团队中首先要增强凝聚力,才会有主动性的行为展现出来,团队成员要认同领导的为人、处世风格和管理风格($a_{32}$)。<br>(1)国际化是一项全新的任务,这个过程中团队成员的分工并不相同,为了有效地激发出大家的主动性,薪酬与成员的工作紧密挂钩($a_{33}$)。<br>(2)团队主动性的展现需要大家都要进行换位思考($a_{34}$),特别是领导要了解下属的工作和心理。<br>(1)要想激发出团队主动性,绩效的激发是最有效的,关键是适应员工绩效,让员工从心里激发出积极性($a_{35}$)。<br>(1)从心态上来说,让员工把企业当作自己的家($a_{36}$),这样成员才会更加主动地开展工作。<br>(2)主动性的发挥需要团队协调一致地行动,团队中的行动要有充分的理由,把大家说服,这样我们才能一块把这个事情来展开($a_{37}$)。<br>(1)有时候事情可能风险很大,公司的支持就很重要($a_{38}$)。 | $a_{32}$ 领导认同<br>$a_{33}$ 工作薪酬挂钩<br>$a_{34}$ 换位思考<br>$a_{35}$ 绩效适应<br>$a_{36}$ 企业为家<br>$a_{37}$ 协调认知<br>$a_{38}$ 企业支持 | $A_6$ 团队领导<br>包含:<br>$a_{56}$ 领导参与<br>$a_6$ 领导决策<br>$a_8$ 领导引导<br>$a_{32}$ 领导认同<br>$a_{43}$ 领导授权<br>$a_{74}$ 领导特征 | 参与度<br>引领度<br>认同度<br>授权度 | 高低<br>高低<br>高低<br>高低 |
| (2)在当前房地产行业整体较为低迷的背景下,团队要主动地生存下去($a_{65}$),从现金流、外部管理等方面加强,更加重视信息化的建设和交流。<br>(3)团队主动性的前提就是团队的团结和稳健,团队内部的稳健是很重要的,任何一次变革,早在经营上比较顺畅地进行的时候,内部稳定都是关键($a_{66}$)。<br>(3)团队主动性对我们来说就是团队积极在产品牌、项目品牌到企业品牌上进行打造,主要是在文化上打造出这种氛围($a_{67}$),现在我们对品牌的理解更加多元化了,从产品、项目到公司整体文化,都是我们要积极主动投入大量的时间和精力进行建设的。<br>(3)团队主动性意味着团队更好地适应外界环境的变化,更加主动地收集信息采取行动,要做到注重公平的安排($a_{68}$)。<br>(2)团队还要向外面的优秀公司更多地学习,向已经拓展到外地的本地公司学习和进行交流($a_{69}$),我们还是一个发展中的公司,更多的还需要团队的学习和发展,主动地加强团队自身的修炼。 | $a_{65}$ 主动生存<br>$a_{66}$ 内部稳健<br>$a_{67}$ 打造积极氛围<br>$a_{68}$ 注重公平<br>$a_{69}$ 注重学习 | $A_{11}$ 团队沟通<br>包含:<br>$a_{29}$ 成员间多沟通<br>$a_{30}$ 成员与领导沟通<br>$a_{71}$ 互动沟通<br>$a_{93}$ 信息沟通<br>$a_{121}$ 学习交流 | 沟通方向<br>沟通模式 | 平行/上行<br>互动/交流 |

**续表**

| 原始资料资料记录 | 开放性编码 | | | |
|---|---|---|---|---|
| | 概念化 | 范畴化 | 范畴属性 | 属性维度 |
| (2)在当前全身进行信息化建设的背景下，首先需要团队文化上的塑造团队的积极性氛围要很高才能积极活动($a_{70}$)。<br>(2)这个的信息化变革，涉及了大部分的管理层面和一部分的基层操作层面，是一个任务十分庞杂的系统工程，也涉及了很多工作岗位职责和利益的调整，因此这次变革的过程中团队中的沟通和互动就显得比较的关键($a_{71}$)，因为信息化变革带来了很大的挑战。<br>(3)很多方面团队的表现还不够好，特别是任务的配合上面还要提高，用制度来规范行为($a_{72}$)，很多方面我们并没有完善的制度，还是很需要通过变革发现问题，并及时地制定和修正相应的规范和制度设计。<br>(2)团队主动性主要是行动上的，应该有一个协同的机制或者什么，一旦遇到了问题，会有一个预警机制，团队能够马上做出反应($a_{73}$)，这样的话我们的行动才能做到具有领先性和协同性。<br>(1)在不同的组织中，领导特征都很重要，但是起作用的方式可能不一样，在我们国有企业中，领导特征可能更多的是通过组织特征来表现的，也就是说基层领导更多是执行总体组织的决定，并不是个人一些意志的体现($a_{74}$)。 | $a_{70}$积极氛围<br>$a_{71}$互动沟通<br>$a_{72}$制度规范<br>$a_{73}$协同机制<br>$a_{74}$领导特征 | $A_{12}$团队协同包含：<br>$a_{19}$上下协调<br>$a_{24}$团结协作<br>$a_{31}$团队修正<br>$a_{34}$换位思考<br>$a_{37}$协调认知<br>$a_{42}$外部融合<br>$a_{57}$团队协同<br>$a_{63}$士气鼓舞<br>$a_{73}$协同机制<br>$a_{79}$注重信任<br>$a_{82}$理念整合<br>$a_{89}$上下和谐<br>$a_{111}$竞争动力<br>$a_{112}$和而不同<br>$a_{116}$保持差异<br>$a_{114}$内部管控 | 协同模式<br>协同内容<br>协同构建 | 上下/换位/激发<br>认知/理念/信任<br>竞争/差异/管控 |

**续表**

| 原始资料资料记录 | 开放性编码 | | | |
|---|---|---|---|---|
| | 概念化 | 范畴化 | 范畴属性 | 属性维度 |
| (3)在创业的过程中，就是要不断地进行新的尝试，积极地进行一些冒险性的活动，为了鼓励整个团队展现出主动性的行为，团队要建立一种创造性的文化，在这种文化下，才能激发大家的创造性，进而表现得更为积极主动($a_{39}$)。 | $a_{39}$鼓励创造的文化 | | | |
| (1)在创业的过程中，为了鼓励管理团队表现出足够的主动积极行为，首先需要设计一些对管理团队的激励措施，团队的激励水平要达到比较高的水平($a_{40}$)。<br>(1)团队主动性的表现肯定要包括团队要对信息很敏感，能够捕捉到机会，只有对信息和机会敏感，才可能作出积极主动的行动($a_{41}$)。<br>(2)团队的主动性也包括团队要和社会融合的行动，整合社会环境、社会层次等多种资源，和社会各界的人士或者单位搞好关系，建立网络，这种社交上的主动性对于我们餐饮行业的成功至关重要($a_{42}$)。<br>(1)在团队主动性表现的过程中，老板要对团队充分授权，这种授权代表了一种信任和期望，团队成员就更有动力表现得积极主动($a_{43}$)。<br>(1)创业的过程中，团队主动性的核心在于创业激情($a_{44}$)，只有有了创业激情才会不断地思考如何能够主动地发现机会，捕捉到更多的商业信息并把它们转化为商业实践，我们在本地很多地方做到了首创，靠的都是创业激情，然而这是很难激发出来的。<br>(1)团队主动性很重要的体现就是希望要能够为社会创造出价值($a_{45}$)。 | $a_{40}$团队激励<br>$a_{41}$机会捕捉<br>$a_{42}$外部融合<br>$a_{43}$领导授权 $a_{44}$创业激情<br>$a_{45}$社会价值创造 | $A_7$团队职责<br>包含：<br>$a_9$岗位职责<br>$a_{13}$积极完成本职工作<br>$a_{21}$热爱工作<br>$a_{33}$工作薪酬挂钩<br>$a_{87}$规范职责<br>$a_{88}$资源事务匹配<br>$a_{94}$清晰职责<br>$a_{91}$做好本职工作<br>$a_{45}$社会价值创造 | 本职要求<br>薪酬匹配<br>资源匹配 | 高低<br>高低<br>高/低 |

续表

| 原始资料资料记录 | 开放性编码 | | | |
|---|---|---|---|---|
| | 概念化 | 范畴化 | 范畴属性 | 属性维度 |
| (1)创业过程中，要表现出团队主动性，首先团队一定要有共同的价值观($a_{46}$)。<br>(1)现在的人受到了多方面来源信息的影响，公司里面的价值观已经不能自然地成为团队成员的主导价值观了，但是我们在努力地用我们的价值观来吸引志同道合的人进来，人要有精神追求($a_{47}$)，而这是现代人所缺少的。<br>(1)为了激发出团队的主动性，肯定需要主动性的动力机制，我们公司待得越长的人，主动性越高，我们都是招进来就马上给股份的($a_{48}$)。这就说明团队的激励措施是团队行为的重要驱动力。 | $a_{46}$共同价值观<br>$a_{47}$精神追求<br>$a_{48}$股份激发 | $A_8$团队导向<br>包含：<br>$a_{16}$主人翁思想<br>$a_{22}$主人心态<br>$a_{23}$团队贡献<br>$a_{27}$团队意识<br>$a_{36}$企业为家<br>$a_{44}$创业激情<br>$a_{53}$团队绩效领先<br>$a_{54}$变革心态<br>$a_{55}$全局视角<br>$a_{59}$开放包容<br>$a_{104}$团队至上<br>$a_{105}$自主经营<br>$a_{109}$团队聚拢<br>$a_{115}$事业兴趣<br>$a_{117}$团队激情<br>$a_{118}$个人企业息息相关 | 主人精神<br>创业激情<br>变革观<br>大局观<br>共存度 | 强弱<br>高低<br>强弱<br>强弱<br>高/低 |

续表

| 原始资料资料记录 | 开放性编码 | | | |
|---|---|---|---|---|
| | 概念化 | 范畴化 | 范畴属性 | 属性维度 |
| (1)团队主动性首先意味着团队有足够的行动动力,团队中要有与团队/个人利益挂钩的分配机制($a_{49}$)。<br>(1)除了薪酬设计外,还需要考核的压力作为一种动力来源,团队中要有与团队/人利益挂钩的考核机制($a_{50}$)。<br>(1)激励的方式是多元化的,长期的期权激励和短期的现实激励都是必要的($a_{511}$)。<br>(2)团队主动性还要重视对团队文化的建设和团队氛围的塑造,重视个人表现和团队精神,把愿景目标体制化为团队的行动($a_{52}$)。<br>(1)我之前在美国的投资银行工作的重要经验就是进行团队任务的背靠背设计,个人的成功不光是看个人绩效,还要取决于团队绩效,需要团队的积极配合($a_{53}$)。 | $a_{49}$ 分配激发<br>$a_{50}$ 考核激发<br>$a_{51}$ 长短激励<br>$a_{52}$ 鼓励团队精神<br>$a_{53}$ 团队绩效领先 | $A_9$ 行动领先<br>包含:<br>$a_{18}$ 主动把握机<br>$a_{26}$ 敢为人先<br>$a_{41}$ 机会捕捉<br>$a_{61}$ 提前准备<br>$a_{62}$ 行动领先<br>$a_{65}$ 主动生存<br>$a_{70}$ 积极氛围<br>$a_{108}$ 主动适应<br>$a_{92}$ 主动追踪<br>$a_{96}$ 快速反馈<br>$a_{99}$ 规划未来<br>$a_{83}$ 主动了解<br>$a_{84}$ 全面搜索<br>$a_{85}$ 主动积累 | 主动水平<br>领先度<br>超前性 | 高低<br>高低<br>大/小 |

**续表**

| 原始资料资料记录 | 开放性编码 | | | |
|---|---|---|---|---|
| | 概念化 | 范畴化 | 范畴属性 | 属性维度 |
| (1)在组织变革过程中，尤其需要一种变革的心态($a_{54}$)，敢于否定过去。<br>(1)管理团队要主动地站在集团战略的高度和面向未来的高度来认识问题($a_{55}$)，这是最基本的。<br>(1)变革的最终绩效如何，团队主动性表现如何，和主要领导者的重视参与程度息息相关($a_{56}$)。<br>(2)团队主动性这是集团和企业之间、企业和企业之间、团队和团队之间需要高度协同的工程($a_{57}$)。<br>(3)传化文化的创新内涵($a_{58}$)，关键是观念和意识，这是我们团队主动性的重要表现<br>(1)我们要做到有更加开放和包容的心态走出去发展($a_{59}$)。<br>(2)人力资源部门是业务部门的战略合作伙伴，大家共同发力($a_{60}$)，人工作才能有所作为。<br>(2)历次的调整之前，公司都在很长的时间里进行了前期的准备和造势工作($a_{61}$)。<br>(2)公司中行动领先文化先行的主动性精神在公司里得到了很好的体现($a_{62}$)。<br>(2)我们虽然是一个民营企业，却是全国第一家建立党支部的民营企业，我们的党支部发挥了重要的凝聚人心、鼓舞士气和展现主动的功能($a_{63}$)。<br>(1)鼓励成绩优秀者，对其进行物质和精神奖励($a_{64}$)，这也是企业在变革过程中鼓励和激发团队主动性的重要措施。 | $a_{54}$ 变革心态<br>$a_{55}$ 全局视角<br>$a_{56}$ 领导参与<br>$a_{57}$ 团队协同<br>$a_{58}$ 创新文化<br>$a_{59}$ 开放包容<br>$a_{60}$ 共同发力<br>$a_{61}$ 提前准备<br>$a_{62}$ 行动领先<br>$a_{63}$ 士气鼓舞<br>$a_{64}$ 奖励激发 | $A_{10}$ 团队创新<br>包含：<br>$a_{25}$ 创新精神<br>$a_{75}$ 思维改变<br>$a_{98}$ 更新观念<br>$a_{101}$ 更新意识 | 创新导向<br>创新行动 | 强弱<br>多少 |
| (1)团队的激情是要放在第一位的($a_{117}$)，要么人到了一定年龄就很难创新了。<br>(1)完全市场化竞争下，成员必须意识到公司的生死存亡和个人是息息相关的($a_{118}$)。<br>(1)从薪酬、认同、职位等多方面激励成员($a_{119}$)。<br>(1)价值观的认同非常关键($a_{120}$)，如果价值观有冲突，那么也没有必要待下去了。<br>(2)到别的企业去参观，多做交流($a_{121}$)，对于激发主动性很有必要。<br>(3)公司的流程一定要规范($a_{122}$)，坚持好我们的会谈制度、中层沟通制度，从小的时候就把流程作规范。 | $a_{117}$ 团队激情<br>$a_{118}$ 个人企业息息相关<br>$a_{119}$ 多元激励<br>$a_{120}$ 价值认同<br>$a_{121}$ 学习交流<br>$a_{122}$ 流程规范 | | | |

续表

| 原始资料资料记录 | 开放性编码 | | | |
|---|---|---|---|---|
| | 概念化 | 范畴化 | 范畴属性 | 属性维度 |
| (2)在并购的过程中我们遇到了很多问题,其中最关键的就是人的思维改变是最困难的,这是文化变革上遇到的最大问题,所以我们管理团队的主动性首先就是要积极改变思维方式($a_{75}$)。<br>(1)无论是管理团队,还是营销团队、运营团队,当团队成员提出好的创意的时候,我们进行鼓励,这样才会激发出团队的主动性($a_{76}$)。<br>(3)为了使得团队主动性可以有较强的持续性,我们积极建设团队行为规范,并且随着整合的进程,不断地进行规范的修正和适应,从而可以适应内部和外部环境的变化,当群体规范形成的时候,就会对个体行动产生强大的影响力($a_{77}$)。<br>(2)团队主动性的发挥需要团队成员之间密切地配合,我们在并购整合的过程中发现团队合作水平有待加强($a_{78}$),特别是双方管理层之间的密切交流和配合。<br>(2)团队主动性的表现需要团队具有较强的凝聚力,大家是在追求共同的目标,因此团队内部的信任就很重要,团队信任水平比较高的时候,事务运作起来才会比较顺畅($a_{79}$)。 | $a_{75}$思维改变<br>$a_{76}$鼓励创意<br>$a_{77}$群体规范<br>$a_{78}$加强合作<br>$a_{79}$注重信任 | $A_{13}$团队规范建设包含:<br>$a_{66}$内部稳健<br>$a_{68}$注重公平<br>$a_{72}$制度规范<br>$a_{77}$群体规范<br>$a_{86}$完善考核<br>$a_{100}$持久制度<br>$a_{106}$制度激发<br>$a_{122}$流程规范<br>$a_{113}$系统机制 | 规范内容<br>规范构建 | 稳健/公平/持久考核/系统/制度 |
| (1)我们是新创企业,团队的规模还比较小,当团队中有人获得了最佳绩效的时候,我们会对其进行激励($a_{80}$),这样对整个团队都是一种促进,激发出大家追求更好绩效的团队主动性。<br>(1)团队主动性不仅需要建立团队的一些规范和运作制度,还要关注到员工个体的差异,现在的员工都非常的个性化,价值观多元化,需要多方面的激励措施($a_{81}$)。 | $a_{80}$绩效激励<br>$a_{81}$多方面激励 | | | |

续表

| 原始资料资料记录 | 开放性编码 | | | |
|---|---|---|---|---|
| | 概念化 | 范畴化 | 范畴属性 | 属性维度 |
| (2)整合的顺序,应该是把理念整合放在第一位的($a_{82}$)。<br>(2)欧洲人的文化比较尊重别人,你要考虑完成这些事情需要哪些条件,你要提建议给我,所以我们要更加主动地了解客户的需求($a_{83}$)。<br>(2)我们要全面地进行信息的搜索,比如说报价,对产品理解得越深刻,才能报得越准确($a_{84}$)。<br>(2)无论是管理团队还是研发团队,能把一些意见集中起来,你就会变为主动的了,比如有些事情别人没做,你把它积累起来,把规则完善起来,关键时候就能发挥作用($a_{85}$)。<br>(3)从长期来说,完善绩效考核制度才是主动性的基础($a_{86}$)。<br>(1)团队中要有明确的职责规范($a_{87}$),否则会引发更多的问题。<br>(1)团队中要发现一些资源事务不匹配的问题,要把这些问题找出来($a_{88}$)。<br>(1)上下级之间应该有和谐的关系($a_{89}$)。<br>(2)团队的同事之间要互相帮助($a_{90}$)。<br>(1)团队成员首要就是把本职工作做好($a_{91}$)。<br>(1)对于相关的事务,团队可以采取主动追踪的方式($a_{92}$),这样才能变被动为主动。<br>(2)团队之间要加强信息沟通($a_{93}$),信息渠道问题很重要。<br>(1)最重要的一点,要清楚自己的职责($a_{94}$),要履行职责,就要主动。<br>(2)要改变观念,学会提前预测问题($a_{95}$)。<br>出现问题的时候,要快速地反馈($a_{96}$)。<br>(2)团队要整合多方面的资源,来共同寻找存在什么样的问题($a_{97}$)。<br>(2)我们要更新观念($a_{98}$),主动发现并提出问题。<br>(2)团队未来的发展方向不是很清晰,需要我们自己规划出未来要发展哪些重点项目($a_{99}$)。<br>(3)今年的一些制度,不求多,但是要能持久,并且能够根据内外环境的变化进行调整和修正,让每个人都知道($a_{100}$)。<br>(2)我们团队要树立既是管理者又是服务者的意识($a_{101}$)。<br>(2)技术中心没有非常明确的目标,目标都是我们自己提炼出来的,需要我们一起配合($a_{102}$)。<br>(2)头脑风暴很重要($a_{103}$),第一次可能一个方案也没有,第二次可能有10个方案,我们再慢慢选择,这就是团队主动性的重要表现,通过我们的行动慢慢地把不确定性转化为明确的目标和任务。 | $a_{82}$理念整合<br>$a_{83}$主动了解<br>$a_{84}$全面搜索<br>$a_{85}$主动积累<br>$a_{86}$完善考核<br>$a_{87}$规范职责<br>$a_{88}$资源事务匹配<br>$a_{89}$上下和谐<br>$a_{90}$同事互助<br>$a_{91}$做好本职工作<br>$a_{92}$主动追踪<br>$a_{93}$信息沟通<br>$a_{94}$清晰职责<br>$a_{95}$问题预测<br>$a_{96}$快速反馈<br>$a_{97}$共同行动<br>$a_{98}$更新观念<br>$a_{99}$规划未来<br>$a_{100}$持久制度<br>$a_{101}$更新意识<br>$a_{102}$团队配合<br>$a_{103}$头脑风暴 | $A_{14}$团队价值观<br>包含:<br>$a_{45}$价值创造<br>$a_{46}$共同价值观<br>$a_{47}$精神追求<br>$a_{120}$价值认同 | 价值认同<br>价值追求 | 高/低<br>强/弱 |

续表

| 原始资料资料记录 | 开放性编码 | | | |
|---|---|---|---|---|
| | 概念化 | 范畴化 | 范畴属性 | 属性维度 |
| (1)团队领导要把整个团队放在心上($a_{104}$),成员才会更加积极地行动。<br>(1)保险行业谈的是自主经营($a_{105}$),目标是由自己来制定的。<br>(1)团队大了就要靠制度来激发($a_{106}$)。<br>(3)我们这里是马背文化,像战争中一样密切配合($a_{107}$)。<br>(2)未来肯定是向更加专业化的方向发展,要主动地适应未来的要求($a_{108}$)。<br>(1)我们的团队以小组为核心,就是要把大家聚拢在一起($a_{109}$),学习产品、行业、理念、技能等。<br>(3)团队主动性意味着团队文化要积极,建立集体荣誉感($a_{110}$)。<br>(2)当一个单独的团队可能看不出特别的团队动力,如果有一个竞争性的团队,可能动力表现得更强($a_{111}$)。关键点就是怎样把握度的问题,因为很多老板担心下面出现很多小团队,也就是怎么样把这种摩擦动力引导为有利于组织发展的方向上去。<br>(2)团队要表现出和谐,但又要有一定的差异性($a_{112}$),像古语说的:君子和而不同,有差异本身也是一种重要的动力。 | $a_{104}$ 团队至上<br>$a_{105}$ 自主经营<br>$a_{106}$ 制度激发<br>$a_{107}$ 马背文化<br>$a_{108}$ 主动适应<br>$a_{109}$ 团队聚拢<br>$a_{110}$ 集体荣誉感<br>$a_{111}$ 竞争动力<br>$a_{112}$ 和而不同 | | | |
| (3)一好的系统,能够做到标准化、专业化和简单化,能够进行快速的复制,当达到自动自发经营的时候,团队主动性的系统机制($a_{113}$)就打造出来了。<br>(2)团队内部的控制方式也是很重要的($a_{114}$),这样团队中人人都有动力来监督他人。<br>(1)团队中成员一定要对共同的事业有浓厚的兴趣($a_{115}$)。<br>(2)中国团队经营者很担心下面的团队太团结,当太团结的时候就会进行一些拆散重组的行动($a_{116}$)。 | $a_{113}$ 系统机制<br>$a_{114}$ 内部管控<br>$a_{115}$ 事业兴趣<br>$a_{116}$ 保持差异 | | | |

通过开放性编码抽取的范畴共有 14 个,分别是:$A_1$ 团队激励;$A_2$ 团队气氛;$A_3$ 团队合作;$A_4$ 问题解决;$A_5$ 团队文化打造;$A_6$ 团队领导;$A_7$ 团队职责;$A_8$ 团队导向;$A_9$ 行动领先;$A_{10}$ 团队创新;$A_{11}$ 团队沟通;$A_{12}$ 团队协同;$A_{13}$ 团队

规范建设；$A_{14}$团队价值观。其中 $A_1$、$A_2$、$A_6$、$A_7$、$A_8$、$A_{14}$ 是和团队本身的结构相关的，涉及了一个团队组合现状的方方面面，包含了团队的职能结构、权力结构、利益结构和价值观结构，体现出了团队主动性的动力基础。$A_3$、$A_4$、$A_9$、$A_{10}$、$A_{11}$、$A_{12}$ 主要是和团队的行动相关的，包含了团队行动的行动过程，体现了团队主动性的协作性行动特征。$A_5$、$A_{13}$ 主要是和团队的运作机制相关的，包含了主动性持续展开所需要的结构和过程上的适应，体现了团队主动性制度化运作的要求。

2. 主轴性编码

主轴编码是将开放性编码中抽取出来的各项范畴连接在一起的过程，它的关键任务是探索和建立概念范畴之间的各种联系。通过对条件、背景、策略和结果的"编码范式（coding paradigm）"，将次范畴（subcategory）联结到范畴上（Corbin & Strauss，1990）。

主轴性编码的主要任务是发现和建立概念类属之间的各种联系，以表现资料中各部分之间的有机关联。这些关联可以是因果关系、时间先后关系、语义关系、情境关系、相似关系、差异关系、对等关系、类型关系、结构关系、功能关系、过程关系、策略关系等。在轴心登录中，研究者每次只对一个类属进行深度分析，围绕着这一个类属寻找相关关系，因此称之为"轴心"，随着分析的不断深入，有关各个类属之间的各种联系应该变得越来越具体。在对概念类属进行关联性分析时，研究者不仅要考虑到这些概念类属本身之间的关联，而且要探寻表达这些概念类属的被研究者的意图和动机，将他们的言语放到当时的语境及其所处的社会文化背景中加以考虑。

每一组概念类属之间的关系建立起来以后，研究者还要辨别其中什么是主要类属，什么是次要类属。这些不同级别的类属被辨别出来以后，研究者可以通过比较的方法把它们之间的关系连接起来。当所有的主从类属关系都建立起来之后，研究者还可以使用新的方式对原始资料进行重新组合。为了发现目前这些分析方式是否具有实践意义，研究者还可以在各种类属关系进行探讨以后，建立一个以行动取向或者互动取向为指导的理论构建雏形。这种理论雏形将分析的重点放在处理现实问题和解决现实问题上面，其理论基础是研究者的实践理性。

本章对开放性编码中得到的 122 个概念和 14 个范畴进行了仔细的考察，并对每个范畴之间的关系进行了深入的思考，同时结合研究目的，最后得到了 3 个主要范畴和 6 个次要范畴，如表 3.3 所示。

**表 3.3　团队主动性访谈记录的主轴性编码**

| 开放性编码抽取的范畴 | 次要范畴 | 主要范畴 |
|---|---|---|
| $A_1$ 团队激励 | $b_{11}$ 团队结构动力 | $B_1$ 群策 |
| $A_6$ 团队领导 | | |
| $A_7$ 团队职责 | | |
| $A_2$ 团队气氛 | $b_{12}$ 团队文化动力 | |
| $A_8$ 团队导向 | | |
| $A_{14}$ 团队价值观 | | |
| $A_3$ 团队合作 | $b_{21}$ 团队行动过程 | $B_2$ 协作 |
| $A_{11}$ 团队沟通 | | |
| $A_{12}$ 团队协同 | | |
| $A_4$ 问题解决 | $b_{22}$ 团队行动特征 | |
| $A_9$ 行动领先 | | |
| $A_{10}$ 团队创新 | | |
| $A_5$ 团队文化打造 | $b_{31}$ 团队文化适应 | $B_3$ 适应 |
| $A_{13}$ 团队规范建设 | $b_{32}$ 团队运作适应 | |

通过对开放性编码中的概念和范畴的深入分析，根据相似关系、结构关系、类型关系等，对 14 个范畴进行了联结：把团队激励、团队领导、团队职责联结为次要范畴 $b_{11}$ 团队结构动力，把团队气氛、团队导向和团队价值观联结为次要范畴 $b_{12}$ 团队文化动力，把团队合作、团队沟通和团队协同联结为次要范畴 $b_{21}$ 团队行动过程，把问题解决、行动领先和团队创新联结为次要范畴 $b_{22}$ 团队行动特征，文化打造和团队规范反映了团队主动性持续进行所需要的制度建设的不同方面，所以单独作为两个次要范畴 $b_{31}$ 团队文化适应和 $b_{32}$ 团队运作适应。

得到次要范畴之后，再对其间的关系进行仔细比较，根据范畴之间的结构关系和类型关系进行深入分析，因为团队结构动力和团队文化动力是解决团队主动性和团队结构相关的内在的动力机制问题的，两者都是和团队本身密切相关的，也就是说要具备团队主动性，团队就应该在结构和文化上面表现出应有的匹配度，这样才会具有推动力，所以把两者联结为主要范畴 $B_1$ 群策。团队行动过程和团队行动特征是关于团队主动性的展开过程及其特点的，是解决团队主动性的行动特征问题的，所以把两者联结为主要范畴 $B_2$ 协作。团队文化适应和团队运作适应是解决团队主动性的持续性问题的，为了使得团队主动性能够持续下去，需要团队文化氛围或者规范制度的建设，所以把两者联结为主要范畴 $B_3$ 适应。

3.选择性编码

选择性编码是一个将所有范畴统一聚合到一个核心范畴（core category）的过程，同时对需要进一步说明的范畴进行描述细节的填补。核心范畴代表了研究中最重要的现象，它既可以从已经识别的范畴中出现，也可以根据解释核心现象的需要从更抽象的层面提取出来（Corbin & Strauss，1990）。陈向明（1999）指出，选择性编码是指在所有已经发现的概念类属中，经过系统的分析以后，选择一个“核心类属”，分析不断地集中到那些与核心类属有关的概念上面。核心类属必须在与其他类属的比较中一再被证明具有统领性，能够把最大多数的研究结果囊括在一个比较宽泛的理论范围之内。选择性编码的步骤主要包括：（1）明确资料的故事线；（2）对主类属、次类属及其属性和维度进行描述；（3）检验已经建立的初步假设，填充需要补充或者发展的概念类属；（4）挑出核心概念类属；（5）在核心类属与其他类属之间建立起系统的联系。如果在开始的时候找到了一个以上的核心类属，将相关的类属连接起来，剔除关联不够紧密的类属。

本章按照上面的步骤对资料进行了深入分析，首先明确了资料的故事线：团队主动性有来自团队本身的动力基础→通过团队协作表现出领先创新的行动特征→通过文化适应和运作适应构建的持久性行动规范，分别解决了团队主动性的动力基础、行动过程和持续运作的问题。所以其主要类属就是群策、协作和适应，群策表现的是基于团队结构动力和团队文化动力展现出来的动力机制，反映的是一个具有主动性的团队应该表现出怎样的一些岗位责任、领导特征、文化氛围和成员心态，其具体的一些表现就是团队主动性应该不仅要求岗位职责明确，同时岗位设置还要具备动态性，团队中的权力、利益和价值结构能够和团队的职责相匹配，同时在文化上体现出强烈的一致性匹配和互补性匹配的特点，对于一些没有明确规定的工作，也能够有较强的支撑力。协作是指团队主动性的行动过程，其基础是团队成员的互动协作，其表现是团队行动的领先性和创新性，在这个过程中，团队成员之间的合作、团队成员之间的沟通就非常必要，人是和环境交互的产物，只有在互动中团队的力量才能表现出来，在互动中团队成员各自的专长才会得到更好的激发，充分的信息交流可以使得团队做出更加科学的决策，相互配合地搜集各种信息、一起进行头脑风暴，可以使团队提出更多创造性、领先性的方案，集体研讨也可以更好地预测未来的市场机会和可能存在的风险，发现已经长期存在的问题或是主动解决可能要发生的问题。适应是团队主动性持续展开的必然要求，团队成员可能在某些方面存在一定的差异，但是面对一些事件却要迅速做出协调一致的行动，这需要团队在实践过程中经过较长时间的磨合和训练，并且建立起了相应的制度，来保证团队行动的快速性、协调性和持久性；团队鼓励考核制度是和团队表现密切挂钩的，团队构建积极配合的氛围，并且从管理手段和精神鼓励上面都进行着力，逐渐培养团队成员之间的信任感和承诺度，从而在运作机制和文化建设方面都促成了适应的运作和展开。

经过上面的细致分析，结合前面总结出的概念、初级范畴、次要范畴和主要范畴，在对资料和编码进行反复的比较，本章构建出下面的团队主动性的结构体系图，如图 3.1 所示。

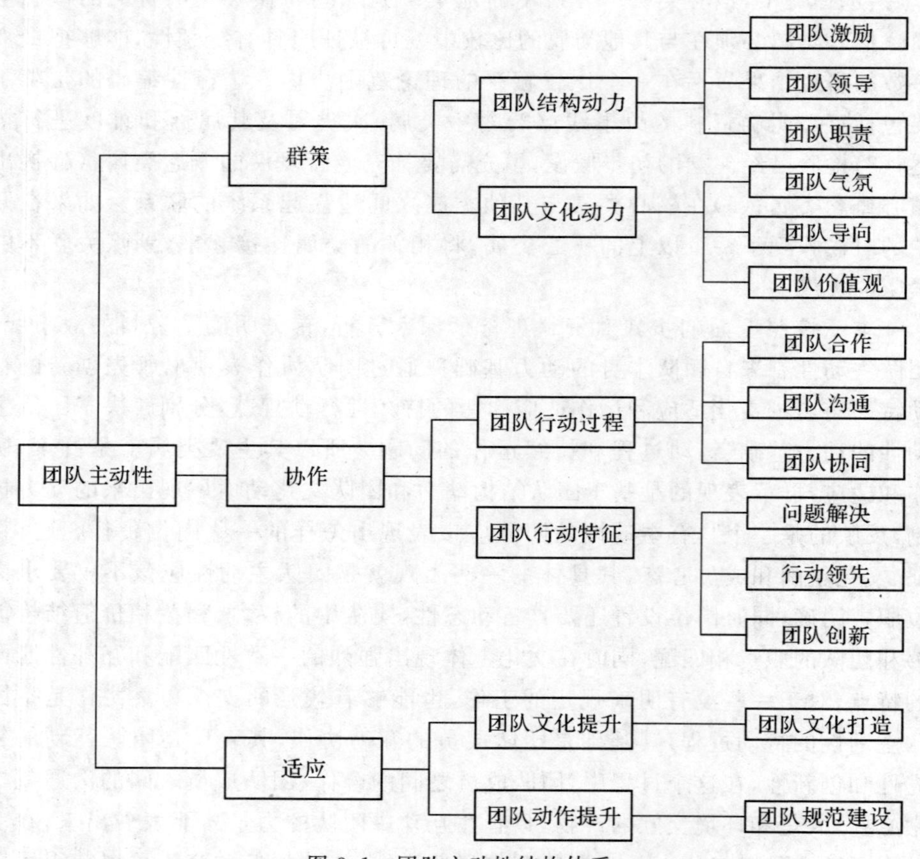


图 3.1　团队主动性结构体系

在整个构思中，对团队主动性行为的动力基础、行动过程和持久机制分别进行了阐释，这也是经历了扎根理论的反复比较和编码提炼之后得出的体系，可以较为全面地反映团队主动性这一构思，并且较好地解决有关团队主动性的结构性、行动性和持续性的问题。

## 四、研究结果评价

1. 按照扎根理论标准的评价

Corbin 等(1990)指出,对一个扎根理论的研究,应从研究程序和结论的实证扎根性两方面进行评价。对于实证研究结果的评价,Corbin 等提出了 7 个评估标准:(1)研究产生了新的概念吗?(2)这些概念系统性地相关吗?(3)研究中存在众多的概念联系和很好地开发了范畴吗?这些范畴具有概念性的密度吗?(4)理论构建中容纳了众多的变异吗?(5)研究的解释是否包括了影响现象的边界条件?(6)是否将研究的过程性纳入了考虑?(7)研究的理论发现重要性如何?Glaser(2001)提出,扎根理论的评判需要基于一套单独的标准,这些标准包括:适用性(fit)、可行性(workability)、相关性(relevance)和可修改调整性(modifiability),而且进一步提出扎根理论必须要满足的 4 个标准是:适用于真实的世界;适用于广泛的场景;和研究对象息息相关;可以随时被修改。

按照上面的标准,对经由扎根理论得到的框架体系进行检验,本研究遵照扎根理论的流程,在资料、构思、概念之间进行了多次比较和细致开发,并且通过了两阶段的数据收集过程,较为全面地捕捉到了团队主动性的构思结构。团队主动性是一个集体行为构思,主要是指团队为了达到应对环境变化、捕捉未来机会、预防已有问题等目的而展开的集体行为,是组织变革背景下一种重要的群体动力,具有三个典型特征:群策、协作和适应,三个维度分别反映了团队主动性的动力基础、行动过程和持续机制方面的特征。本研究提出了团队主动性这一新的概念,并且认为其由群策、协作和适应三个维度紧密相联而成,三个概念是系统性的相关的,较好地体现了团队主动性这一群体行为的起源、过程和延续的关键特征,而且这些概念的提出是基于对研究资料充分编码的基础上的,在 122 个概念之间相关关系、类型关系的基础上提出了 14 个次要范畴,在这些范畴间结构关系、相关关系的基础上提出了 3 个主要范畴。由于整个基于扎根理论研究的过程是紧密结合各企业正在进行的变革实践提出的,且是以团队经营为核心的过程,所以具有较好的过程性和实践性,并且具有较好的可修改性。

2. 团队主动性和个人主动性的关系

团队主动性是在个人主动性的基础上发展出来的一个概念,是指团队在工作中采取的一系列主动行为的集合,其主要特征是:群策、协作和适应,群策 是指团队行动的动力来自团队内部,包括来自团队结构的动力和团队文化的动力,协作表征了团队主动性的行动过程和行动特征,团队是以领先行动为目的而展开互动协作,适应反映了团队在运作流程和文化建设上的努力,为的是能够建构一种能够保证团队主动性持续下去的工作机制。团队主动性的三个方面是一种互相强化、循环往复的关系，团队追求的是团队设定的目标，要想实现这些目标，就需要团队对未来的机会或者可能出现的问题进行提前的判断和准备；由于任务的复杂性，在行动过程中需要团队成员互相配合、紧密协作，这样才能实现团队行动的领先性；团队执行任务的过程可能和最初设定的目标存在一定偏差，团队成员的心理状态也许发生了一些变化，这时需要团队在任务执行流程规范上，以及团队文化建设上做出努力，从而优化团队工作流程、增强团队文化凝聚力，为团队主动性的持续展开进行积累和改进。团队主动性的三个方面反映了团队行动流程，在时间顺序上存在先后之分，但也是一个循环进行的过程。

Frese 等(2001)把个人主动性的特征主要归纳为三个方面：(1)自我驱动。自我驱动意味着个体做某件事情，并不是被要求的、没有得到清晰的说明、没有具体的角色要求。所以个人主动性追求的是自我设定的目标。(2)行动领先。行动领先意味着有着长期导向的目标，并不是等到个人不得不行动的时候才去行动，工作中有长期的焦点可以使得个体会考虑即将到来的事情(新的需求，新出现或者反复出现的问题，即将出现的机会)，然后在它们到来之前做好一些准备。(3)坚持不懈。当展现主动性的时候，坚持不懈是必需的，因为个人主动性意味着某些事情发生了变化，比如工作流程或者任务的改变，这些变化可能在在执行之初进展得并不顺利，受到变化影响的人们可能并不喜欢去适应一些新的东西，而且直接上司也未必喜欢下属超越他们工作的边界。这就要求个体能够坚持不懈的努力，去克服他人的反对和惰性。个人主动性的三个方面是互相强化的，行动领先导致了自我驱动目标的发展；自我驱动目标导致了克服障碍的需要，在克服障碍的过程中也导致了更多自我驱动目标的出现；自我驱动意味着个体考虑了未来的事情，所以会有更高程度的行动领先，而且三个方面是倾向于同时发生的。

综合分析，团队主动性和个人主动性的相似点主要表现在以下 5 个方面：(1)团队主动性和个人主动性都是和组织的使命一致的，都是为了组织获取更大的竞争优势而表现出来的主动行为；(2)团队主动性和个人主动性都有着较为长期的时间焦点，两者都体现出了对未来的一种预测，是为了解决可能出现的问题或者是捕捉即将到来的机会而展开的行动；(3)两者都是团队或者个体本身驱动的，不是由上级领导或者组织命令驱动的，而是来自本身设定的目标进行行动的；(4)团队主动性和个体主动性都是表现出行动领先特征的，能够在问题发生或者机会出现之前就展开主动的行动，进行积极的前景展望并且制定出超前的问题解决方案；(5)团队主动性和个人主动性都体现出了行为持续上的努力，为了使得主动性行为能够持续下去，个体需要在意志强化和目标坚持上进行不断的努力，团队需要根据内外环境的不断变化而对团队运作的流程和团队文化建设进行规范的适应，从而使得主动性行为能够成为一种个体稳定的行为或者团队的工作机制。

团队主动性和个人主动性的差异主要表现在以下3个方面：(1)两个构思的水平不同。团队主动性把主动性的概念从个体层面上拓展到了团队层面上，不仅是概念水平发生了变化，内涵也有了拓展，主要源自团队成员之间的交互作用，群策相比与自我驱动因素结构复杂了很多，不仅包括个人对权力、利益和价值观的追求，也包含了他人的各种动机在内，而且很关键的是当大家组成一个团队的时候，里面的动力机制就变得比较复杂；协作是团队取得良好绩效的必要条件，个体行动领先就可以实现在某些机会捕捉或者问题识别上的领先性，但是一个团队要实现超前性，必然要依靠团队成员之间的互动协作才能完成；个体的坚持不懈更多的是个体在意志上的一种努力和强化，而团队行动的适应必须要经由工作规范和文化建设上的努力，才能适应团队工作效能和加强团队凝聚力。(2)两者出现的时间顺序不同。团队主动性的三个主要方面在时间上有一个比较明显的先后顺序，从团队规范的制定到团队成员的接受、团队行为的展现，之间可能要经过很长的时间过程，团队主动性的打造因为团体成员间的差异和团队结构的变化而必然会经历一个较长的过程，相对而言，个人主动性则是倾向于在个体水平上同时交叉出现的，是一个个体自我目标和行动调整强化的过程。(3)两者的驱动力构成不同。团队主动性的驱动力中，不仅包含一致性的驱动力，也包含了差异性的驱动力，也就是符合 Lewin 的群体动力学中群体动力的两大基本来源思想，但是个人主动性的动力主要来自个人本身人格或者目标的驱动力，是一种较为单一的个体驱动力，主要表现为一致的稳定的驱动力，这就和团队水平上由于背景、专长、价值观的差异而表现出的摩擦驱动力是不同的。

3. 团队主动性的中国特色

从 Hofstede(1980)的国家文化维度的区分来看，中国文化的特点之一就是集体主义导向强和权力距离大，特别是在国有企业中，传统的“一切行动听指挥”的思想还依然部分地存在着，而且很多领导采取了比较专制的管理风格，很少对下属进行授权，在面临员工主动性不高的问题时，这些较为专制的领导认为原因可能出在对下属的监管不够上面，于是更加加强了对员工的控制，结果反而使得员工的主动性变得更差，从而在管理上陷入了一种恶性循环的状态。当然，随着市场经济的发展和现代管理思想的应用，中国的领导们也越来越重视拥有不同专长和信息的下属们的意见，并逐渐尝试部分地授权，而且在当前的组织变革时代背景下，领导影响力发挥的方式也在进行着一些转变。

在团队主动性内涵开发的过程中，比较有代表性的说法就是"要看是什么样的领导，领导是怎么引领下属的"、"成员认同领导的为人、处世风格和管理风格，才会积极参与进来"、"大家都要进行换位思考，特别是领导要了解下属的工作和心理"、"最终绩效如何，和主要领导的重视参与程度息息相关"、"在不同行业组织中，领导特征都很重要，只是起作用的方式可能不一样"、"最终任务能够进展到什么地步，还要看领导的决心，如果领导真的下定了决心，那么我们就要拼出来"。

从这些最具代表性的表达中可以看出，团队领导的作用贯穿了群策、协作和适应的全过程，团队领导的引领可能是群策中最重要的驱动力之一，团队领导的重视和参与可能是协作顺利进展的最关键影响因素之一，团队领导的指导和坚持可能是团队适应最具有预测力的边界条件之一。这里所反映出的一个最具中国特色的现象就是领导角色在团队主动性的驱动、展开和持续的过程中所扮演的重要角色，而且这种影响力是以一种内隐的方式发挥作用的，这也体现出团队在执行任务过程中习惯于更多地依靠领导，而不是依靠科学和不断更新的制度。因此，这对领导能力提出了很大的挑战，特别是在高复杂的环境中，个人的能力和知识都是有限的，这给团队绩效的适应带来了很大的限制。而随着团队决策集中度的下降和团队专长多样化的发展，这一问题可以得到一定的解决。

即便是领导起到了很重要的影响作用，在不同行业中、不同所有制中、不同团队类型中，这种影响力的大小和起作用的方式又是不同的。例如，在IT这种专业知识技术密集的行业中，领导对团队的影响力更多表现为一种方向性的指引，并不能具体地规定行动的框架和步骤，行动方案还是需要团队成员彼此的配合与协作才能制定出来；在国有企业中，基层团队领导的个人影响力是有限的，基层领导更多的是组织高层决策的代言人，作为高层领导意志的中转站，其本身体现更多的是组织特征而非个人特征，所以其对团队的影响力相对比较有限；在研发团队中，由于其本身的专长和技能多元化结构，团队领导对团队的影响更多的也是表现在激励和总体引领上面的，团队主动性的发挥和持续更多的还要依靠团队成员之间的互动和协作，并不断地完善团队运作规范，适应和塑造团队文化。

综合而言，团队主动性的中国特色体现在团队领导对团队主动性的一种内隐而实在的影响力上，并贯穿了团队主动性展开的全部过程，这种影响部分地源自中国文化传统，又在不同的行业类型、所有制类型和团队类型中表现有所差异，并且在组织变革的背景下也正在发生着变化。

4. 团队主动性对组织变革背景的体现

Caldwell 等(2004)指出,传统上组织变革被视为发生在组织水平上,代表了组织上具体的行动,是组织来改变其内部特征、适应或者控制环境条件的。但是现在研究兴趣越来越关注变革是如何通过组织进行传递的,以及最终是怎么被员工体验的,也就是说组织水平的一种变革(如重新调整组织结构),将会对不同的工作群体有不同的含义,高级管理者可能把它作为强化商业的机会,是在进行新的冒险或者处理新的挑战,但是低层管理者和员工可能把这种变化视为对他们日常活动的一种干扰;工作流程的变化也会带来对组织目标、价值观和个人目标、价值观一致性的重新评估。所以 Deloitte 等(2005)就指出如果一个组织要成功地实施某项变革,就必须要考虑到员工的心理过程,没有把员工的心理过程作为重要因素来考虑的变革很可能就是失败的。Elias(2009)也认为,变革的执行会带来各个层面的压力,如果没有较好地处理员工的态度和行为问题,就可能会减少员工的组织承诺、工作满意感、信任和动机。由此可见,研究中也越来越重视对变革背景下员工心理过程的研究,特别是对那些能够影响工作绩效的重要态度和行为变量的研究。

组织变革背景下越来越重视研究变革对员工的态度和行为的影响,特别是对团队等工作群体的影响,而且一般是从消极的态度和行为的视角出发来看问题的,团队主动性构思从积极行为视角出发,指出群策是团队本身驱动的主动性行为,是来自团队结构和文化中的动力所驱动的,是团队在组织变革背景下由其内部激发的行为,协同领先是其关键的行为过程,可以用来回答组织变革下行为的过程及其特征问题,适应是针对组织变革背景下员工态度和行为提出的,适应包含团队流程适应和团队文化适应两个方面,团队流程适应主要用于改进团队任务执行过程中的行为效能,团队文化建设用来缓解组织变革带来的压力、增强团队的凝聚力、打造统一的价值观体系,对于组织变革下成员获取团队的社会心理支持具有重要的意义。

团队主动性的概念开发是从正在经历创业、并购、信息化和国际化的企业的访谈资料中提炼出来的一个构思,该构思是深深地根植于组织变革背景的,而且是从积极行动视角来看待组织变革背景下群体行为模式的,是探讨一种群体如何积极拥抱变革的行为表现,其中包含了群体面对变革所表现出来的积极的态度和行为模式,也可以说是团队主动性是团队应对组织变革带来挑战的重要手段。变革背景下的不确定性意味着很难有具体而明确的工作目标,这就要求团队进行自身驱动和设置目标,并且通过团队成员之间不同的专长和信息交流进行协作,从而实现行动的领先性,这样可以使得团队能够符合组织变革带来的快速变化和响应的要求。由于组织变革的动态性,团队的最佳实践不可能一蹴而就，还需要团队不断地进行行为的修正和变化，不断地对团队行为规范进行适应，包括了从团队行动规范和团队文化建设上面的努力。综上所述，团队主动性是组织变革的实践要求在团队层面上的体现，也是团队采取主动积极态度来迎接组织变革挑战的行动组合，两者有着天然的连接。

5. 团队主动性的新意及其在心理学上的含义

团队主动性的新意体现在该构思是一个集合水平的构思，其建立在个人主动性基础上，是对个人主动性概念在团队水平上的一种拓展和适应，和个人主动性有着颇多的相似点，也存在着诸多差异；团队主动性的背后体现了领导要素内隐而实在的影响力，在一定程度上表征了中国文化特色；团队主动性是对组织变革的一种积极主动的响应，而且反映出了组织变革对团队运作的要求，体现了组织变革背景下群体行为模式的积极主动视角，可以说两者是天然地联系在一起的。

从心理学上的含义来说，Lewin 20 世纪 40 年代在场理论研究基础上提出了群体动力学理论，以团体为坐标来研究人的社会行为，群体动力是指群体中的各种力量交互的作用力和影响力，Lewin 使用了场的概念来说明群体成员之间各种相互依存、相互作用的关系。Lewin(1947)认为群体是一个动力整体，群体中个人的活动、交互作用和情绪的综合就构成了群体行为的动力。任何群体都置于两种力量的交互作用之下，一种是一致性的合力，一种是干扰性的阻力，群体中的干扰性力量可能来自成员之间交流的障碍，或者是个体目标和群体目标的冲突。群体动力可能来自于群体的一致性，这种一致性表现为群体成员有着共同的目标、观点、兴趣等，群体规范具有很强的行为导向作用，群体压力会使得个体表现出群体所一致接受的价值观和行为模式。群体动力还可能来自于群体内的冲突，由于背景、专长和所掌握信息的差异，成员可能在达成目标的方式上并没有一致的看法，这种带有竞争性质的冲突只要是控制在一定的合理范围内，对于增加决策科学性，改进决策质量都是很有帮助的，但是如果良性的竞争变成了恶意的攻击就会产生负面的结果。群体中表现出来的一致性程度则取决于群体内两种力量对比之间的关系，如果一个群体可以较好地满足成员的需求，并且对成员有足够的吸引力，那么该群体表现出来的是一种正向的驱动力。群体动力会对群体产生全面的和持续的影响，并贯穿群体形成和行动的全过程，对群体结构的设计、群体沟通模式的建构、群体任务的理解与执行、群体内人际关系的发展、群体绩效的获取和培训都有着广泛的影响，群体动力学特别关注这些活动产生背后的动力机制、行动执行中的心理和情感机制。

结合 Lewin 的相关理念，从心理学的视角来看，本研究认为团队主动性就是组织变革背景下团队在获取团队效能的过程中表现出的一种重要的群体动力。从 Lewin 的相关理论来看，团队本身及其所处的环境就构成了团队行动的力场，团队尝试和外界环境之间保持一种平衡的关系，但是在组织变革的背景下，由于外界环境的不确定性和快速变化，已经使得团队所处的力场发生了不平衡性，这时为了进一步与外界环境进行匹配和平衡，需要团队表现出变革的行动。团队主动性可以说是团队为了实现所处力场的一种平衡状态而主动进行的一种群体变革活动，为了占得变革的先机，团队需要汲取内在的动力，这种动力包括团队一致性的凝聚力，也可能包括团队针对情景作出不同判断之间不一致的摩擦力。总之这种驱动的力量是来自于团队内部，来自于团队结构或者是团队文化的一种内在驱动；当这种驱动力表现出来的时候，其载体就是团队成员之间的协作配合，大家交换各自的专长和信息，从而可以在变革中制定出领先性的行动方案，捕捉到未来的市场机会或者是解决掉已经存在的问题，并且能够在对手行动之前已经有所作为，从而占据市场竞争的有利位置。在团队协作互动的过程中，不可能是一帆风顺的，中间可能会有很多摩擦或者是任务执行不顺利的时候，或者是团队凝聚力下降、团队价值观分散的被动局面，这种状况下就需要团队在团队运作规范和团队文化建设上更多地进行发力，从而使得团队应对组织变革的行为能够持续下来，并且能够进行不断地更新。在这个意义上而言，团队主动性可以作为组织变革背景下团队效能获取的重要的中间行为过程，是团队为了维持自身所处力场的平衡而主动展开的一种协作和不断适应的群体动力。

## 第四节　团队主动性结构研究结论

本章通过两阶段对来自 20 家正在经历组织变革企业 27 位高管的深度访谈，获得了变革背景下团队主动性的原始研究资料，然后按照扎根理论的思路对获取资料进行了细致的分析，构建了团队主动性构思的结构体系，并从扎根理论评价标准、团队主动性与个人主动性的关系、团队主动性的中国特色、团队主动性对组织变革背景的体现、团队主动性的新意及其在心理学上的含义等角度出发，来对团队主动性的内涵及其与相关概念和理论的关系做了较为深入的分析。本章的主要研究结论如下：

(1)团队主动性是一个集体行为构思，主要是指团队为了达到应对环境变化、捕捉未来机会、预防已有问题等目的而展开的集体行为，是组织变革背景下一种重要的群体动力，具有三个典型特征：群策、协作和适应，三个维度分别反映了团队主动性的动力基础、行动过程和持续机制方面的特征。群策是指团队行动的动力来自团队内部，包括来自团队结构的动力和团队文化的动力；协作表征了团队主动性的行动过程和行动特征，团队是以领先行动为目的而展开互动协作；适应反映了团队在运作流程和文化建设上的努力，为的是能够建构一种能够保证团队主动性持续下去的工作机制。团队主动性的三个方面是一种互相强化、循环往复的关系。

(2)团队领导的作用贯穿了群策、协作和适应的全过程，团队领导的引领可能是群策中最重要的驱动力之一，团队领导的重视和参与可能是协作顺利进展的最关键影响因素之一，团队领导的指导和坚持可能是团队适应最具有预测力的边界条件之一。这里所反映出的一个最具中国特色的现象就是领导角色在团队主动性的驱动、展开和持续的过程中所扮演的重要角色，而且这种影响力是以一种内隐的方式发挥作用的，团队主动性的中国特色体现在团队领导对团队主动性的一种内隐而实在的影响力上，并贯穿了团队主动性展开的全部过程，这种影响部分地源自中国文化传统，又在不同的行业类型、所有制类型和团队类型中表现得有所差异，并且在组织变革的背景下也正在发生着变化。

(3)团队主动性是团队应对组织变革带来挑战的重要手段，变革背景下的不确定性意味着很难有具体而明确的工作目标，这就要求团队进行自身驱动和设置目标，并且通过团队成员之间不同的专长和信息交流进行协作，从而实现行动的领先性，这样可以使得团队能够符合组织变革带来的快速变化和响应的要求。由于组织变革的动态性，团队的最佳实践不可能一蹴而就，还需要团队不断地进行行为的修正和变化，不断地对团队行为规范进行适应，包括了从团队行动规范和团队文化建设上面的努力。团队主动性是组织变革的实践要求在团队层面上的体现，也是团队采取主动积极态度来迎接组织变革挑战的行动组合，两者有着天然的连接。

(4)团队本身及其所处的环境就构成了团队行动的力场，团队尝试和外界环境之间保持一种平衡的关系，但是在组织变革的背景下，由于外界环境的不确定性和快速变化，已经使得团队所处的力场发生了不平衡性，这时为了进一步与外界环境进行匹配和平衡，需要团队表现出变革的行动。团队主动性可以说是团队为了实现所处力场的一种平衡状态而主动进行的一种群体变革活动，为了占得变革的先机，团队需要汲取内在的动力，这种动力包括团队一致性的凝聚力，也可能包括团队针对情景作出不同判断之间不一致的摩擦力。总之，这种驱动的力量是来自于团队内部，来自于团队结构或者是团队文化的一种内在驱动；当这种驱动力表现出来的时候，其载体就是团队成员之间的协作配合，大家交换各自的专长和信息，从而可以在变革中制定出领先性的行动方案，捕捉到未来的市场机会或者是解决已经存在的问题，并且能够在对手行动之前已经有所作为，从而占据市场竞争的有利位置。在团队协作互动的过程中，不可能是一帆风顺的，中间可能会有很多摩擦或者是任务执行不顺利的时候，或者是团队凝聚力下降、团队价值观分散的被动局面，这种状况下就需要团队在团队运作规范和团队文化建设上更多地进行发力，从而使得团队应对组织变革的行为能够持续下来，并且能够进行不断地更新。在这个意义上而言，团队主动性可以作为组织变革背景下团队效能获取的重要的中间行为过程，是团队为了维持自身所处力场的平衡而主动展开的一种协作和不断适应的群体动力。

# 第四章　组织变革背景下团队主动性的结构验证及多方法比较研究

## 第一节　研究目的

上一章通过在对正在经历组织变革的 20 家企业的 27 位高管的访谈收集了大量的资料，基于扎根理论的方法不断地进行理论和材料之间的反复比较和提炼，最后开发出了团队主动性构思的结构体系。为了验证该构思的有效性，本章使用了两种不同的方法来对团队主动性进行测量，进而通过不同方式的测量对团队主动性的内涵进行比较分析，于是开展了组织变革背景下团队主动性的结构验证及多方法测量比较研究。

## 第二节　研究假设

基于文献研究以及扎根理论的结果，并结合本章研究目的，研究者提出以下研究假设：

假设 1：组织变革背景下团队主动性是一个三维的结构，其三个维度是群策、协作和适应。

假设 2：组织变革背景下团队主动性在不同的行业类型、所有制类型、团队类型和组织变革类型间存在显著差异。

假设 3：组织变革背景下团队主动性可以通过不同方法进行测量，这些测量方法之间的聚合效度较高。

## 第三节　研究方法

在个人主动性测量上面，Frese 等(2001)指出，个人主动性是一系列行为的集合，是不适合只使用问卷来进行测量的，原因有三个方面：(1)避免社会称许性，在社会情景中，个体普遍地想给别人一种积极、主动的印象，所以如果只使用问卷来进行测量，很容易出现社会称许性；(2)使用问卷所测量出的可能仅是个体的一种意图，虽然意图和行为是相关的，但是意图并不能真正代表行为；(3)避免同源偏差，如果只使用问卷来进行测量，那么就不可避免会出现同源偏差的问题。所以基于这些考虑，Frese 等开发了多评价来源、多评价方法、行为测量和问卷相结合的个人主动性测量方法。这种方法主要包括两大部分，第一部分是结构化访谈，第二部分是问卷填写。针对结构化访谈的不同部分，研究者开发了相应的编码表和评分表。

Parker 等(2006)在对行动领先行为的测量上，使用了回顾式行为测量法和情景测验的方法进行测量，并针对测量结果开发了编码系统，结果发现两种测量方法之间具有较高的聚合效度，都可以捕捉到行动领先的构思。

本研究采用两种方法来测量组织变革背景下的团队主动性，这两种方法分别是问卷法和回顾式行为测量法。

问卷法是通过书面形式，以严格设计的测量项目或问题针对研究对象收集资料和数据的一种方法。问卷法适用的研究问题比较广泛，并且可以系统地获取数据(王重鸣，2001)。和访谈法比较起来，费时少，成本低，而样本量较大。

Frese 等(2001)总结了在结构化访谈中使用的 5 个用来测量个人主动性的量表：(1)一般的主动性。这部分主要是询问个体过去的行为，例如是否在过去两年中提出过改进工作的建议，然后评分者进一步追问此建议是否是本人的想法、是否经常被别的同事提出来、是否需要额外的努力等问题，然后根据相应的评价标准进行评分和编码。这是一种回顾式测量，其缺点就是受到了记忆效应的影响。(2) 教育主动性。这部分主要是测量个体在当前工作中对个人继续教育的参与程度和未来的教育计划。只有并不是由公司所发动的相关活动才称之为个人主动性。编码就是基于是否对继续教育计划过、是否有具体的计划。(3) 克服障碍。首先假定个体面临一种困难的情景，被要求提出解决问题的方案，每当回答出一种方案，访谈者就说假设这种方案不能解决问题，要求被试再想出其他方案。一般访谈者会否定四次已经提出的方案，最后评价被试提出方案的数目。(4)积极性程度评价。根据前面所提的克服障碍的方案，评价其所体现出来的积极性程度，就是有多少方案是个体亲自去完成的。(5)访谈者评价。访谈者是经过专门训练的，一般由心理学或者管理学的研究生来担当，由于其已经参与了1个小时左右的访谈，是可以对被试的主动性水平进行评价的。在操作中使用语意差别量表来进行，例如评价访谈对象的积极、主动、目标导向、计划导向等程度有多高。

问卷部分就是使用自我报告的方法，Frese等(1996)对东西德的比较研究中还使用了配偶评价的方法，用来对个人主动性测量的效度进行检验。在测量分数的处理中，Frese等(1997)对基于结构化访谈得来的5个部分的数据进行了合成，通过二阶主成分分析，抽取出来一个单因素的结构，就称之为个人主动性，而且这个二阶因素和个人自我报告的主动性水平、配偶报告的个人主动性水平的相关都达到了显著水平。在操作中，基于结构化访谈的个人主动性和基于问卷的个人主动性是可以独立使用的。

本研究在前面文献的基础上，在团队水平上同时展开了问卷测量、回顾式行为测量。

## 一、研究样本

由于组织变革广泛地发生在不同行业中各种所有制的企业中，所以行业类型和所有制在本研究中是作为控制的背景变量。本研究选取的行业类型为IT、制造和服务行业，企业所有制包括了国有、民营和三资企业三种类型。Ilgen(2005)认为按照时间维度可以把团队划分为形成阶段、执行阶段和完成阶段，其中形成阶段是指团队制定目标、建立关系模式和确定运作结构的阶段，执行阶段是指团队紧密联结、适应性解决问题和学习创新的阶段，完成阶段是指团队完成了某次任务、将要进入下一个任务循环的阶段。本研究准备考察的重点是变革背景下处于执行阶段的团队，所以在样本选取上的标准是组建时间超过了3个月的团队。不同形式的组织变革在变革剧烈程度、影响范围和对员工要求上是有所不同的，本研究主要选取了当前一些最主要的变革形式，包括公司创业、并购、信息化和国际化。

结合上面的思考，本研究中样本企业选取的标准是：(1)企业正在经历某种类型的变革；(2)企业中的主要工作是以团队为单元来展开的；(3)每个团队至少由三个人组成，并且填写问卷的人数至少为三个人；(4)团队领导不仅是指挥者，还是具体任务的参与者。按照这些标准，本研究的调研对象主要集中在浙江省的杭州、宁波、湖州等地，界定的企业变革类型包括并购、信息化、国际化和公司创业四种类型，选取的行业主要聚集在IT、服务和制造三种行业上，企业的所有制类型包括国有、民营和三资企业，团队类型包括管理、销售和研发三种团队，每个团队人数从3到10人不等，团队组建的时间也从4到122个月不等。

本研究共向80家企业发放了成套问卷，一般每家企业按照抽样原理选取一个团队，在征得企业的同意后，向部分企业发放了两套问卷，总共发放了110套问卷。问卷主要是针对员工的，问卷是以团队为单位发放的，剔除团队人数少于三人的、问卷缺损不能成套的，还剔除掉空白问卷、数据缺失率高于50%的以及根据测谎题判定为虚假作答的问卷。共得到了来自60家企业的70个团队，有效回收率为63.6%，最终获得了292位团队成员数据。表4.1所示是有效样本基本信息的描述性统计。

**表 4.1 有效团队样本总体信息表**

| 行业 | | | 所有制 | | | 团队类型 | | |
|---|---|---|---|---|---|---|---|---|
| 类别 | 家数 | 百分比 | 类别 | 家数 | 百分比 | 类别 | 家数 | 百分比 |
| IT | 21 | 30% | 国有 | 15 | 21.4% | 管理 | 29 | 41.4% |
| 服务 | 25 | 35.7% | 民营 | 32 | 45.7% | 销售 | 25 | 35.7% |
| 制造 | 24 | 34.3% | 三资 | 13 | 18.6% | 研发 | 16 | 22.9% |
| 变革类型 | | | 在团队时间 | | | | | |
| 类别 | 家数 | 百分比 | 全距 | 平均数 | 标准差 | | | |
| 并购 | 11 | 15.7% | 4～122个月 | 36个月 | 32.75 | | | |
| 信息化 | 16 | 22.9% | | | | | | |
| 国际化 | 17 | 24.3% | | | | | | |
| 公司创业 | 26 | 37.1% | | | | | | |

上面的表格是以团队为单位进行的总体描述，下面是以团队成员为单元进行其人口统计学变量的描述，如表4.2所示。

**表 4.2 团队成员基本信息表**

| 性别 | | | 年龄 | | | 学历 | | |
|---|---|---|---|---|---|---|---|---|
| 类别 | 人数 | 百分比 | 类别 | 人数 | 百分比 | 类别 | 人数 | 百分比 |
| 男 | 173 | 59.2% | 20～29岁 | 195 | 66.8% | 高中 | 23 | 7.9% |
| 女 | 119 | 40.8% | 30～39岁 | 53 | 18.2% | 大专 | 58 | 19.9% |
| | | | 40岁及以上 | 44 | 15.1% | 本科 | 187 | 64.1% |
| | | | | | | 研究生 | 24 | 8.1% |

## 二、研究工具

组织变革背景下团队主动性研究问卷主要在前面扎根理论提炼出的结构体系基础上进行开发，根据三个维度进行了逐步分解，分别开发出了 8 个测量项目，该问卷共计 24 个测量项目，使用李克特五点量表进行测量，其中 1 表示“非常不同意”，2 表示“不同意”，3 表示“中等”，4 表示“同意”，5 表示“非常同意”。在项目的表达方式上采用了集合的称谓，是要求被试根据团队的实际运作情况来进行回答。该问卷由团队所有成员完成，然后计算团队成员评分的一致性程度，再进行数据的加总作为团队主动性问卷测量的分数。

回顾式行为测量是针对团队在过去三个月的变革进程中的行为表现进行评价，主要测量的行为包括三方面：(1)变革中团队行动的驱动力：请举例说明在过去三个月的变革进程中，你所在的团队会主动采取行动吗？请举例说明这些主动的行动有多少是团队本身发动的而并不是来自上级领导指示的？请举例说明变革中来自团队的权力/利益/价值观结构所驱动的团队主动行为有多少？请举例说明这次变革中来自团队文化驱动的主动行为有多少？(2)变革中团队行动的过程和特征：请举例说明过去的三个月的变革进程中，您所在的团队成员之间进行了很多的协作吗？请举例说明您的团队在变革中的行为可以有多少做到协同一致？请举例说明这些协作会使得团队预先判断机会、超前发现问题吗？(3)变革过程中团队行动规范：请举例说明过去三个月的变革进程中，您的团队专门讨论过工作流程或者文化建设上的规范问题吗？请举例说明团队在这次变革中对团队运作规范或者文化改进上的主动行为有多少？请举例说明团队在变革中不断尝试适应和改进规范的努力有多少？采用李克特五点量表的形式进行评分，该部分由团队成员分别进行填写，根据团队成员的答案，再由经过培训的两位应用心理学博士生按照编码表对其进行评分，然后对两位评分者的一致性进行计算，最后对数据进行加总，作为团队主动性回顾式行为测量的分数。

## 三、对共同方法偏差的控制

Podsakoff 等(2003)指出，方法偏差是研究中的一个比较明显的问题，因为它们是测量误差的主要来源之一。Bagozzi 等(1991)认为测量误差影响了有关测量变量之间关系结论的效度，测量误差包含了随机误差和系统误差两种成分。尽管两种测量误差都存在问题，但是系统误差是一个更加严重的问题，他们进一步认为系统误差的主要来源之一就是方法变异，这可能来自很多来源：如具体项目的内容、量表类型、被试的反应模式和测试背景。Cote 等(1987)对心理学、社会学、市场学等领域的70多篇多特征多方法实证文献的研究发现，研究测量中大约26.3%的变异是来自于系统误差诸如共同方法偏差。由此可见，共同方法偏差的存在对研究结论的可靠性带来了十分严重的影响。

Podsakoff等(2003)对共同方法偏差的来源做了全面的分析，区别出了来自共同评价者的偏差(如社会称许性、积极和消极情感、默许偏差等)、来自项目特征的偏差(如项目的复杂度、反向题目等)、来自项目内容的偏差(如项目的框架效应、量表的长度等)和来自测量背景的误差(如测量的时间、地点、媒介等)。而且研究者还进一步指出了两种控制共同方法偏差的主要方式是研究程序设计和统计控制，其中程序控制的主要措施是:(1)从不同的来源进行预测变量和效标变量的测量;(2)把测量进行时间上的、心理上的或者是方法上的分离;(3)保证回答者的匿名性，减少对答案的评价;(4)把项目的顺序打乱;(5)改进量表项目的质量:定义一些模糊的项目、避免含混的概念、保持问题的简洁、项目表述具体和精确、避免复杂的语法。

在统计控制上，Podsakoff等(2003)认为首先要考虑四个关键问题:(1)预测变量和效标变量能够从不同的来源中获取吗?(2)预测变量和效标变量能够在不同的背景下进行测量吗?(3)方法偏差的来源能够确定吗?(4)方法偏差能够有效地测量吗?然后根据对这些问题回答的不同，再进行统计控制方法的选择。在实际的研究中，应用较多而且比较有效的有两种模型，其中一种是控制一个没有进行测量的方法因素，如图4.1所示。

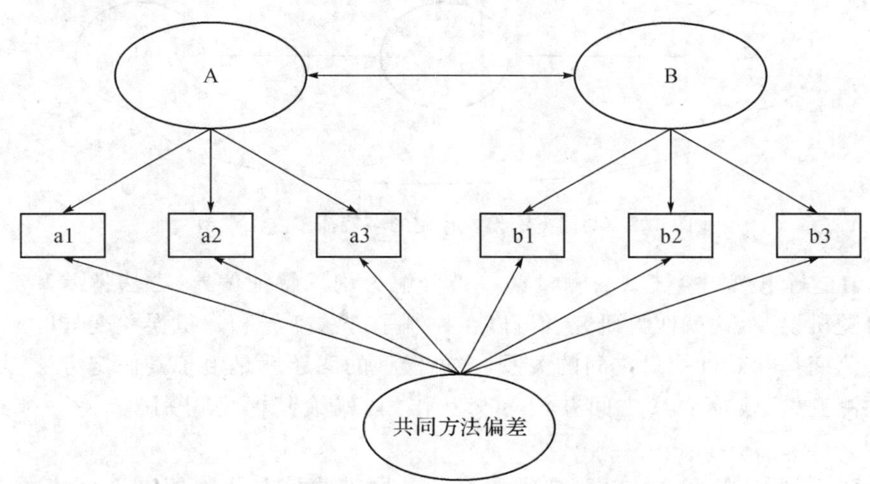


图4.1　共同方法偏差控制的潜在共同单因素模型

在图4.1所示的模型中，各个项目负荷在它们理论的构思上，同时也负荷在一个潜在的共同方法变量因素上，然后对当模型中存在和不存在潜在共同方法变异时结构参数的显著性进行检验。在这种方式中，被试对一个具体测量的变异被分解成了三个来源：构思特征、共同方法和项目随机误差。这种方法的优势就是可以在测量水平上估计方法偏差，一定程度上控制测量误差。这种技术曾得到广泛的应用，如 Carlson 等（2000）、Elagovan 等（1999）在他们的组织行为研究中都使用了这种方法。这种方法潜在的问题是研究者可能并不能确定方法变异的具体来源，而且该模型假设方法因素是不和预测变量以及效标变量交互作用的，这就给模型的识别带来了一定的问题。

另外一种应用得很多的模型就是多特征多方法模型，如图 4.2 所示。

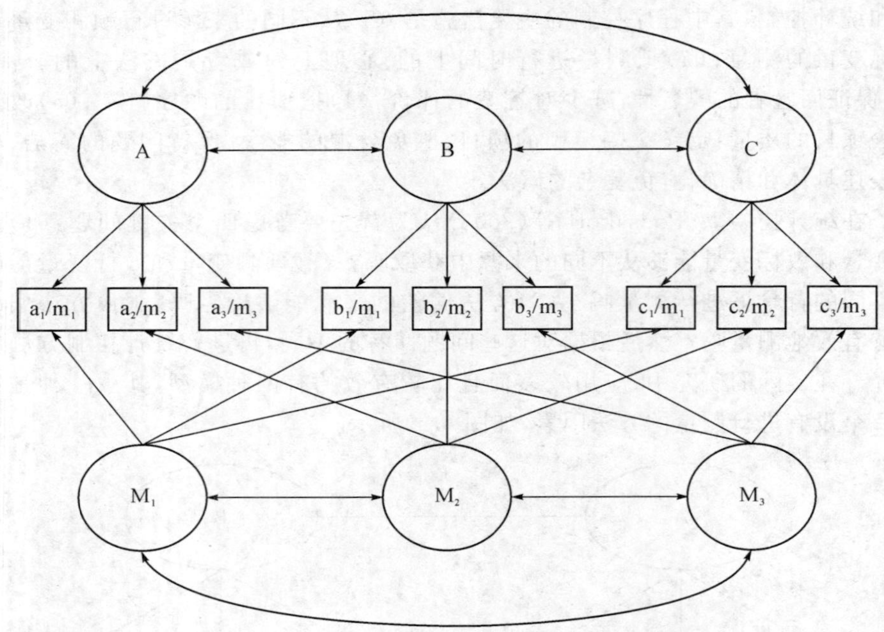


图 4.2　共同方法偏差控制的多特征多方法模型

在这个模型中，被试的测量偏差被分解为构思特征偏差、方法偏差和测量项目随机误差，这就使得研究者可以在控制了方法变异和随机误差变异时来检验预测变量和效标变量之间的关系，这种模型的问题就是由于其假定方法因素和预测变量、效标变量之间并没有交互作用，就给其模型识别带来了一定的问题。

Podsakoff 等（2003）认为要把所有的共同方法偏差删除掉是不可能的，研究目标应该是尽可能减小共同方法偏差，这包括了程序修正和统计修正。他们建议研究者首先结合研究背景尝试使用程序修正，而且程序控制可能是最有效的控制共同测量偏差的方法；但是，仅仅通过程序修正是不可能消除一些偏差来源的，所以研究者还需要再使用合适的统计修正措施进行弥补。本研究采用这种建议，首先从研究程序设计上对共同方法偏差进行预防，然后根据研究目的再选择合适的统计控制方法进行修正。

### 四、研究流程

在正式施测前，首先进行了问卷和编码表的修订工作。为了检验问卷和编码表在文字表达、题目代表性和项目区分度方面的质量，首先研究者专门组织了一个工具修订研讨会，共有3位应用心理学博士生、3位企业管理博士生和3位企业界的人力资源经理参加。大家首先探讨了要研究的关键问题和实践中的操作问题，然后对于每个项目进行了仔细的研读，并提出了一些表达不清和语义区分度较差的题目，对于编码表中的编码表述也进行了进一步的澄清，最后对一些表述模糊的地方和一些意思过于接近的项目进行了重新的修订。

问卷修订完成后，进行了初测工作，共在来自IT、服务和制造行业的15个团队中进行了测试，共回收有效问卷60份。在探索性因素分析中，发现群策维度下的项目"团队的职责规定了我们的行动"得分较低，而且其本身并不能体现出群策内涵，在三个维度上都有负荷，归属较为模糊，所以删掉了这个项目。协作维度下的项目"团队的竞争性互动是推动团队向前的重要因素"得分偏低，可能由于中国文化的原因，该项目区分度很差，所以最后也予以删除。在适应维度下的项目"团队只要建立起规范制度就能协同运行"的得分也是偏低，后来再和实务界的专业人士进行讨论，发现在现实工作中，制度的制定是一回事，而行为规范的产生又是另外一回事，所以说制度的制定和行为的产生之间可能有较长的时间差，所以这个项目的实践性较差，在正式测验的时候也删除掉了。回顾式行为测量分别设计了变革中群策、团队协作水平和团队适应问题，较能反映实际工作情况，所以题目都予以保留。

在施测过程中，问卷和回顾式行为测量都由所有团队成员完成，然后再由经过培训的编码者对行为测验回答进行编码，最后根据编码者评分的一致性程度进行数据的合成。

本研究最后采取的分析工具是SPSS 13.0和AMOS 5.0。

## 第四节　研究结果与分析

### 一、组织变革背景下团队主动性结构的探索性与验证性因素分析

本研究首先在全部数据的个体水平上进行探索性因素分析，正式测验共得

到了来自 70 个团队的 292 个有效样本，利用 SPSS 的随机选组数据功能，把整个样本分为两份，各有 146 个样本，前 146 个样本的数据用来进行探索性因素分析，后 146 个样本的数据用来进行验证性因素分析。

1. 组织变革背景下团队主动性结构的探索性因素分析

首先进行了判断是否适合进行探索性因素分析的 Bartlett 球形检验，结果显示：KMO 值为 0.796，球形检验的显著性概率为 0.000，表明适合进行因素分析。根据根据凯泽(Kaiser)标准，抽取因素特征值大于 1 的因素，选取了正交最大化的方法进行转轴，并结合碎石图的结果进行判断，结果显示可以抽取三个因素。其中项目 4、5、6、8、9、12、13、15、19 在两个或者三个因子上产生了大于 0.3 的交叉负荷，予以删除，所以修订后问卷中较好的测量项目是 1、2、3、7、10、11、14、16、17、18、20、21。具体结果如表 4.3 所示。

**表 4.3　团队主动性因素分析与问卷信度分析表**

| 因素 | 测量题目 | $F_1$ | $F_2$ | $F_3$ | α 系数 |
| --- | --- | --- | --- | --- | --- |
| $F_1$ 群策 | 1 这次变革中团队本身就是我们行动的巨大推动力 | 0.85 | 0.03 | 0.04 | 0.86 |
| | 2 变革中尽管有时具体目标不明确，但是团队的职责会促使我们采取行动 | 0.78 | 0.12 | 0.18 | |
| | 3 这次变革中团队本身的权力结构、专长结构促进了团队整体积极行动 | 0.75 | 0.13 | 0.21 | |
| | 7 变革中团队文化的凝聚力和推动力有利于团队整体行为的展开 | 0.80 | 0.09 | 0.20 | |
| $F_2$ 协作 | 10 变革中团队成员进行集体研讨，可以更好地预测未来的市场机会和可能的风险 | 0.18 | 0.73 | 0.11 | 0.74 |
| | 11 团队成员集中反思，可以更全面地总结变革中存在的各种问题并预防其未来再次发生 | 0.22 | 0.80 | 0.24 | |
| | 14 变革中团队成员一起进行头脑风暴，可以提出更多创造性、领先性的方案 | 0.07 | 0.72 | 0.06 | |
| $F_3$ 适应 | 16 即使面对很多变革中的困难和障碍，团队也会积极地思考能够改进的地方 | 0.03 | 0.26 | 0.62 | 0.85 |
| | 17 变革中团队经常讨论改进工作流程的新规范 | 0.23 | 0.13 | 0.74 | |
| | 18 变革中团队有一种鼓励大家积极行动和良好配合的氛围，并尝试把这种做法制度化 | 0.16 | 0.22 | 0.84 | |
| | 20 变革中团队有一些奖励创新想法、优良绩效的制度 | 0.00 | 0.21 | 0.83 | |
| | 21 变革中团队会更加积极地不断更新原有的工作理念和工作标准 | 0.02 | 0.17 | 0.71 | |
| 各因素累积解释变异的百分比 | | 68.44% | | | |

从表 4.3 所示的结果可以看出，经过因素分析可以抽取出来三个因素，分别命名为群策、协作和适应。其中群策是指团队行动的方向和动力，特别是在环境模糊和任务不确定的情况下，更需要进行有强烈的群策力；协作是团队主动性的主要体现，团队成员通过集体研讨、反思甚至争论可以更好地权衡各种信息，全面地总结存在的问题，对未来的机会进行更好的预测和把握，从而在行动上表现出领先性；适应是团队主动性行为持续展开的关键，需要团队坚持不懈地合作下去，而这就需要团队在绩效可考核、主动创新气氛和人际信任等方面进行制度化建设，并能坚持运作下去才能达到理想的状态。群策意味着团队行动的动力来自团队内部，包括来自团队结构的动力和团队文化的动力；协作表征了团队主动性的行动过程和行动特征，团队是以领先行动为目的而展开互动协作；适应反映了团队在运作流程和文化建设上的努力，为的是能够建构一种能够保证团队主动性持续下去的工作机制。团队主动性的三个方面是一种互相强化、循环往复的关系，团队追求的是团队设定的目标，要想实现这些目标，就需要团队对未来的机会或者可能出现的问题进行提前的判断和准备。由于任务的复杂性，在行动过程中需要团队成员互相配合、紧密协作，这样才能实现团队行动的领先性。团队执行任务的过程可能和最初设定的目标存在一定偏差，团队成员的心理状态也许发生了一些变化，这时需要团队在任务执行流程规范上，以及团队文化建设上做出努力，从而优化团队工作流程、增强团队文化凝聚力，为团队主动性的持续展开进行积累和改进。三个因素总共解释了总变异的 69.44%，三个因素的内部一致性系数分别为 0.86、0.74 和 0.85。

2. 组织变革背景下团队主动性结构的验证性因素分析

验证性因素分析模型的很多拟合指数容易受样本容量和项目数量的影响。关于样本容量 N 最小应是多少，以及每个潜变量至少要有多少个测量指标的问题，很多文献上的建议都十分含糊，甚至相互矛盾。但从识别的角度来说，每个因子最好有三个观测指标。比较常见的建议是，样本容量应该是自由估计参数(变量)的 5～10 倍。对于大多数模型来说，至少需要 100～200 的样本容量比较适宜(侯杰泰等，2004)。为了使拟合效果达到最佳，本研究根据模型的拟合指标优化原则，对测量项目进行了筛选，这样保证了每个一阶因子有三个观测值。

要检验一个模型是否与数据拟合，需要比较再生协方差矩阵 E 和样本协方差矩阵 S 的差异(E-S)。为了表示这两个矩阵的整体差异情况，以往研究文献先后提出过四十多种拟合指数。对这些拟合指数按其功能可分为两大类：一类是绝对指数，是指将理论模型和饱和模型比较得到的统计量，它衡量了所考虑的理论模型与样本数据的拟合程度；一类是相对指数，是指理论模型和基准模型比较得到的统计量，它衡量了所考虑的理论模型与基准模型相比，拟合程度改进了多少(侯杰泰等,2004)。在验证性因素分析中,通常采用的绝对拟合指数主要有:$\chi^2$(卡方)和 $\chi^2/df$ 检验;RMSEA:近似误差均方根;GFI:拟合优度;AGFI:校正拟合优度。通常采用的相对拟合指数主要有:标准拟合指数 NFI;非范拟合指数 TLI;比较拟合指数 CFI。

温忠麟等(2004)指出,一个理想的拟合指数应该具有以下三个特征:(1)与样本容量 N 无关,即拟合指数不受样本容量的系统影响;(2)惩罚复杂模型,即拟合指数要根据模型参数多寡而作调整,惩罚参数多的模型;(3)对误设模型敏感,即如果所拟合的模型不真(参数过多或过少),拟合指数能反映拟合不好。根据这些标准,在绝对拟合指数中,RMSEA 因相对受样本 N 的影响较少且对错误模型较为敏感,而更值得研究关注。当 RMSEA 小于 0.1 时,表示好的拟合;当 RMSEA 小于 0.05 时,表示非常好的拟合;当 RMSEA 小于 0.01 时,表示完全拟合,不过这种情形在实际应用中几乎碰不上(侯杰泰等,2004)。在相对拟合指数中,TLI 和 CFI 两个指标因不受样本大小影响,而在新近的拟合指数研究中得到推荐(温忠麟等,2004)。相对拟合指数越接近 1,表示模型拟合得越好。一般认为,大于或等于 0.9 即可接受。

根据前面探索性因素分析筛选出来的项目,针对后一半 146 个样本,使用 AMOS 5.0 对团队主动性结构模型进行验证性因素分析,结果如图 4.3 和表 4.4 所示。

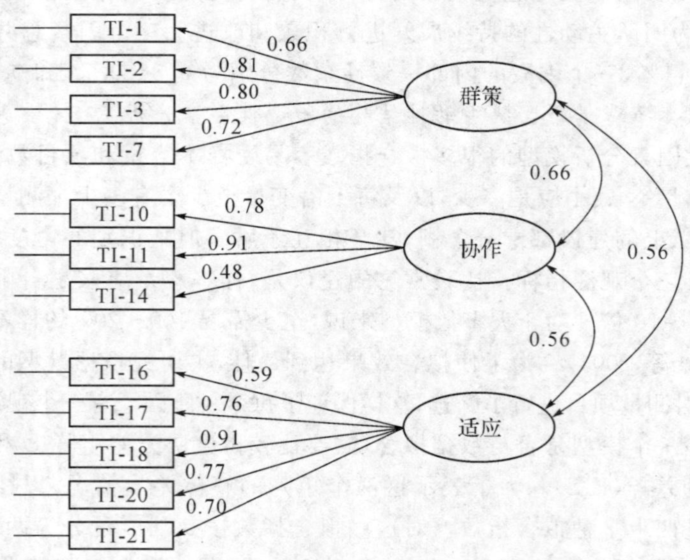


图 4.3　团队主动性的验证性因素分析图

表 4.4 团队主动性结构的验证性因素分析拟合指数表

| | $\chi^2$/df | RMSEA | GFI | AGFI | NFI | TLI | CFI | IFI |
|---|---|---|---|---|---|---|---|---|
| 验证模型 | 2.52 | 0.09 | 0.90 | 0.91 | 0.93 | 0.90 | 0.90 | 0.92 |

注:RMSEA:根均方差误;GFI:拟合优度;AGFI:校正的拟合优度;NFI:标准拟合指数;TLI:非标准拟合指数;CFI:比较拟合指数;IFI:差别拟合指数。

从上面的结果中可以看出,验证性因素分析结果良好,可以验证团队主动性的三因素结构。为了进一步确认其拟合程度,对其他可能的构思模型进行了对比,备择模型主要包括:虚无模型 M1;单因素模型 M2;三因素模型 M3,各检验模型的示意图如图 4.4 所示。

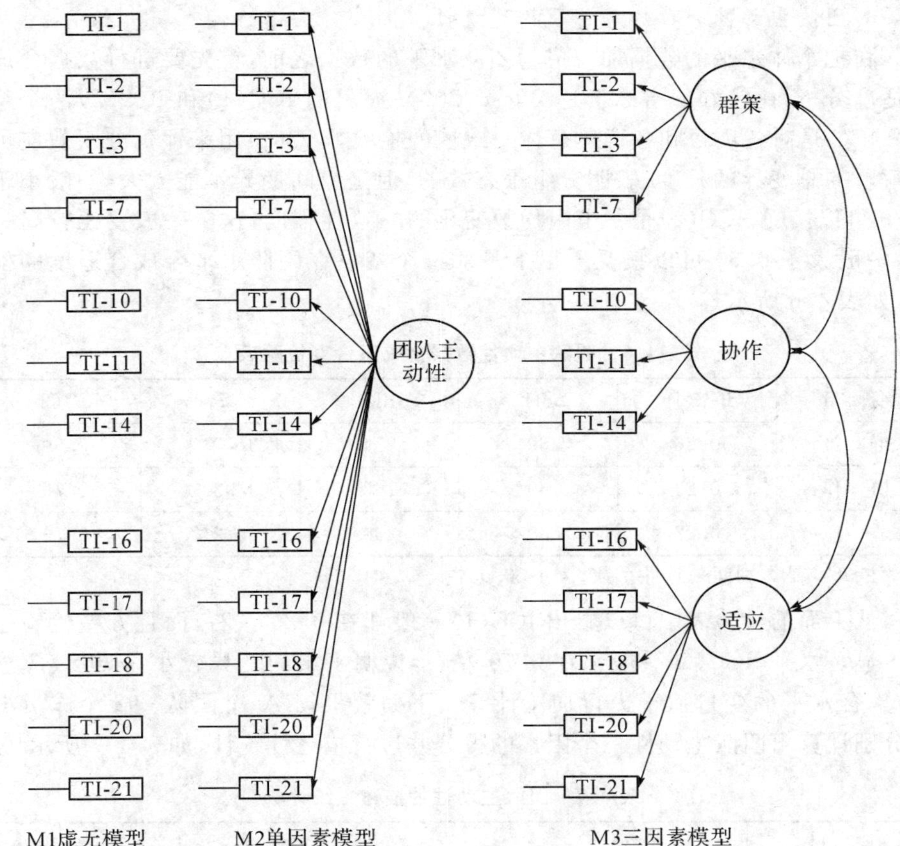


图 4.4 验证性因素分析的比较模型示意图

下面是备择模型的验证性因素分析结果,如表 4.5 所示。

表 4.5　团队主动性验证性因素分析比较模型

| | $\chi^2$ | df | GFI | AGFI | NFI | TLI | CFI | IFI | RMSEA |
|---|---|---|---|---|---|---|---|---|---|
| M1 | 2352.627 | 66 | | | | | | | |
| M2 | 822.570 | 54 | 0.69 | 0.55 | 0.65 | 0.59 | 0.66 | 0.67 | 0.19 |
| M3 | 128.452 | 51 | 0.90 | 0.91 | 0.93 | 0.95 | 0.90 | 0.92 | 0.09 |

从上面的结果可以看出来，M3 三因素模型的拟合程度更高，也就是说团队主动性构思的三维结构得到了对比验证。从而使得本部分的研究假设 1 得到了支持。

3. 团队主动性分数的加总及描述统计

在把个体水平的数据加总成为团队水平的数据之前，首先要进行数据合成合适度分析，比较好的指标就是 Bliese(2000)提出的 ICC(1)和 ICC(2)两个系数。ICC 是对各项目和各群体总体一致性的检验，ICC(1)用来评价分组效应可以解释的总变异的程度，表明分组是有效的，但是组间变异不能太大，一般小于 0.30 可以接受；ICC(2)是各组内均数变化的一致性程度，这个一般要比较高一些，一般大于 0.60 可以接受。以下是对三个变量在团队水平合成合适度的检验，如表 4.6 所示。

表 4.6　团队主动性数据合成适合度检验表

| 变　量 | ICC(1) | df1 | df2 | F | ICC(2) |
|---|---|---|---|---|---|
| 群　策 | 0.26 | 69 | 234 | 3.77** | 0.69 |
| 协　作 | 0.23 | 69 | 167 | 3.93** | 0.75 |
| 适　应 | 0.22 | 69 | 269 | 4.72** | 0.79 |

注：ICC 是类别间一致性系数；* $p<0.05$，* * $p<0.01$。

从上面的检验表中可以看出 ICC(1)一般都在 0.25 左右，而且方差检验达到了显著水平，ICC(2)一般都在 0.70 左右，说明了组间变异较小，分组效应显著，集合水平的变量适于进行加总计算。下面就根据 70 个团队 292 个成员得分分别计算出团队主动性三个因素的得分并进行描述性统计，如表 4.7 所示。

表 4.7　团队主动性的描述性统计

| 变　量 | 平均数 | 标准差 | 偏态度 | 峰态度 |
|---|---|---|---|---|
| 群　策 | 4.04 | 0.96 | −0.92 | 1.06 |
| 协　作 | 3.92 | 0.92 | −0.89 | 0.71 |
| 适　应 | 3.72 | 0.97 | −0.97 | 1.49 |

从表 4.7 可以看出，本次调研团队在团队主动性上的表现还是比较好的，具体来说就是团队本身相对来说驱动力很强，基本上团队都有比较高的工作或者文化驱动的动力，而且团队结构相对来说和职责还是较为匹配的；协作的水平比群策程度稍微低了一些，反映出一些团队在配合的过程中还是存在一些互动模式的问题；相对来说适应在这三个因素中表现水平是最低的，这也反映了我国企业管理中的一个现状，就是传统上企业运作大多是机会驱动型的，主要的增长点来自于外部市场的推动，由于市场变化较快，基本上很少有企业注重自身的规范积累和素质适应，特别是在现在更多依存自身人力资本、组织资本和社会资本进行竞争的时代，规范化的制度和持续不断地改善显得尤为重要，这是实践中存在的普遍问题，也很具有理论上的意义。

4. 团队主动性的团队水平人口统计学变量的方差分析

下面分别对团队主动性的三个因素在团队水平人口统计学变量上进行方差分析，以检验不同类型的组织和团队中团队主动性水平是否存在差异，采用 ANOVA 的方法进行方差分析，结果如表 4.8 所示。

**表 4.8　团队主动性团队水平人口统计学变量的方差分析**

| | 群　策 | 协　作 | 适　应 |
|---|---|---|---|
| 行业类型 | 3.16* | 14.38*** | 6.62** |
| 企业所有制 | 15.4*** | 15.09*** | 11.68*** |
| 团队类型 | 2.15 | 4.42* | 3.0 |
| 变革类型 | 12.09*** | 12.33*** | 11.11*** |

注：表格中的数字是方差分析的 F 值，* $p<0.05$；** $p<0.01$；*** $p<0.001$。

从表 4.8 中可以看出，群策在不同的行业类型、企业所有制和变革类型中都有着显著差异，协作在不同的行业类型、企业所有制、团队类型、变革类型和团队人数之间都有着显著差异，适应在不同的行业类型、企业所有制和变革类型中有着显著差异。为了进一步确定差异的来源，下面在方差分析中通过 LSD 方法进行事后比较检验，检验结果如表 4.9 所示。

表 4.9 使用 LSD 方法进行团队主动性差异的事后比较分析表

| | | 群 策 | 协 作 | 适 应 |
|---|---|---|---|---|
| 行业类型 | ①IT | 4.19 | 4.34 | 3.95 |
| | ②服务 | 3.93 | 3.66 | 3.49 |
| | ③制造 | 4.02 | 3.81 | 3.77 |
| | 组间比较 | 1>3>2 | 1>3>2 | 1>3>2 |
| 所有制类型 | ①国有 | 3.74 | 3.49 | 3.42 |
| | ②民营 | 4.12 | 4.13 | 3.77 |
| | ③三资 | 4.31 | 4.11 | 4.07 |
| | 组间比较 | 3>2>1 | 2>3>1 | 3>2>1 |
| 团队类型 | ①管理 | 3.98 | 3.72 | 3.60 |
| | ②销售 | 3.99 | 4.11 | 3.71 |
| | ③研发 | 4.19 | 4.01 | 3.92 |
| | 组间比较 | ns | 2>3>1 | ns |
| 变革类型 | ①并购 | 3.99 | 3.96 | 3.86 |
| | ②信息化 | 3.67 | 3.37 | 3.22 |
| | ③国际化 | 4.16 | 4.17 | 3.88 |
| | ④公司创业 | 4.29 | 4.14 | 3.89 |
| | 组间比较 | 4>3>1>2 | 3>4>1>2 | 4>3>1>2 |

注:表中的数字代表平均数,ns 代表差异不显著。

从表 4.9 的事后检验可以发现:从行业类型来看,IT 行业的群策得分显著大于制造行业和服务行业,这反映出 IT 行业的团队职责更为清晰一些,对团队行为的驱动力更大;IT 行业的协作水平也显著高于另外两个行业,这说明在 IT 行业中,团队之间的交互作用更为明显,由于 IT 行业是一个知识密集型行业,对信息的全面挖掘非常重要,特别是在项目执行过程中,对客户需求的动态跟踪和产品功能的信息沟通特别的关键;IT 行业的适应水平也显著高于另外两个行业,这说明 IT 行业中的团队对于成员行为协同性要求更高,也能在问题发现以后及时地做出反应,并且 IT 行业的团队运作规范也相对更加的清晰和流畅。从所有制类型来看,三资企业在三个因素上的得分都显著高于民营企业和国有企业,民营企业又高于国有企业,这也从一个角度反映了三种不同类型所有制企业中的团队运作特征。三资企业中的团队相对来说管理更加规范,团队职责更加完善,团队中的权力、利益和专长结构配置更加的合理,而且三资企业一般更加善于用制度来规范团队中个人的行为,用制度把成员和团队的利益捆绑在一起。民营企业相对运作比较灵活,特别是比较擅长于搜寻潜在的市场机会,更加能够行动领先的产生较高质量的活动方案,而且民营企业现在正在着力于提高整体管理水平,尝试把一些好的做法用制度积累下来。而国有企业中的团队由于体制的原因,团队中的利益和权力格局较为固定,不能充分反映出个人和企业发展的需要,很多方面还不能满足市场竞争的快速运作要求;很多团队由于存在较为明显的层峰结构,领导和成员之间的权力距离较大,团队职责很多时候变成了领导意志的体现,团队成员之间的交互不足,又难以产生较好的互动模式;虽然国有企业的制度和规范比较多,但是很多都是流于书面形式,实际中执行起来又是一回事,所以国有企业团队在三个因素上的得分都相对较低。从团队类型来看,管理、销售、研发三个团队在群策和适应上都没有显著差异,唯一存在差异的就是销售团队和研发团队在协作上的得分显著高于管理团队,这和团队所执行的任务特征是紧密相关的。由于销售团队和研发团队的任务相对比较明确,而且团队成员之间的互动交流水平直接影响着团队能否准确地挖掘市场信息、能否全面地掌握客户需求、能否快速地满足客户需求,他们之间互动的质量直接决定了其能否提供高质量的领先的方案、能否领先于未来的机会和问题进行快速的行动。而管理团队作为职能部门,作为企业战略设计、整体管理水平适应的制定和执行者,其任务明确度相对较低,而且管理既是一门科学,又是一门艺术,一般管理团队的领导者会起到相对主导的作用,所以团队之间的互动有限,由于团队交互而产生的领先活动就会相对较少。从变革类型来看,公司创业、国际化和并购在群策和适应上的得分显著大于信息化在这两个因素上的得分,国际化、公司创业和并购在适应上的得分也显著高于信息化在这个因素上的得分,这反映出信息化是一种相对变革程度较低的变革类型,更多的是作为一种管理技术手段上进行的变革。虽然信息化涉及各个不同的部门之间配合问题,但是更主要还是在硬件设计上,对各个团队具体职能的影响相对较小,也就是说信息化只是一种操作手段的变化,而工作内容并没有发生较大的变化。而另外三种变革形式相对来说变革程度较为剧烈,对工作本身内容影响很大。由于新业务、新市场的介入,工作内容很可能会发生完全的变化,所以相对来说动态性、创新性的特征都比较明显,同样对团队的职责、互动模式和运作规范上面的要求也更高,所以会在三个因素上的得分相对都较高。

## 二、组织变革背景下团队主动性的回顾式行为测量分析

1. 团队主动性回顾式行为测量的加总及描述统计

首先对两位编码者对行为部分项目评分的一致性进行分析,采用了 ICC 系

数来表示评分者之间的一致性程度，一般ICC系数在0.7以上认为评分者之间的一致性程度较高。表4.10所示是对3个关键指标评价的一致性分析。

**表4.10 团队主动性回顾式行为测量编码者评分一致性分析表**

| 变　量 | ICC平均数 |
|---|---|
| 群策行为测量 | 0.84 |
| 协作行为测量 | 0.87 |
| 适应行为测量 | 0.92 |

从表4.10中可以看出，团队主动性回顾式测量的3个主要指标的编码者评分一致性系数都在0.80以上，表明编码者之间的一致性程度很高，可以把两位编码者的数据合成为集合数据，所以数据适合进行加总分析。下面就对回顾式行为测量的3个关键指标进行描述统计，如表4.11所示。

**表4.11 团队主动性回顾式行为测量描述统计表**

| 变　量 | 平均数 | 标准差 | 偏态度 | 峰态度 |
|---|---|---|---|---|
| 群策行为测量 | 4.00 | 0.98 | −0.53 | 0.54 |
| 协作行为测量 | 3.73 | 0.89 | −0.41 | 0.05 |
| 适应行为测量 | 2.70 | 0.95 | 0.28 | 0.02 |

从表4.11可以看出，团队主动性回顾式行为测量的分数差异较大，特别是团队适应分偏低，这反映出团队在变革中对自身工作流程优化或者文化建设上面的重视程度还不够，或者说虽然已经准备进行一些总结适应工作，但是还没有落到实处。

2.团队主动性回顾式行为测量的团队水平人口统计学变量的方差分析

下面分别对团队主动性回顾式行为测量的三个指标在团队水平人口统计学变量上进行方差分析，以检验不同类型的组织和团队中回顾式行为测量水平是否存在差异，采用ANOVA的方法进行方差分析，结果如表4.12所示。

**表4.12 回顾式行为测量的方差分析**

| | 群策行为测量 | 协作行为测量 | 适应行为测量 |
|---|---|---|---|
| 行业类型 | 3.03 | 12.85*** | 30.38*** |
| 企业所有制 | 14.50*** | 11.72*** | 16.35*** |
| 团队类型 | 1.64 | 6.52** | 11.52*** |

续表

| | 群策行为测量 | 协作行为测量 | 适应行为测量 |
|---|---|---|---|
| 变革类型 | 7.94*** | 8.23*** | 17.38*** |
| 团队人数 | 3.05** | 2.08 | 7.10*** |

注：表格中的数字是方差分析的 F 值，* $p<0.05$；** $p<0.01$；*** $p<0.001$。

从表 4.12 可以看出，行业类型和团队类型在协作和适应上存在显著差异，企业所有制和变革类型在三个指标上都存在显著差异，团队人数在群策和适应上存在显著差异。为了进一步确定差异的来源，下面在方差分析中通过 LSD 方法进行事后比较检验，检验结果如表 4.13 所示。

**表 4.13 使用 LSD 方法进行团队主动性回顾式行为测量差异的事后比较**

| | | 群 策 | 协 作 | 适 应 |
|---|---|---|---|---|
| 行业类型 | ①IT | 4.15 | 2.96 | 4.28 |
| | ②服务 | 3.87 | 2.47 | 3.48 |
| | ③制造 | 3.99 | 2.72 | 3.50 |
| | 组间比较 | ns | 1>3>2 | 1>3>2 |
| 所有制类型 | ①国有 | 3.68 | 2.47 | 3.32 |
| | ②民营 | 4.12 | 2.72 | 3.91 |
| | ③三资 | 4.24 | 2.99 | 3.98 |
| | 组间比较 | 3>2>1 | 3>2>1 | 3>2>1 |
| 团队类型 | ①管理 | 3.94 | 2.54 | 3.47 |
| | ②销售 | 3.96 | 2.74 | 3.78 |
| | ③研发 | 4.14 | 2.91 | 4.08 |
| | 组间比较 | ns | 3>2>1 | 3>2>1 |
| 变革类型 | ①并购 | 4.03 | 2.82 | 3.67 |
| | ②信息化 | 3.64 | 2.35 | 3.19 |
| | ③国际化 | 4.10 | 2.78 | 3.87 |
| | ④公司创业 | 4.20 | 2.84 | 4.12 |
| | 组间比较 | 4>3>1>2 | 4>1>3>2 | 4>3>1>2 |

从表 4.13 可以看出，在行业类型中，在团队协作和团队适应中，三种行业类型的差异都达到了显著水平，这两个变量上 IT 行业的分数显著高于服务和

制造行业，这可能主要是因为IT行业属于知识和技术密集型行业，IT行业的从业者一般都拥有较高的学历，知识相对比较丰富，创造力也较强，所以其群策水平相对较高。而且团队成员一般养成了良好的学习习惯，并且由于这个领域的技术进展很快，所以要求团队表现出较强的学习更新能力，所以这样看来，其团队适应也比较高。在所有制类型上，国有、民营和三资企业在三个变量上都达到了显著差异水平，而且在三个变量上都是民营和三资企业显著地高于国有企业，这也从另一方面表明了国有企业中的团队确实在人员配备、互动模式和自我更新上相比于另外两种类型的企业存在明显差距。三资企业建制较为规范，很注重员工和团队主动性的制度建设，而且人员素质相对较高，所以各方面表现比较突出。民营企业体制灵活，具有快速适应和学习的能力，其在驱动水平和适应上的表现相对也比较好。从团队类型来看，三种类型的团队在群策 上并没有显著差异，而在协作和适应上则是研发团队显著高于销售团队，销售团队显著高于管理团队，这也主要是和各个团队工作职责相关的。由于研发团队的主要任务就是开发新的产品和技术，所以其主动性方案相对来说创新水平较高，而且其不断学习培训以跟上市场技术变化趋势的压力和动力也更高，所以研发团队表现得非常突出；销售团队的目标也很具体，就是要扩大产品销量，提高市场占有率，增强产品和品牌的影响力，所以其为了增强在市场中的竞争力，自然要比竞争对手创造出更多新的设计和营销策划，才能达到这一目的，所以其协作相对较高；而且在销售专业领域中，营销经理们非常重视对下属的培训，特别是诸如保险公司的团队，更是把培训当作了其基本功课，所以其在适应上的得分也高于管理团队。从变革类型来看，都是公司创业、国际化和并购显著高于信息化上的得分，这可能是与变革的剧烈程度和影响范围是相关的。由于信息化变革主要涉及操作技术层面上的事务，所以其变化程度相对较小，而且信息化变革中团队所占的主导作用并不明显，只是对业务流程进行了一定程度的再造，所以其在三个方面的表现相对来说都是较低的。

### 三、团队主动性的多方法测量比较分析

从上面的分析中可以看出，两种不同的测量方法都能较好地捕捉到团队主动性行为。为了对两种方法的聚合程度进行比较，下面对两种方法计算的团队主动性进行相关分析，结果如表4.14所示。

**表 4.14 团队主动性多方法测量的相关分析**

| 变量 | 平均数 | 标准差 | 1 | 2 | 3 | 4 | 5 | 6 |
|---|---|---|---|---|---|---|---|---|
| 1 群策 问卷 | 4.04 | 0.96 | 1 | | | | | |
| 2 协作问卷 | 3.92 | 0.92 | 0.64** | 1 | | | | |
| 3 适应问卷 | 3.72 | 0.97 | 0.66** | 0.5** | 1 | | | |
| 4 群策 行为 | 4.0 | 0.98 | 0.95** | 0.67** | 0.67** | 1 | | |
| 5 协作行为 | 3.73 | 0.89 | 0.52** | 0.56** | 0.87** | 0.56** | 1 | |
| 6 适应行为 | 2.7 | 0.95 | 0.63** | 0.82** | 0.63** | 0.66** | 0.66** | 1 |

注：* $p<0.05$；** $p<0.01$。

从表 4.14 中可以看出，团队主动性的问卷测量和行为测量都能捕捉到其三个核心维度，而且两种测量方法之间的相关系数都是正向的且达到了显著水平，这也反映出团队主动性的两种测量方法之间具有较高的聚合效度。

由于本研究的问卷测量和回顾式行为测量都是由团队成员来完成的，不可避免存在一定的共同方法偏差问题。为了进一步检验两种方法的聚合效度，并对团队主动性构思特征维度之间的关系进行检验，本研究采取了前面共同方法讨论部分的多特征多方法模型方法进行修正，要进行拟合的模型如图 4.5 所示。

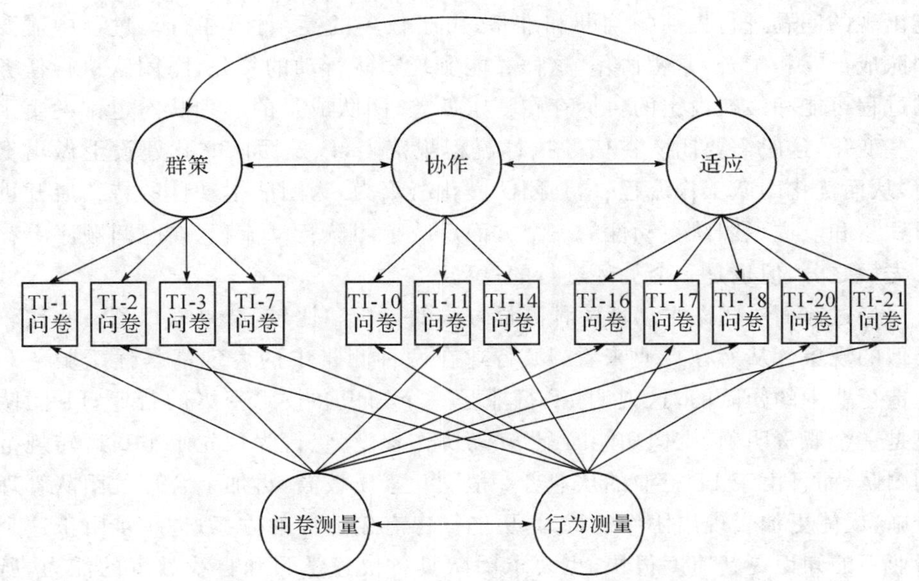


图 4.5 共同方法偏差校验的多特征多方法模型

使用本部分数据进行模型拟合，结果发现模型识别存在问题，数据并不能得到拟合，这反映出被试对问卷测量和行为测量问题可以进行较好的区分。所以，虽然该部分测量中存在一定的共同方法偏差，但并没有严重到混淆方法和特征之间关系的地步，因此可以认为两种测量方法都可以捕捉到团队主动性的构思，并且两种方法之间的聚合效度较高。

## 第五节　研究讨论

本章研究支持了组织变革背景下团队主动性是一个三维结构的假设，并使用了问卷测量和回顾式行为测量的方法进行分别检验，结果发现这两种测量方法之间具有较高的聚合效度，都可以用来捕捉团队主动性的三维构思，这三个维度即是群策、协作和适应。群策是指团队行动的动力来自团队内部，包括来自团队结构的动力和团队文化的动力；协作表征了团队主动性的行动过程和行动特征，团队是以领先行动为目的而展开互动协作；适应反映了团队在运作流程和文化建设上的努力，为的是能够建构一种能够保证团队主动性持续下去的工作机制。团队主动性的三个方面是一种互相强化、循环往复的关系，团队追求的是团队设定的目标，要想实现这些目标，就需要团队对未来的机会或者可能出现的问题进行提前的判断和准备；由于任务的复杂性，在行动过程中需要团队成员互相配合、紧密协作，这样才能实现团队行动的领先性；团队执行任务的过程可能和最初设定的目标存在一定偏差，团队成员的心理状态也许发生了一些变化，这时需要团队在任务执行流程规范上，以及团队文化建设上做出努力，从而优化团队工作流程、增强团队文化凝聚力，为团队主动性的持续展开进行积累和改进。团队主动性的三个方面反映了团队行动流程，在时间顺序上存在先后之分，但也是一个循环进行的过程。

经过前面对团队主动性两种测量方法的分析和比较，结果发现了一些比较类似的现象。从所在行业来看，IT 行业在两种测量中的表现都是优于服务和制造行业中的团队的，这说明 IT 行业是一个知识和技术密集的行业，IT 团队更是一个职责明确、结构功能匹配、互动协作程度强、行为领先水平高运转规范的团队，而且由于 IT 行业的从业者一般文化素质较高，再加上合理的团队管理措施，就能更加表现出协作的行为，更能提出有创造性的方案；进一步由于这个行业中的知识更新速度很快，也要求团队具备快速学习和自我教育的能力，所以他们也相应地更加重视培训和学习。从所有制来看，民营企业和三资企业的团队主动性表现优于国有企业团队。由于三资企业创立之初就比较规范，民营企业体制灵活而且越来越重视对自身人力资本的开发和管理素质的适应，所以在这种大的市场背景和管理环境下，国有企业的团队表现得就相对比较落后一些，这可能源于国有企业的管理模式、权力和利益分配机制都过于集中，无论协作水平还是适应表现都有较大的差距。从团队类型来看，研发团队在各个方面的表现一般来说要优于管理团队和销售团队，特别是在协作和适应上，研发团队的创造力和创新性要显著高于另外两种团队类型。这可能和研发团队产品创新和设计创新的核心内容紧密相关，并且在实际运作过程中，研发团队更好地注重团队和个人利益的分配与捆绑，用制度来保证了团队主动性的发挥。从变革类型来看，国际化、公司创业和并购中的团队所展现出的团队主动性要显著高于信息化背景下的团队，这表明前面两种变革给公司中各个层面带来了更大的影响，其对整个组织和团队的运行都带来了更大的挑战，而信息化更像是一种流程上的变化，对团队职责、运作模式、制度规范的影响力较小，所以对团队主动性的要求相对也就弱化了一些。

## 第六节　研究小结

本章主要有以下一些结论：

(1) 团队主动性是一个多维构思，其三个维度分别为群策、协作和适应。群策是指团队行动的动力来自团队内部，包括来自团队结构的动力和团队文化的动力；协作表征了团队主动性的行动过程和行动特征，团队是以领先行动为目的而展开互动协作；适应反映了团队在运作流程和文化建设上的努力，为的是能够建构一种能够保证团队主动性持续下去的工作机制。团队主动性的三个方面是一种互相强化、循环往复的关系。

(2) 团队主动性可以使用问卷法和回顾式行为测量法进行测量，两种方法都可以有效地捕捉到团队主动性的内涵，而且两种方法之间的聚合效度较高。

(3) 团队主动性的三个维度在不同行业类型、企业所有制类型、团队类型和组织变革类型的团队中存在显著差异，其中 IT 行业、民营和三资企业中，正在经历国际化、公司创业和并购的 IT 团队在各方面都展现出了较高的团队主动性水平。

# 第五章　组织变革背景下团队主动性影响因素及效能机制的现场研究

## 第一节　研究目的

前面的研究对组织变革背景下团队主动性的内涵进行了细致的分析，并且通过问卷测量、回顾式行为测量的方法对团队主动性进行了测量，结果发现团队主动性在不同的行业类型、所有制类型、团队类型和变革类型中的表现存在显著差异，那么进一步的问题就是组织变革背景下团队主动性受到了哪些因素的影响？组织变革背景下团队主动性和团队绩效之间的关系模式是怎样的？这也是本部分研究的目的，即要探索团队主动性的影响因素和团队主动性的效能机制。

本章研究总的设计是基于 Lewin 的场理论和群体动力理论，探究外界环境特征（变革任务特征）和行动主体特征（团队结构特征）交互作用形成的一个力场对团队行为产生的影响，并借鉴团队研究中情感中介过程研究启示，把团队心理状态作为组织变革背景下影响团队行为的重要过程，以更加明确动态环境下团队心理状态的调节效应，并进一步采用整合式研究思路，把团队认知作为团队行为与团队效能之间关系的重要调节变量，从而对组织变革背景下团队的态度和行为模式及其与绩效的关系有一种全面的理解。

## 第二节 研究假设

### 一、关于组织变革背景下团队主动性影响因素的假设

在组织变革中,由于环境和任务不确定性逐渐增加,因而也需要成员之间更多的合作,才能有效地开发组织内存在的知识和更加充分地利用组织资源。组织在变革背景下可能更多地涉足以前未曾熟悉的领域,这时候就特别需要采用任务依存高的群体决策方式来开展工作,这样才能尽可能全面掌握各种相关信息,才可能把决策的风险降低,并使决策质量更高。

任务依存是指某个团队成员的行为在多大程度上影响了他人绩效(Thomposon, 1967),也就是指多大程度上团队成员必须合作来完成工作。任务依存的增加有助于提高团队的目标承诺水平和团队支持行为的出现(Aube,2005)。Banchrach 等(2006)研究发现互助行为和群体绩效之间的关系受到任务依存的调节,当团队成员之间的任务依存越高时,团队成员就会表现出更多的组织公民行为。Wageman(1995)也研究了任务依存和群体绩效之间的关系,结果发现任务依存高的群体成员之间的合作度是最高的,而且这种群体的工作绩效也是最好的。

在目标制定问题上,最主要的一个研究变量就是合作目标依存,其主要含义是团队成员对个体目标和他人目标相关度的知觉。Wageman(1995)指出目标依存和任务依存的概念是不同的,目标是个体所追求的一般结果,而任务是个体需要执行的具体工作,两个人可能追求的目标不同,但是在某些任务上还是交互依存的。目标依存对团队的活动和团队绩效都有影响作用。Alper 等(1998)通过现场研究发现,有着高度合作式目标的团队在讨论他们不同观点上是更有建设性的,而且带来更高的绩效。Tjosvold 等(2004)发现合作目标有助于提高团队创新水平。Zhang 等(2007)的研究发现,在团队中采取合作式目标,有助于大家为彼此共同收益的目标进行更多的交流与合作,从而有助于提高团队绩效。

在组织变革背景下,组织可能会在目标设置和任务安排上作出全新的调整,由于变革过程的系统性和复杂性,团队作为工作单元的重要性越来越强,随着变革任务依存度的增加,团队成员个体完成某项任务对其他成员的依赖性也更高,那么势必也会使得团队成员之间有一种互相监督和促动的行为,从而在团队总体层面上表现出来一种团队积极行动的形式。随着变革目标合作度的

增加，团队成员会更加地感知到自己和团队和整个组织命运的关联性，而且这种整体性的感知是一种一般的认知倾向性，对具体行为具有普遍的预测力。在这种状态下，团队成员会更加强化作为团队一员的认知，并能够激励自己和推动整个团队积极主动地进行工作。

根据文献讨论和上述分析，本研究提出以下研究假设：

假设1：变革任务特征和团队主动性正相关。

假设1a：变革任务依存和团队主动性正相关。

假设1b：变革目标合作和团队主动性正相关。

组织变革背景下团队主动性的形成还受到团队结构的巨大影响，由于变革带来的任务的变化，对团队结构也带来了相当大的影响，而团队结构的改变又会影响到团队主动性的形成。

基于Burns等(1961)的机械式和有机式组织理论，Wagner(2000)提出了团队结构的权变模型，主要包括了两个可以进行权变预测的结构维度，一个是决策集中度，一个是专长集中度。决策集中度反映了团队结构的垂直层面，主要是指决策权在团队成员之间的分布状况，决策集中度越高，说明决策权越是掌握在少数几个人或者是团队领导一个人手中。在一个高决策集中度的团队中，团队领导控制了大多数问题的控制权；在一个低决策集中度的团队里，团队领导和成员在影响他们各自工作的决策中有广泛的自主权，通常他们要在影响团队的事务问题上通过协商达成一致。专长集中度反映了团队结构的水平层面，主要是指团队成员角色分工的专业化程度和专长分享程度。高专长集中度的团队被称为功能性团队，其中的每个团队成员都是一个专家，而且专长并不为他人所共享；低专长集中度的团队中，团队成员拥有专长并且共享专长。Drazin等(1985)对加利福尼亚和威斯康星的629个安全机构进行了权变任务和工作设计，结果发现在稳定的环境下高决策集中度和高专长集中度更有助于做出更准确的判断，在变化的环境下低决策集中度和低专长集中度更有助于加快行动的速度。Hollenbeck等(2002)对80个团队进行了模拟实验，这个研究是基于结构权变理论的，同时对团队与任务匹配和成员与团队匹配进行了研究，结果发现专长集中度高的团队决策准确度更高，专长集中度低的团队决策速度更快。

在组织变革背景下，团队面临着更加复杂的任务和更加动态的环境，对团队结构的设计也提出了更高的要求。从团队决策层面来说，由于复杂任务涉及了不同领域的知识，对于未来变革的前景团队领导也很难作出具体而准确的判断，所以团队有效运作更加要依靠整个团队的力量，运用团队成员的知识和经验，让大家广泛地参与到团队决策中来，从而可以做出更加全面和高质量的决策,并且提高成员对团队决策的认同度,促进团队整体积极主动地开展工作。从这个角度来分析,团队决策集中度越分散,越有利于变革背景下团队主动性的表现。从团队专长方面来看,由于变革带来的全面变化,对团队知识和专长多元化的要求也越来越高,专长过于同质的团队可能很难适应变革带来的挑战;而且由于专长的同质性,团队中可能会产生一种责任分散效应,团队成员认为别人应该对任务负有更多的责任,从而降低了自己主动行动的意愿。随着团队专长多样性的适应,团队成员可以从自己的专长出发提出更多更好的建议,并且专长多样的团队有一种互动增力效应,团队成员为了证实自己的见解可能会更加积极进行信息搜索和研究活动,从而在整个团队层面上表现出来团队主动性行为。

基于文献讨论和上述分析,本研究提出以下假设:

假设 2:团队结构和团队主动性存在相关关系。

假设 2a:决策集中度和团队主动性负相关。

假设 2b:专长分散度和团队主动性正相关。

Ilgen 等(2005)尝试探索不同阶段团队的效能机制,揭示出情感的、行为的和认知的中间过程,他们认为效能感、心理安全感等变量可以作为影响团队行动的重要情感过程。本研究的焦点是变革背景下的团队,在变革背景下由于环境的变化和任务的不确定性,对团队效能感和团队心理安全感提出了更高的要求,只有在效能感高和安全感高的情况下,团队才更愿意进行变革并且相信有可能在变革中获得良好的绩效。

团队效能感是在个体自我效能感的基础上经由团队的互动过程形成,其产生受到团队任务难度、领导风格、之前成功经验等诸多因素的影响(Gibson, 1996)。Zaccaro 等(1995)研究表明领导气氛是集体效能感的有效预测指标。Seijts 等(2000)研究发现,团队绩效既是团队效能感的结果,也是团队效能感的原因,并且他们还发现三人小组的团队效能感显著高于七人小组,他们认为这主要是因为规模较小的团队更加便于沟通和协作。由此可见团队效能感的形成受到了多方面因素的影响,既有团队本身结构特征和任务特征的影响,也有团队领导、团队以往绩效等因素的影响。团队效能感影响团队目标设置、计划与策略制定、资源配置和集体努力程度(Bandura, 1997),一般说来,团队效能感高的团队,其行为更加主动,也更有可能取得好的团队绩效。团队效能感可以预测共享心智模型的准确度和相似度(Rico,2008)。Edmondson(1999)对一家制造公司的工作团队进行了研究,结果发现团队效能感和团队绩效以及团队学习行为显著相关。由此可见团队效能感对团队行为的产生和团队绩效的获取都有着广泛的影响,而且在行为产生和绩效获取的过程中起到了重要的调节作用。

在组织变革背景下，团队效能感的水平会对团队行为产生显著的影响，由于变革的前景是不清晰的，变革可能会遇到的困难和挫折也是不能事先掌控的，所以只有高团队效能感的团队才更有可能采取主动的、冒险的和创新的行动来推进组织变革进程。由于团队效能感是一种一般的行为倾向性，是针对各种任务、在各种背景下都可以展现出来的群体心理特征，所以比较具有一般的行为预测力。

Edmondson(1999)提出团队心理安全感是团队成员共享的一种信念，这种信念就是个体在团队中进行冒险活动时是安全的。团队心理安全感不同于团队的内聚力，团队的内聚力有可能减少团队成员质疑或者挑战他人观点的意愿，比如在群体沉思中发生的现象，在有安全感的团队中，团队不会使大胆讲话的人难堪、被拒绝或者被惩罚，这种对团队的信心来自团队成员之间的互相尊重和信任。团队心理安全感是一个群体水平上的构思，应该能够反映出整个团队的特征，团队成员应该有着类似的知觉，这是因为团队成员受到了相同的外界因素的影响，而且他们有着相同的经验。May 等(2004)指出，员工与同事和上司的关系对员工的安全感有着重要的影响，支持性的上司会鼓励员工主动说出他们所关心的问题、鼓励他们发展新的技能并参与到工作问题解决中来。Edmondson(1999)研究发现同事之间的信任关系带来了心理安全感。此外员工所处的整个组织环境以及面临的团队任务也会影响其心理安全感(Nembhard 等,2006)。由此可见，团队心理安全感的产生受到了外界环境、团队任务、团队结构和人际关系等多种因素的影响。Edmondson(1999)指出，团队心理安全感有助于改进团队学习的过程，从而使团队获取更高的工作绩效。团队心理安全感可以改进团队学习过程的基础在于，由于安全感的存在，使得团队对差错的容忍度增加，团队成员不会担心因为犯过错误而受到惩罚，团队成员之间也可以更为开放地进行一些错误的交流和改进讨论活动，并能够从别人那里得到比较及时的反馈，从而优化了学习过程，提高了学习速度和改善了学习质量，这些改进的结果就是适应的团队绩效。Tyler 等(1992)指出人们非常重视与人交往的社会过程，如果他们感到自己被接受、可以自由地表达自己的观点，那么其自我价值感会更高，也就会更加积极地投入到有益于社会交往过程的活动中去。

在组织变革背景下，由于变革带来了很多的不确定性，行动带来的效果并不明晰，犯错误的几率增加了，这时非常需要团队营造出一种开放、包容的氛围，鼓励成员大胆提出好的建议并积极实施。即使犯了错误，也能够给予包容，并从中进行反思和学习，从而打造出一种安全的群体心理气氛。只有在这种环境的影响下，群体的行为表现才可能更为积极主动，更有可能获取变革工作的高绩效。

基于文献讨论和上述分析，本研究提出以下假设：

假设3：团队效能感、团队心理安全感和团队主动性正相关。

假设4：团队效能感、团队心理安全感在变革任务特征、团队结构特征对团队主动性的影响过程中起到了中介作用，而且团队效能感和团队心理安全感对团队主动性产生了交互效应。

## 二、关于组织变革背景下团队主动性效能机制的假设

Armenakis等(1999)对组织变革相关理论和研究进行了回顾，其中专门涉及了组织变革效标问题，主要是关于在组织变革研究中通常使用的结果变量。研究者指出最常用的指标包括变革结果类指标和变革执行类指标，结果类指标主要是如成功/失败类指标，如利润率或者市场份额，变革执行类指标包括组织变革执行的效率和效能。研究者进一步指出成功的变革执行肯定需要鼓励个体展开新的行动，才能达到理想的变革效果，而变革的行动可能会遭受到不愿看到的反应，如拒绝和抵制，并可能进一步影响变革的顺利开展。因此，仅仅关注结果类和执行类效标是不够的，还要关注员工的心理和行为类指标研究。实践经验认为，这些心理和行为反应类指标可以作为补充效标，从而更好地理解和管理促使员工开展相应变革行动的过程。在测量手段上，通常的做法就是使用自我报告的方法来评估员工对于组织变革的反应。上面这些研究充分说明心理和行为类效标对于组织变革成功与否是非常关键的，因此也是一类很重要的组织变革效标。

在组织变革研究中有一些效标并没有得普遍的应用，但却是很有应用价值的，对于充分理解组织变革中员工的情感和行为变化有着积极意义。Caldwell等(2004)指出，组织变革研究中并没有把人环境匹配(P-E Fit)作为典型的效标变量，但是人环境匹配是一个很重要的组织行为变量。人环境匹配是指员工和工作环境的各个方面的匹配程度，是一个可以解释多种员工和组织结果变化的有效变量，比如员工在选择雇主时的重要决定因素就是人环境匹配，企业进行人才选拔时的重要标准也是人环境匹配，人环境匹配还对员工的工作满意感、组织承诺和离职倾向有着重要预测作用(O'Reilly，1991；Judge，1997；Kristof，2000)。Cable等(2001)指出，人环境匹配研究主要聚焦在了组织进入和员工的早期社会化阶段，这些研究通常是在某个时间段做出的匹配评估，是在一个相对静态的环境下进行的匹配，因此很难反映出当环境或者个体某方面发生了变化之后的匹配程度如何变化。特别是在组织变革背景下，当组织进行了变革以

后，人环境匹配会如何变化，这些知觉到的变化又会怎样影响员工情感和行为上的变化，而这些变化又会怎样影响到绩效，这些的确是值得进一步研究的问题。

组织本身就是一个开放的社会技术系统，组织变革又是一个复杂系统工程，而且是在不断地发展变化的，所以在组织变革效标选取上应该采用多指标、多评价者、多阶段的评价方法。在具体效标选取上，不仅要注重客观结果类指标和任务执行类指标，还要关注组织变革中的员工心理和行为类指标。

本研究把团队变革绩效从结果类指标和员工知觉到的人环境匹配变化两类指标来进行界定，并进一步把结果类指标作为团队变革任务绩效的表征，员工知觉到的人环境匹配变化作为团队变革周边绩效的表征。鉴于团队主动性是一种群体驱动、协作和适应的活动，能够提前预测未来的机会和发现存在的问题，而且团队主动性本身又是组织变革背景下一种重要形式的群体动力，应该对团队在组织变革中获取的客观绩效和团队成员知觉到的人组织匹配都有着积极的预测作用。

根据文献回顾和上述分析，本研究提出以下假设：

假设 5：团队主动性和团队变革绩效是正相关的关系。

假设 5a：团队主动性和团队变革任务绩效是正相关的。

假设 5b：团队主动性和团队变革周边绩效是正相关的。

面对不确定的环境和复杂的任务，现今团队的专长多样性程度越来越高。Rulke 等(2000)认为如果团队成员不能在交互过程中熟知他人的专长并且加以利用的话，那么这个团队的专长知识库是没有被充分利用的，不利于团队决策过程质量的提高。Brodbeck 等(2007)指出交互记忆系统会减少一个群体的谈判焦点，因为其可以使团队成员更有信心共享他人的专家信息，会更积极地去获取别人的专家信息。Stasser 等(1995)认为发展良好的交互记忆系统还可以减少群体讨论的偏差，因为团队成员都可以聚焦在自己专长的领域上，可以比别人更好地评估相关信息。而且知道彼此专长的群体倾向于更多讨论非共享信息，这样就可以更加全面地了解问题，从而做出较高质量的团队决策。由此可见，随着团队专长多样性的增加，团队成员之间的互动和交流就变得更加重要，特别是要发挥出这种多种专长的优势，就要建立交互记忆系统这种有效的团队认知结构。

关于交互记忆系统和团队任务绩效的关系，研究中已经提供了很多有意义的结果。Lewis 等(2005)发现在新产品开发团队中团队稳定性、人际信任和成员熟悉度有助于交互记忆系统的形成，并且会带来较好的新产品开发方案。Rau(2006)研究发现，交互记忆系统有助于团队信息获取过程的优化，这种信息获取的优化会有助于团队对动态环境更准确地认知，所以交互记忆系统在外部环境和任务绩效之间起到了调节作用。Zhang(2007)的研究以交互记忆系统作为中介变量，发现了交互记忆系统的确在创新任务特征、创新支持和团队绩效之间起到了中介作用。张志学等(2006)研究发现交互记忆系统和团队的任务绩效、团队凝聚力显著正相关。张钢等(2008)也发现交互记忆系统可以用来解释团队任务完成过程中的知识处理机制。

交互记忆系统可以从不同的视角来分析，Ellis 等(2006)指出交互记忆系统有行为和认知两种成分，这两种视角是不同的但是可以兼容的。行为视角主要是来自社会心理学研究者的观点，主要聚焦在前面所说的信息更新、交互分配和提取协调三种行为上，这些被认为是交互记忆系统的独立的行为指标。认知视角主要是组织行为学研究者的观点，Moreland(1999)认为该系统具有三个方面的特征：专长、可信和协调，按照这种思路，Lewis(2003)开发了一个三维的测量量表。这些研究者认为，交互记忆系统可以使成员理解谁拥有哪种专门的知识，这反映了其专长特征；可以使成员相信这种专长知识的可信度，这反映了其可信特征；可以使成员有效地组织不同的知识，这反映了其协调特征。其实认知视角还是从对交互记忆系统三种主要行为出发的，对行为所反映出来的认知特征进行了评定，专长、可信和协调分别表征了团队信息编码的主要内容、信息存储的质量和信息提取的过程，从这个意义上来说，两种视角其实是从形式和内容上分别对交互记忆系统的关键特征进行了界定。

从上面诸多研究结果可以看出，交互记忆系统对团队绩效的获取有着重要的影响，特别是随着团队专长多样性的增加、团队面临环境压力的增大，交互记忆系统的建构就更应该受到重视，其在团队结构或者行为变量、环境变量和团队绩效中的调节作用也得到了大量研究的支持，是一种影响团队绩效的重要的认知过程因素。由于本研究采用的是问卷研究方法，很难捕捉到行为视角下的交互记忆系统，所以在这里对交互记忆系统的测量是从认知视角出发的。

根据文献基础和上述讨论，本研究提出以下假设：

假设 6：交互记忆系统和团队变革绩效是正相关的关系。

假设 7：交互记忆系统在团队主动性影响团队变革绩效的过程中起到缓冲作用。

假设 7a：专长度在团队主动性影响团队变革绩效的过程中起到缓冲作用。

假设 7b：可信度在团队主动性影响团队变革绩效的过程中起到缓冲作用。

假设 7c：协调度在团队主动性影响团队变革绩效的过程中起到缓冲作用。

## 第三节 研究方法

关于组织变革背景下团队主动性形成过程和作用过程的研究，采用现场研究的方法，向正在进行不同变革的不同行业不同类型的团队进行了问卷调查。

### 一、研究样本

由于组织变革广泛地发生在不同行业中各种所有制的企业中，所以行业类型和所有制在本研究中是作为控制的背景变量。本研究选取的行业类型为IT、制造和服务行业，企业所有制包括了国有、民营和三资企业三种类型。Ilgen(2005)认为按照时间维度可以把团队划分为形成阶段、执行阶段和完成阶段，其中形成阶段是指团队制定目标、建立关系模式和确定运作结构的阶段，执行阶段是指团队紧密联结、适应性解决问题和学习创新的阶段，完成阶段是指团队完成了某次任务、将要进入下一个任务循环的阶段。本研究准备考察的重点是变革背景下处于执行阶段的团队，所以在样本选取上的标准是组建时间超过了3个月的团队。不同形式的组织变革在变革剧烈程度、影响范围和对员工要求上是有所不同的，本研究主要选取了当前一些最主要的变革形式，包括公司创业、并购、信息化和国际化。

结合上面的思考，本研究中样本企业选取的标准是：(1)企业正在经历某种类型的变革；(2)企业中的主要工作是以团队为单元来展开的；(3)每个团队至少由三个人组成，并且填写问卷的人数至少为三个人；(4)团队领导不仅是指挥者，还是具体任务的参与者。按照这些标准，本研究的调研对象主要集中在浙江省的杭州、宁波、湖州等地，界定的企业变革类型包括并购、信息化、国际化和公司创业四种类型，选取的行业主要聚集在IT、服务和制造三种行业上，企业的所有制类型包括国有、民营和三资企业，团队类型包括管理、销售和研发三种团队，每个团队人数从3到10人不等，团队组建的时间也从4到122个月不等。

本研究共向130家企业发放了成套问卷，一般每家企业按照抽样原理选取一个团队，在征得部分企业的同意后，向部分企业发放了两套问卷，总共发放了150套问卷。问卷包括员工版和领导版两个版本，问卷是以团队为单位发放的，剔除团队人数少于三人的、问卷缺损不能成套的，还剔除掉空白问卷、数据缺失率高于50%的以及根据测谎题判定为虚假作答的问卷，共得到了来自98家企业的108个团队，有效回收率为72%，最终获得了108位团队领导和378位团队成员数据。表5.1所示是有效样本基本信息的描述性统计。

**表 5.1 有效团队样本总体基本信息表**

| 行业 | | | 所有制 | | | 团队类型 | | |
|---|---|---|---|---|---|---|---|---|
| 类别 | 家数 | 百分比 | 类别 | 家数 | 百分比 | 类别 | 家数 | 百分比 |
| IT | 33 | 30.6% | 国有 | 35 | 32.4% | 管理 | 45 | 41.7% |
| 服务 | 39 | 36.1% | 民营 | 48 | 44.4% | 销售 | 33 | 30.6% |
| 制造 | 36 | 33.3% | 三资 | 25 | 23.1% | 研发 | 30 | 27.8% |
| 变革类型 | | | 团队人数 | | | 在团队时间 | | |
| 类别 | 家数 | 百分比 | 类别 | 家数 | 百分数 | 全距 | 平均数 | 标准差 |
| 并购 | 24 | 22.2% | 3 | 5 | 4.6% | 4～100个月 | 39个月 | 35.55 |
| 信息化 | 26 | 24.1% | 4 | 14 | 13% | | | |
| 国际化 | 27 | 25.0% | 5 | 41 | 38% | | | |
| 公司创业 | 31 | 28.7% | 6 | 13 | 12% | | | |
| | | | 7 | 16 | 14.8% | | | |
| | | | 8 | 4 | 3.7% | | | |
| | | | 10 | 15 | 13.9% | | | |

表5.1所示是以团队为单位进行的总体描述，下面分别以团队中的成员和团队领导为单元进行其人口统计学变量的描述，如表5.2和表5.3所示。

**表 5.2 团队领导基本信息表**

| 性别 | | | 年龄 | | | 学历 | | |
|---|---|---|---|---|---|---|---|---|
| 类别 | 人数 | 百分比 | 类别 | 人数 | 百分比 | 类别 | 人数 | 百分比 |
| 男 | 86 | 79.6% | 20～29岁 | 34 | 31.5% | 高中 | 5 | 4.6% |
| 女 | 22 | 20.4% | 30～39岁 | 57 | 52.8% | 大专 | 14 | 13% |
| | | | 40岁及以上 | 17 | 15.7% | 本科 | 55 | 50.9% |
| | | | | | | 研究生 | 34 | 31.5% |

**表 5.3　团队成员基本信息表**

| 性别 | | | 年龄 | | | 学历 | | |
|---|---|---|---|---|---|---|---|---|
| 类　别 | 人　数 | 百分比 | 类　别 | 人　数 | 百分比 | 类　别 | 人　数 | 百分比 |
| 男 | 254 | 67.2% | 20～29 岁 | 257 | 68% | 高中 | 22 | 5.8% |
| 女 | 124 | 32.8% | 30～39 岁 | 67 | 17.7% | 大专 | 73 | 19.3% |
| | | | 40 岁及以上 | 54 | 14.3% | 本科 | 239 | 63.2% |
| | | | | | | 研究生 | 44 | 11.6% |

## 二、研究工具

变革任务特征中的变革任务依存采用了 Pearce 和 Gregersen(1991)开发的 5 个交互式工作依存项目改编后进行测量，采用李克特五点量表进行评分，1 代表"非常不同意"，2 代表"比较不同意"，3 代表"中立"，4 代表"比较同意"，5 代表"非常同意"。变革任务特征中的变革目标合作采用了 Tjosvold 等(1983)开发的四个关于团队成员任务联结的四个项目改编后进行测量，采用了李克特七点量表进行评分，其中 1 代表"非常不同意"，2 代表"比较不同意"，3 代表"有些不同意"，4 代表"中立"，5 代表"有些同意"，6 代表"比较同意"，7 代表"非常同意"。

在团队结构特征测量中，基于 Johnson 等(2006)的结构适应理论，本研究采用了用来测量团队中决策集中度、专长分散度的 6 个测量项目，每个维度有三个测量项目，采用李克特七点量表进行评分，其中 1 代表"非常不同意"，2 代表"不同意"，3 代表"有些不同意"，4 代表"中立"，5 代表"有些同意"，6 代表"同意"，7 代表"非常同意"。其中第三和第四个项目是反向记分的。

在团队心理状态测量中，团队效能感采用了基于 Bandura(1997)团队效能感测量基础上的 3 个项目，其中第二个项目是反向记分。团队心理安全感采用了 Edmondson(1999)用来测量团队心理安全感的七个项目，其中第 1、2、3、5 个项目是反向记分。采用李克特七点量表进行评分，其中 1 代表"非常不同意"，2 代表"不同意"，3 代表"有些不同意"，4 代表"中立"，5 代表"有些同意"，6 代表"同意"，7 代表"非常同意"。

团队主动性测量采用了本研究开发的 21 个项目的测量问卷，分别反映群策、协作和适应三个维度。都使用五点量表进行记分，1 代表"非常不同意"，2 代表"不同意"，3 代表"中等"，4 代表"同意"，5 代表"非常同意"。

交互记忆系统采用了 Lewis(2003)开发的 15 个项目的测量项目，分别来体现专长度、可信度和协调度三个维度。采用李克特七点量表进行评分，其中1代表“非常不同意”，2代表“不同意”，3代表“有些不同意”，4代表“中立”，5代表“有些同意”，6代表“同意”，7代表“非常同意”。其中第9、10、13和15个项目是反向记分。

团队变革效能中的团队变革绩效采用了Ancona等(2002)开发的5个项目的量表，分别用来评价团队在变革中任务完成的效率、质量、技术创新、按时性和预算执行水平。团队成员变革后知觉到的人职匹配和人组织匹配采用了Caldwell等(2004)开发的5个项目的量表，分别用来评价经过变革以后团队成员所感受到的人职匹配和人组织匹配程度上的变化。采用李克特七点量表进行评分，其中1代表“非常差”，2代表“挺差”，3代表“有些差”，4代表“平均水平”，5代表“有些好”，6代表“挺好”，7代表“非常好”。

## 三、对共同方法偏差的控制

Podsakoff等(2003)对共同方法偏差的来源做了全面的分析，区别出了来自共同评价者的偏差(如社会称许性、积极和消极情感、默许偏差等)、来自项目特征的偏差(如项目的复杂度、反向题目等)、来自项目内容的偏差(如项目的框架效应、量表的长度等)和来自测量背景的误差(如测量的时间、地点、媒介等)。而且研究者还进一步指出了两种控制共同方法偏差的主要方式是研究程序设计和统计控制，其中程序控制的主要措施是：(1)从不同的来源进行预测变量和效标变量的测量；(2)把测量进行时间上的、心理上的或者是方法上的分离；(3)保证回答者的匿名性，减少对答案的评价；(4)把项目的顺序打乱；(5)改进量表项目的质量：定义一些模糊的项目、避免含混的概念、保持问题的简洁、项目表述具体和精确、避免复杂的语法。

在统计控制上，Podsakoff等(2003)认为首先要考虑四个关键问题：(1)预测变量和效标变量能够从不同的来源中获取吗？(2)预测变量和效标变量能够在不同的背景下进行测量吗？(3)方法偏差的来源能够确定吗？(4)方法偏差能够有效地测量吗？然后根据对这些问题回答的不同，再进行统计控制方法的选择。

结合本研究的目的，本研究选用了共同方法偏差控制的共同单因素模型，具体模型如上一研究中图4.1所示。在这个模型中，各个项目负荷在它们理论的构思上，同时也负荷在一个潜在的共同方法变量因素上。然后对当模型中存在和不存在潜在共同方法变异时结构参数的显著性进行检验，在这种方式中，被试对一个具体测量的变异被分解成了三个来源：构思特征、共同方法和项目随机误差。这种方法的优势是可以在测量水平上估计方法偏差，一定程度上控制测量误差。这种技术曾得到广泛的应用，如 Carlson 等(2000)、Elagovan 等(1999)在他们的组织行为研究中都使用了这种方法。这种方法潜在的问题是研究者能并不能确定方法变异的具体来源，而且该模型假设方法因素是不和预测变量以及效标变量交互作用的，这就给模型的识别带来了一定的问题。

### 四、研究流程

本章研究进行了较大规模的问卷发放，为了在一定程度上避免共同方法偏差，在问卷的填写中，变革任务特征、团队结构特征、团队心理状态、交互记忆系统、团队成员 PJ 匹配和团队成员 PO 匹配采用的是团队成员评价的数据，团队变革任务绩效是由团队领导评价的。首先对研究工具的信度及效度进行了分析，然后根据集合水平数据加总检验的结果对数据进行了团队水平的合成，接着分别针对组织变革背景下团队主动性形成过程和作用过程进行了分析。

本部分研究使用的数据分析工具主要有 SPSS 13.0 和 AMOS 5.0。

## 第四节 研究结果与分析

### 一、研究工具的信度及效度分析

首先使用了个体水平的数据分别进行测量工具的信度和效度分析，在结构方程模型拟合的过程中使用了共同方法偏差控制的共同单因素模型来进行数据的校正。

1. 变革任务特征量表的信效度分析

分别对变革任务依存和变革目标合作测量题目计算内部一致性系数，两个变量的 $\alpha$ 系数分别为 0.86 和 0.96，这表明两个变量测量项目之间的内部一致性系数良好。验证性因素分析的结果如图 5.1 所示。

经过验证性因素分析的结构方程模型拟合，结果如表 5.4 所示。

**表 5.4 变革任务特征量表验证性因素分析结果**

| 模　型 | $\chi^2/df$ | RMSEA | NFI | CFI |
|---|---|---|---|---|
| 验证模型 | 2.66 | 0.09 | 0.92 | 0.91 |

从表 5.4 的结果可以看出，拟合指数 RMSEA 略高于 0.80，NFI、CFI 均在 0.90 以上，说明验证模型拟合良好，变革任务特征量表具有较高的测量效度。

2. 团队结构特征问卷的信效度分析

分别对决策集中度和专长分散度测量题目计算内部一致性系数，两个变量

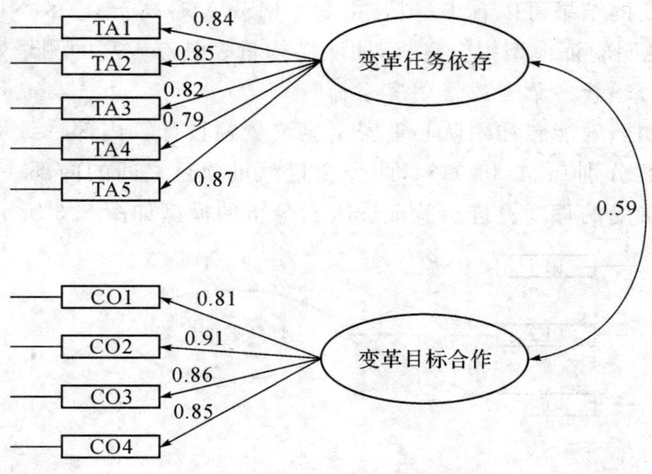


图 5.1 变革任务特征的验证性因素分析模型

的 α 系数分别为 0.68、0.79，这表明两个变量测量项目之间的内部一致性系数良好。进行验证性因素分析的模型如图 5.2 所示。

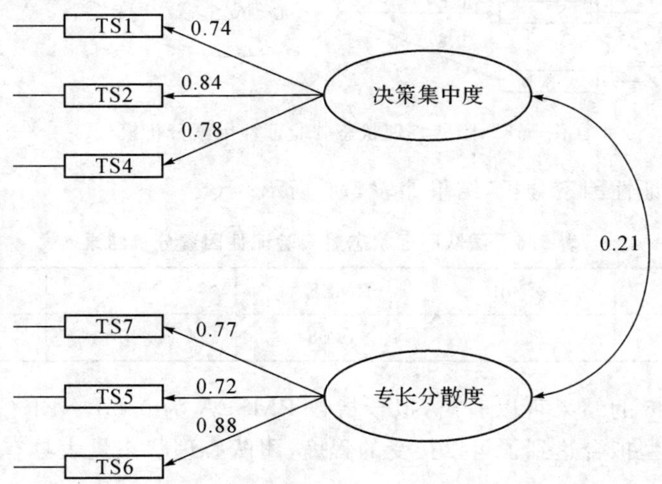


图 5.2 团队结构特征的验证性因素分析模型

经过验证性因素分析，结果如表 5.5 所示。

**表 5.5 团队结构量表验证性因素分析结果**

| 模 型 | $\chi^2/df$ | RMSEA | NFI | CFI |
|---|---|---|---|---|
| 验证模型 | 2.35 | 0.100 | 0.90 | 0.92 |

从表 5.5 的结果可以看出，拟合指数 RMSEA 略高于 0.08，NFI、CFI 均在 0.90 以上，说明验证模型拟合良好，团队结构量表具有较高的测量效度。

3. 团队心理状态量表的信效度分析

分别对团队效能感和团队心理安全感测量题目计算内部一致性系数，两个变量的 α 系数分别 0.65 和 0.64，两个变量测量项目之间的内部一致性系数达到了尚可以接受的程度。进行验证性因素分析的模型如图 5.3 所示。

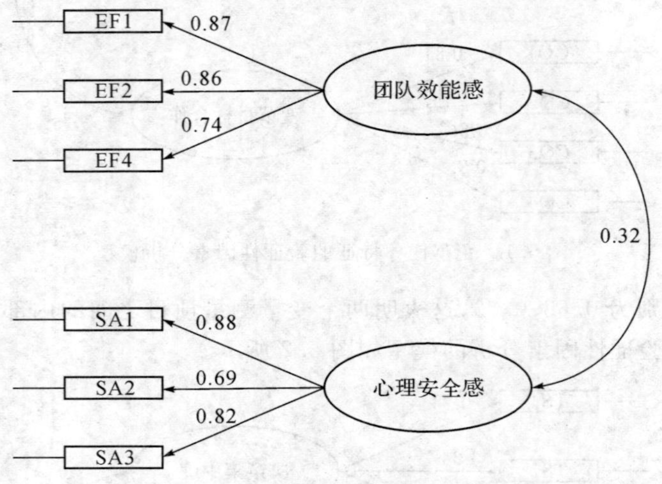


图 5.3 团队心理状态的验证性因素分析模型

经过验证性因素分析，结果如表 5.6 所示。

**表 5.6 团队心理状态量表验证性因素分析结果**

| 模 型 | $\chi^2$/df | RMSEA | NFI | CFI |
|---|---|---|---|---|
| 验证模型 | 2.87 | 0.08 | 0.90 | 0.90 |

从表 5.6 的结果可以看出，拟合指数 RMSEA 为 0.08，NFI、CFI 为 0.90，说明验证模型拟合达到了可以接受的程度，团队心理状态量表具有较高的测量效度。

4. 团队主动性量表的信效度分析

分别对群策、协作和适应测量题目计算内部一致性系数，三个变量的 α 系数分别为 0.86、0.85 和 0.89，这表明团队主动性量表具有较好的内部一致性系数，拟进行验证性因素分析的模型如图 5.4 所示。

经过验证性因素分析，结果如表 5.7 所示。

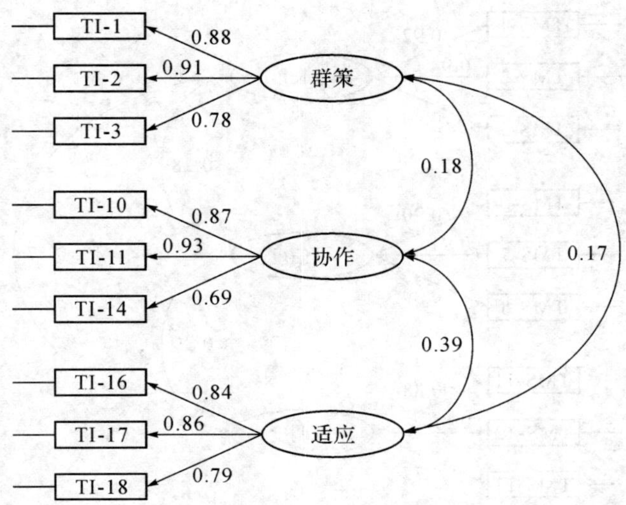


图 5.4　团队结构特征的验证性因素分析模型

**表 5.7　团队主动性量表验证性因素分析结果**

| 模　型 | $\chi^2/df$ | RMSEA | NFI | CFI |
|---|---|---|---|---|
| 验证模型 | 2.55 | 0.07 | 0.93 | 0.94 |

从表 5.7 的结果可以看出，拟合指数 RMSEA 小于 0.80，NFI、CFI 均在 0.90 以上，说明验证模型拟合良好，团队主动性量表具有较高的测量效度。

5. 交互记忆系统量表的信效度分析

分别对专长度、可信度和协调度测量题目计算内部一致性系数，三个变量的 α 系数分别为 0.82、0.84、0.83，这表明三个变量测量项目之间的内部一致性系数良好。拟进行验证性因素分析的模型如图 5.5 所示。

经过验证性因素分析，结果如表 5.8 所示。

**表 5.8　交互记忆系统量表验证性因素分析结果**

| 模　型 | $\chi^2/df$ | RMSEA | NFI | CFI |
|---|---|---|---|---|
| 验证模型 | 2.48 | 0.09 | 0.92 | 0.93 |

从表 5.8 的结果可以看出，拟合指数 RMSEA 略高于 0.80，NFI、CFI 均在 0.90 以上，说明验证模型拟合良好，交互记忆系统量表具有较高的测量效度。

6. 团队变革效能量表的信效度分析

分别对团队变革任务绩效、团队成员知觉到的变革后 PJ 匹配、PO 匹配测量题目计算内部一致性系数，三个变量的 α 系数分别为 0.82、0.85、0.90，这表

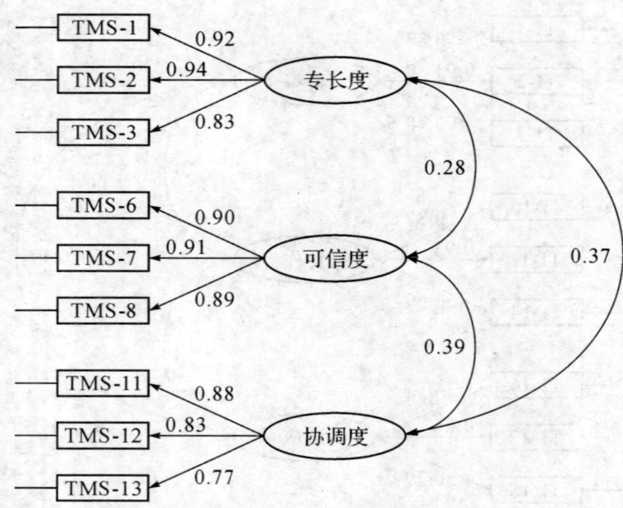


图 5.5　交互记忆系统的验证性因素分析模型

明三个变量测量项目之间的内部一致性系数良好。拟进行验证性因素分析的模型如图 5.6 所示。

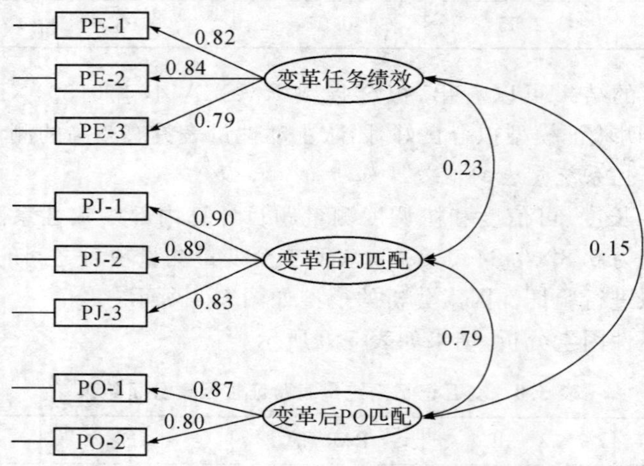


图 5.6　团队变革效能的验证性因素分析模型

经过验证性因素分析，结果如表 5.9 所示。

**表 5.9　团队变革效能量表验证性因素分析结果**

| 模　型 | $\chi^2/df$ | RMSEA | NFI | CFI |
|---|---|---|---|---|
| 验证模型 | 2.79 | 0.06 | 0.90 | 0.91 |

从表 5.9 的结果可以看出，拟合指数 RMSEA 小 0.80，NFI、CFI 均在 0.90 以上，说明验证模型拟合良好，团队变革效能量表具有较高的测量效度。

## 二、集合水平数据加总检验及描述统计

在把个体水平的数据加总成为团队水平的数据之前，首先要进行数据合成合适度分析，比较好的指标就是 Bliese(2000)提出的 ICC(1)和 ICC(2)两个系数，ICC 是对各项目和各群体总体一致性的检验，ICC(1)用来评价分组效应可以解释的总变异的程度，表明分组是有效的，但是组间变异不能太大，一般小于 0.30 可以接受；ICC(2)是各组内均数变化的一致性程度，这个一般要比较高一些，一般大于 0.60 可以接受。

除了团队变革任务绩效是由团队领导评价，可以直接作为团队水平得分外，其余变量都要进行数据加总。以下是对组织变革背景下团队主动性形成及作用过程相关的变量在团队水平合成合适度的检验，如表 5.10 所示。

**表 5.10　组织变革背景下团队主动性相关变量数据加总检验**

| 变　量 | ICC(1) | $df_1$ | $df_2$ | F | ICC(2) |
|---|---|---|---|---|---|
| 变革任务依存 | 0.23 | 107 | 428 | 4.84** | 0.79 |
| 变革目标合作 | 0.26 | 107 | 321 | 5.87** | 0.68 |
| 决策集中度 | 0.25 | 107 | 214 | 2.08** | 0.70 |
| 专长分散度 | 0.29 | 107 | 214 | 2.62** | 0.63 |
| 团队效能感 | 0.24 | 107 | 214 | 1.98** | 0.65 |
| 心理安全感 | 0.17 | 107 | 642 | 2.47** | 0.65 |
| 群　策 | 0.28 | 107 | 642 | 5.36** | 0.81 |
| 协　作 | 0.22 | 107 | 642 | 3.02** | 0.67 |
| 适　应 | 0.26 | 107 | 642 | 5.99** | 0.76 |
| 专长度 | 0.24 | 107 | 428 | 4.94** | 0.80 |
| 可信度 | 0.23 | 107 | 428 | 4.82** | 0.79 |
| 协调度 | 0.28 | 107 | 428 | 2.95** | 0.66 |
| 团队变革任务绩效 | 0.22 | 107 | 428 | 5.79** | 0.66 |
| 成员 PJ 匹配 | 0.25 | 107 | 214 | 4.54** | 0.81 |
| 成员 PO 匹配 | 0.23 | 107 | 107 | 4.43** | 0.77 |

注：ICC 是类别间一致性系数；* $p<0.05$，** $p<0.01$。

从表 5.10 中可以看出,ICC(1)一般都小于 0.30,而且方差检验达到了显著水平,ICC(2)一般都在 0.60 以上,说明组间变异较小,分组效应显著,集合水平的变量适于进行加总计算。下面就根据 108 个团队 378 个成员得分分别计算出各个因素的得分并进行描述性统计,如表 5.11 所示。

**表 5.11 组织变革背景下团队主动性相关变量描述统计**

| 变 量 | 平均数 | 标准差 | 偏态度 | 峰态度 |
|---|---|---|---|---|
| 变革任务依存 | 5.08 | 0.88 | −0.33 | 1.10 |
| 变革目标合作 | 5.49 | 0.97 | −1.06 | 0.90 |
| 决策集中度 | 5.28 | 0.77 | −0.82 | 0.40 |
| 专长分散度 | 4.79 | 0.79 | −0.01 | −0.13 |
| 团队效能感 | 4.69 | 0.92 | −0.43 | 0.22 |
| 心理安全感 | 4.61 | 0.78 | 0.27 | −0.62 |
| 群 策 | 4.04 | 0.47 | −0.04 | 0.60 |
| 协 作 | 3.92 | 0.62 | −1.21 | 0.61 |
| 适 应 | 3.72 | 0.57 | −0.79 | 0.69 |
| 专长度 | 5.29 | 0.67 | 0.98 | 0.67 |
| 可信度 | 5.28 | 0.77 | 0.28 | 0.77 |
| 协调度 | 4.96 | 0.85 | 0.96 | 0.85 |
| 团队变革任务绩效 | 5.01 | 0.78 | −0.98 | 1.09 |
| 成员 P-J 匹配 | 5.16 | 0.87 | −0.32 | −0.13 |
| 成员 P-O 匹配 | 4.96 | 0.85 | −0.46 | −0.26 |

## 三、子研究一:团队主动性的影响因素及其作用过程分析

1. 团队主动性影响因素相关变量分析

针对本子研究,前面的假设部分共提出了 5 个假设,分别是:

假设 1:变革任务特征和团队主动性正相关。

假设 1a:变革任务依存和团队主动性正相关。

假设 1b:变革目标合作和团队主动性正相关。

假设 2:团队结构和团队主动性存在相关关系。

假设 2a:决策集中度和团队主动性负相关。

假设 2b:专长分散度和团队主动性正相关。

假设3:团队效能感、团队心理安全感和团队主动性正相关。

假设4:团队效能感、团队心理安全感在变革任务特征、团队结构特征对团队主动性的影响过程中起到了中介作用,团队效能感、团队心理安全感对团队主动性产生了交互效应。

根据研究假设,首先对主要相关变量进行相关分析,相关分析的结果如表5.12所示。

**表5.12 团队主动性形成过程主要变量相关分析**

| 变量 | 1 | 2 | 3 | 4 | 5 | 6 | 7 | 8 | 9 |
|---|---|---|---|---|---|---|---|---|---|
| 1 变革任务依存 | 1 | | | | | | | | |
| 2 合作目标 | 0.59** | 1 | | | | | | | |
| 3 决策权集中度 | 0.05 | 0.03 | 1 | | | | | | |
| 4 专长分散度 | 0.31** | 0.36** | 0.21** | 1 | | | | | |
| 5 团队效能感 | 0.54** | 0.58** | −0.01 | 0.39** | 1 | | | | |
| 6 心理安全感 | 0.21** | 0.25** | 0.23** | 0.34** | 0.32** | 1 | | | |
| 7 群策 | 0.52** | 0.32** | 0.07 | 0.14** | 0.33** | 0.13** | 1 | | |
| 8 协作 | 0.41** | 0.26** | −0.05 | 0.22** | 0.37** | 0.20** | 0.18** | 1 | |
| 9 适应 | 0.42** | 0.51** | 0.03 | 0.19** | 0.49** | 0.18** | 0.17** | 0.39** | 1 |

注:* $p<0.05$;** $p<0.01$。

从上面的相关表中可以看出,变革任务依存、变革目标合作和群策、协作、适应都是正相关,而且相关系数达到了显著水平,这说明变革任务特征和团队主动性正相关,从而支持了假设1。这个结果反映出当团队变革任务设计上任务更加具有互相依存性和目标合作性时,团队主动性就能得到更多的表现。决策集中度和群策、适应相关很小且不显著,和协作是负相关,从而部分支持了假设2a。专长分散度和群策、协作、适应正相关,而且相关系数达到了显著水平,从而支持了假设2b,这样就使假设2部分地得到了支持。这个结果反映出了团队结构设计上的问题,在团队管理中,一般当领导权威过于集中的时候,会使得成员主动性很低;而当领导适度授权时,又会使得成员的主动性水平变得高起来。在现实的管理中存在一个误区就是领导过于集权,于是经常抱怨员工没有主动性,这时领导更加集权,更加加强对员工工作的控制,结果却使员工的主动性更低,这就是管理上的一种恶性循环,Frese(2001)的研究也得出了类似的结论。团队效能感和团队心理安全感都和群策、协作和适应正相关,而且相关系数达到了显著水平,这就使假设3得到了支持。团队整体的团队效能感和团队心理安全感营造了团队展开变革任务的整体氛围，使得这种心理感知具有一种强烈的动力场的影响，在团队力场的影响下，团队成员也相应地提高了自身的效能感、安全感水平，更加支持变革，并积极投入到变革中来，更加充分地展现出主动性。

候杰泰等(2004)指出，在结构方程模型拟合中，当模型只有 3 个一阶因子时(共有 3 个相关)，二阶因子模型(以 3 个路径参数表示)，在数学上等同于一阶因子模型，所以两者在拟合上是完全相同的。由于团队主动性的三个维度群策、协作和适应之间相关达到显著水平，且一阶 3 因子模型拟合良好，本研究尝试在三个一阶因素的基础上合成一个二阶因素，所以在接下来的计算中，把团队主动性分数使用合成分数。经过计算得出变量团队主动性平均数为 3.89，标准差为 0.87。

2. 团队主动性影响因素作用过程分析

关于组织变革背景下团队主动性形成过程，前面提出了假设 4：团队效能感、和团队心理安全感在变革任务特征、团队结构特征和对团队主动性的影响过程中起到了中介作用。为了检验假设 5，从而说明团队主动性的形成过程机制，本研究分别进行了团队导向在变革任务特征、团队结构特征对团队主动性影响中的中介效应的检验。

本研究根据 Baron 等(1986)提出的逐步回归方法来进行中介效应的检验，共分为三个步骤：第一步，检验中介变量对自变量的回归方程系数是否达到显著水平；第二步，检验因变量对自变量的回归方程系数是否达到显著水平；第三步，检验因变量同时对自变量和中介变量的回归方程中，中介变量的回归系数是否达到显著水平，自变量的回归系数是否减小，如果减小到不显著，则表明存在完全中介作用，如果只是减小，依然达到显著水平，则表明存在部分中介作用。本研究假设团队效能感和团队心理安全感在变革任务特征、团队结构特征和对团队主动性的影响过程中起到了中介作用，具体的中介效应检验结果见表 5.13 和 5.14。

**表 5.13　团队效能感的中介效应检验**

| 变 量 | 团队效能感 | 团队主动性 | 团队主动性 |
|---|---|---|---|
| | 第一步：中介变量对自变量的回归 | 第二步：因变量对自变量的回归 | 第三步：因变量对自变量和中介变量的回归 |
| 变革任务依存 | 0.53** | 0.53** | 0.47**(部分中介) |
| 团队效能感 | — | — | 0.14** |

续表

| 变　量 | 团队效能感 | 团队主动性 | 团队主动性 |
|---|---|---|---|
| | 第一步:中介变量对自变量的回归 | 第二步:因变量对自变量的回归 | 第三步:因变量对自变量和中介变量的回归 |
| $F$ | 150.45** | 136.44** | 74.84** |
| *Adjusted* $R^2$ | 0.28 | 0.26 | 0.28 |
| 变革目标合作 | 0.58** | 0.31** | 0.24*(部分中介) |
| 团队效能感 | — | — | 0.21** |
| $F$ | 190.10** | 40.29** | 30.55** |
| *Adjusted* $R^2$ | 0.33 | 0.10 | 0.19 |
| 决策集中度 | 0.15* | 0.07 | 0.06(没有中介) |
| 团队效能感 | — | — | 0.33** |
| $F$ | 9.18** | 1.63 | 46.23** |
| *Adjusted* $R^2$ | 0.02 | 0.04 | 0.14 |
| 专长分散度 | 0.39** | 0.12** | 0.02(完全中介) |
| 团队效能感 | — | — | 0.33** |
| $F$ | 65.92** | 7.20** | 23.12** |
| *Adjusted* $R^2$ | 0.14 | 0.03 | 0.30 |

注:** $p<0.01$;* $p<0.05$;主表中的值为标准回归系数。

从表5.13的结果可以看出,在对变革任务依存、变革目标合作对团队主动性的影响作用检验中,当第三步中介变量团队效能感进入回归方程时,变革任务依存和变革目标合作的回归系数都减小了(分别从0.53和0.31减小为0.47和0.24),但是回归系数依然是显著的,根据中介作用的判定条件,表明存在部分中介效应。在决策集中度对团队主动性的作用中,在第二步中当以决策集中度为自变量时,回归系数仅为0.07,且不显著,表明决策集中度对团队主动性的影响很小,不符合中介效应检验的条件,表明团队效能感在其中并没有起到中介作用。在对专长分散度对团队主动性影响检验中,当第三步团队效能感进入回归方程时,专长分散度的回归系数从0.12减小到0.02,且不再显著,这表明团队效能感在专长分散度和团队主动性之间起到了完全中介作用。

**表 5.14　团队心理安全感的中介效应检验**

| 变　量 | 团队心理安全感 | 团队主动性 | 团队主动性 |
|---|---|---|---|
| | 第一步:中介变量对自变量的回归 | 第二步:因变量对自变量的回归 | 第三步:因变量对自变量和中介变量的回归 |
| 变革任务依存 | 0.24** | 0.33** | 0.27**(部分中介) |
| 团队心理安全感 | — | — | 0.16** |
| $F$ | 27.13** | 36.44** | 54.34** |
| Adjusted $R^2$ | 0.05 | 0.26 | 0.29 |
| 变革目标合作 | 0.48** | 0.18** | 0.12*(部分中介) |
| 团队心理安全感 | — | — | 0.21** |
| $F$ | 89.10** | 40.29** | 40.55** |
| Adjusted $R^2$ | 0.23 | 0.10 | 0.19 |
| 决策集中度 | 0.13* | 0.06 | 0.05(没有中介) |
| 团队心理安全感 | — | — | 0.34** |
| $F$ | 4.58** | 1.36 | 35.17** |
| Adjusted $R^2$ | 0.02 | 0.03 | 0.13 |
| 专长分散度 | 0.19** | 0.11** | 0.03(完全中介) |
| 团队心理安全感 | — | — | 0.27** |
| $F$ | 45.57** | 6.89** | 22.17** |
| Adjusted $R^2$ | 0.10 | 0.04 | 0.40 |

注:** $p<0.01$;* $p<0.05$;主表中的值为标准回归系数。

从表 5.14 的结果可以看出,在对变革任务依存、变革目标合作对团队主动性的影响作用检验中,当第三步中介变量团队心理安全感进入回归方程时,变革任务依存和变革目标合作的回归系数都减小了(分别从 0.33 和 0.18 减小为 0.27 和 0.12),但是回归系数依然是显著的,根据中介作用的判定条件,表明存在部分中介效应。在决策集中度对团队主动性的作用中,在第二步中当以决策集中度为自变量时,回归系数仅为 0.06,且不显著,表明决策集中度对团队主动性的影响很小,不符合中介效应检验的条件,表明团队心理安全感在其中并没有起到中介作用。在对专长分散度对团队主动性影响检验中,当第三步团队心理安全感进入回归方程时,专长分散度的回归系数从 0.11 减小到 0.03,且不再显著,这表明团队心理安全感在专长分散度和团队主动性之间起到了完全中介作用。

进一步为了说明团队效能感和团队心理安全感对团队主动性产生的交互作用，作出团队效能感和团队心理安全感对团队主动性影响的交互作用图，如图 5.7 所示。

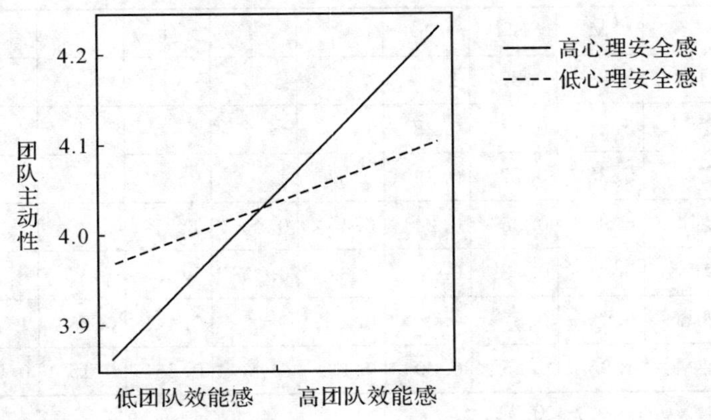


图 5.7　团队效能感和团队心理安全感交互作用

从图 5.7 可以看出，在团队效能感低的情况下，无论心理安全感高低，团队主动性水平都没有达到很高的水平，有意思的是低心理安全感的团队主动性水平反而高于高心理安全感条件下的团队主动性水平，这反映出当两者都比较低时，团队反而有可能表现出一些冒险行为，例如某种情形下的群体极化现象可能属于这种情况。当团队效能感高时，高心理安全感条件下的团队主动性水平显著高于低心理安全感条件下的团队主动性水平，两者之间的差异比较明显，这也反映出只有在团队效能感和团队心理安全感都高的条件下，团队主动性才可能达到更高的水平。

## 四、子研究二：团队主动性的效能机制分析

针对本子研究，前面提出了以下假设：

假设 5：团队主动性和团队变革绩效是正相关的关系。

假设 5a：团队主动性和团队变革任务绩效是正相关的。

假设 5b：团队主动性和团队变革周边绩效是正相关的。

假设 6：交互记忆系统和团队变革绩效是正相关的关系。

假设 7：交互记忆系统在团队主动性影响团队变革绩效的过程中起到缓冲作用。

假设 7a：专长度在团队主动性影响团队变革绩效的过程中起到缓冲作用。

假设 7b：可信度在团队主动性影响团队变革绩效的过程中起到缓冲作用。

假设 7c:协调度在团队主动性影响团队变革绩效的过程中起到缓冲作用。

1. 团队主动性效能机制相关变量的相关分析

首先进行团队主动性作用过程相关变量的相关分析,如表 5.15 所示。

表 5.15 团队主动性效能机制主要变量相关分析

| 变　量 | M | SD | 1 | 2 | 3 | 4 | 5 | 6 | 7 |
|---|---|---|---|---|---|---|---|---|---|
| 1 团队主动性 | 3.89 | 0.87 | 1 | | | | | | |
| 2 专长度 | 5.29 | 0.67 | 0.28** | 1 | | | | | |
| 3 可信度 | 5.28 | 0.77 | 0.39** | 0.37** | 1 | | | | |
| 4 协调度 | 4.96 | 0.85 | 0.24** | 0.48** | 0.45** | 1 | | | |
| 5 变革任务绩效 | 5.01 | 0.78 | 0.28** | 0.32** | 0.45** | 0.33** | 1 | | |
| 6 成员 PJ 匹配 | 5.16 | 0.87 | 0.24** | 0.24** | 0.42** | 0.44** | 0.23* | 1 | |
| 7 成员 PO 匹配 | 4.96 | 0.85 | 0.29** | 0.13 | 0.43** | 0.36** | 0.15 | 0.79** | 1 |

注:* $p<0.05$;* * $p<0.01$。

从表 5.15 中可以看出,团队主动性和专长度、可信度和协调度的相关都是正向的而且达到了显著水平。团队主动性和变革任务绩效、变革后知觉到的成员 PJ 匹配和成员 PO 匹配之间的相关也达到了显著水平,这说明团队主动性较高的团队更有可能取得较好的变革任务绩效,其成员的 PJ 匹配和 PO 匹配体验也会变得更加强烈。交互记忆系统中的专长度、可信度、协调度和任务绩效、成员匹配都是显著相关的,这说明当团队的交互记忆系统展现出良好的专长度、可信度和协调度时,就更有可能会使得团队变革任务绩效、团队成员 PJ 匹配和团队成员 PO 匹配表现出较高的水平。从本部分的分析来看,假设 5 和假设 6 得到了支持。

2. 交互记忆系统在团队主动性影响绩效过程中的缓冲效应检验

为了检验假设 7,本研究进行了交互记忆系统的缓冲效应检验。Baron 等(1986)指出缓冲效应意味着两个变量的因果关系变化是缓冲变量的函数,逐步回归分析方法可以用于分析缓冲效应,具体的检验程序包括两个步骤的逐步回归过程:首先是因变量同时对自变量和缓冲变量的回归;然后是因变量同时对自变量、缓冲变量以及它们的交互项的回归。如果交互项的回归系数显著,且第二步回归方程的决定性系数相对于第一步回归方程的决定性系数的增量显著,则说明缓冲变量产生了缓冲效应。本研究假设交互记忆系统在团队主动性和变革绩效之间起到了缓冲作用,分别检验当变革任务绩效、团队变革周边绩效为因变量,专长度、可信度和协调度作为缓冲变量时的缓冲效应效应,结果分别如表 5.16 和表 5.17 所示。

表 5.16　团队变革任务绩效为因变量时的缓冲效应检验

| 变　量 | 团队变革任务绩效 | 团队变革任务绩效 |
|---|---|---|
| | 第一步:因变量对自变量和缓冲变量的回归 | 第二步:因变量对自变量、缓冲变量及其交互项的回归 |
| 团队主动性 | 0.28** | 0.22** |
| 专长度 | 0.17* | 0.13* |
| 团队主动性×专长度 | — | 0.31** |
| $R^2$ | 0.47 | 0.54 |
| $\Delta R^2$ | — | 0.07* |
| 团队主动性 | 0.31** | 0.27** |
| 可信度 | 0.24** | 0.21** |
| 团队主动性×可信度 | — | 0.35** |
| $R^2$ | 0.52 | 0.63 |
| $\Delta R^2$ | — | 0.11** |
| 团队主动性 | 0.18* | 0.15** |
| 协调度 | 0.16* | 0.12* |
| 团队主动性×协调度 | — | 0.21** |
| $R^2$ | 0.42 | 0.51 |
| $\Delta R^2$ | — | 0.09* |

注:** $p<0.01$;* $p<0.05$;主表中的值为标准回归系数。

从表 5.16 可以看出,当以团队变革任务绩效为因变量,在对专长度、可信度和协调度进行缓冲效应检验时,交互项的回归系数达到了显著水平,而且第二步回归方程相比于第一步的回归方程产生了显著的增量,表明存在专长度、可信度和协调度在团队主动性和团队变革任务绩效的关系中起到了缓冲作用,分别用图 5.8、图 5.9 和图 5.10 表示。

从图 5.8 中可以看出,团队主动性和专长度和团队变革任务绩效都是正向增长的关系,随着两者的提高任务绩效都会出现增长,而在高团队主动性和高专长度的交互下,团队变革任务绩效则有可能达到更高的水平,这充分显示出了专长度的缓冲效应。

从图 5.9 中可以看出,当可信度低时,即使团队主动性高,团队变革任务绩效仍然达不到较高的水平,这充分反映出在团队管理实践中,团队成员彼此之间专长信任的重要性,专长上的信任是团队主动行动获取高绩效的基础。

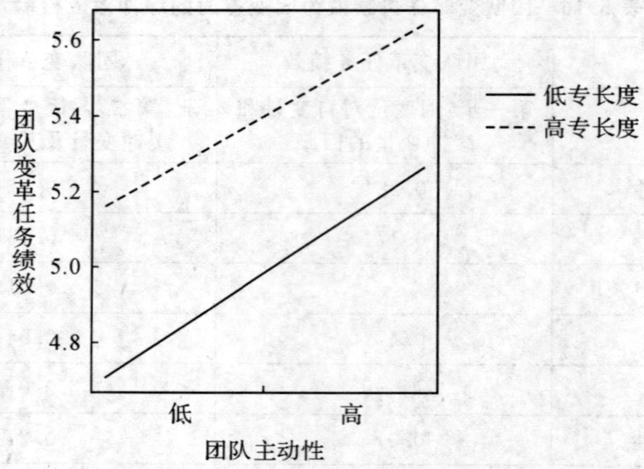


图 5.8　专长度在团队主动性影响变革任务绩效中的缓冲作用

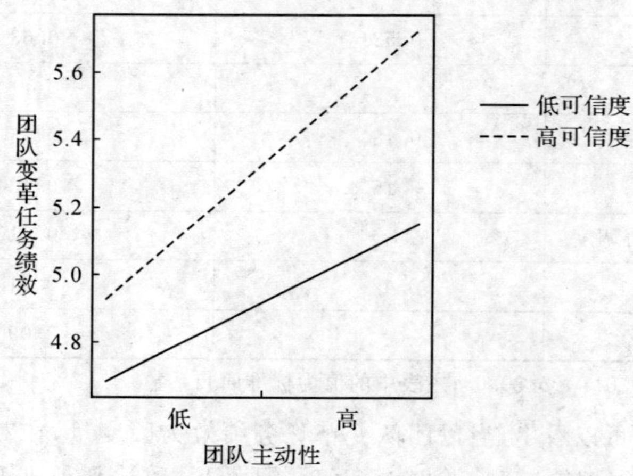


图 5.9　可信度在团队主动性影响变革任务绩效中的缓冲作用

从图 5.10 中可以看出，只有在团队主动性高和协调度高的情况下，团队变革任务绩效才能达到更高的水平。

表 5.17 是以团队变革周边绩效为因变量时的缓冲效应检验。

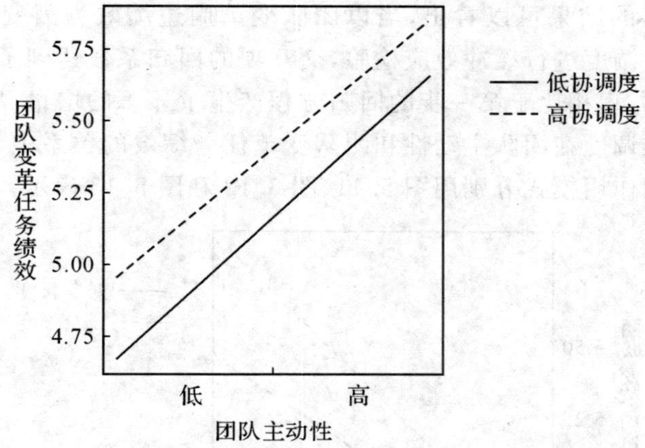


图 5.10 协调度在团队主动性影响变革任务绩效中的缓冲作用

**表 5.17 团队变革周边绩效为因变量时的缓冲效应检验**

| 变 量 | 团队变革周边绩效 | 团队变革周边绩效 |
|---|---|---|
| | 第一步:因变量对自变量和缓冲变量的回归 | 第二步:因变量对自变量、缓冲变量及其交互项的回归 |
| 团队主动性 | 0.19** | 0.18** |
| 专长度 | 0.11* | 0.10* |
| 团队主动性×专长度 | — | 0.21** |
| $R^2$ | 0.32 | 0.40 |
| $\Delta R^2$ | — | 0.08* |
| 团队主动性 | 0.26** | 0.22** |
| 可信度 | 0.21** | 0.20** |
| 团队主动性×可信度 | — | 0.35** |
| $R^2$ | 0.34 | 0.49 |
| $\Delta R^2$ | — | 0.15** |
| 团队主动性 | 0.15* | 0.13* |
| 协调度 | 0.14* | 0.13* |
| 团队主动性×协调度 | — | 0.18* |
| $R^2$ | 0.23 | 0.29 |
| $\Delta R^2$ | — | 0.06* |

注:** $p<0.01$;* $p<0.05$;主表中的值为标准回归系数。

从表 5.17 的结果可以看出，当以团队变革周边绩效为因变量时，对专长度、可信度和协调度进行缓冲效应检验，交互项的回归系数达到了显著水平，而且第二步回归方程相比于第一步的回归方程产生了显著的增量，所以表明专长度、可信度和协调度在团队主动性和团队变革任务绩效的关系中起到了缓冲作用，这些变量的作用模式分别用图 5.11、图 5.12 和图 5.13 表示。

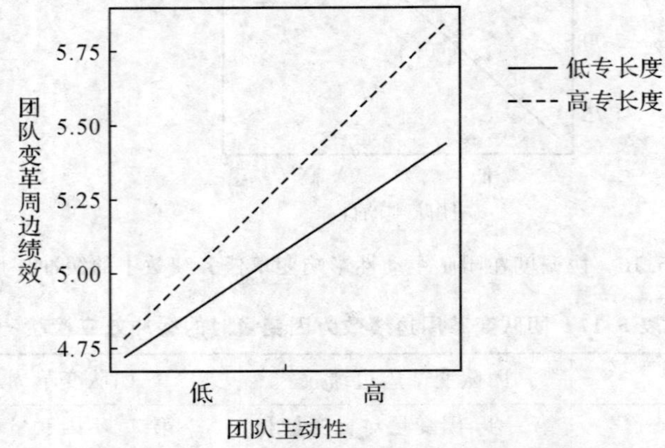


图 5.11　专长度在团队主动性影响变革周边绩效中的缓冲作用

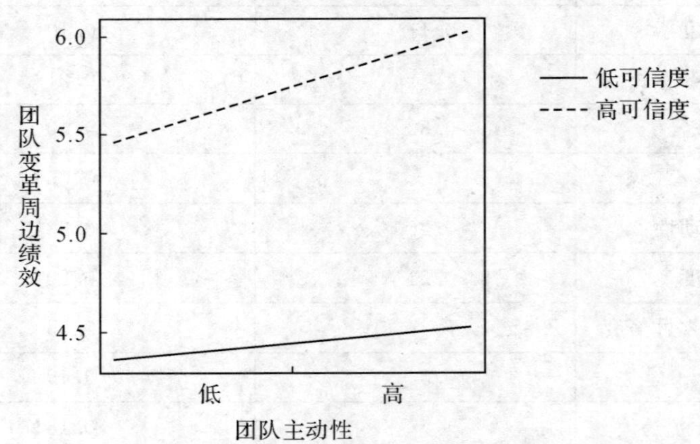


图 5.12　可信度在团队主动性影响变革周边绩效中的缓冲作用

从图 5.11 中可以看出，只有在团队主动性高和团队专长度高的情况下，团队周边绩效才能达到更高的水平。

从图 5.12 中可以看出，在可信度低的情况下，即使团队主动性达到很高的水平，团队变革周边绩效的水平仍基本不变，而当可信度高的情况下，团队主动性高则有可能取得最高的变革周边绩效。由此可见，可信度是团队主动性对团

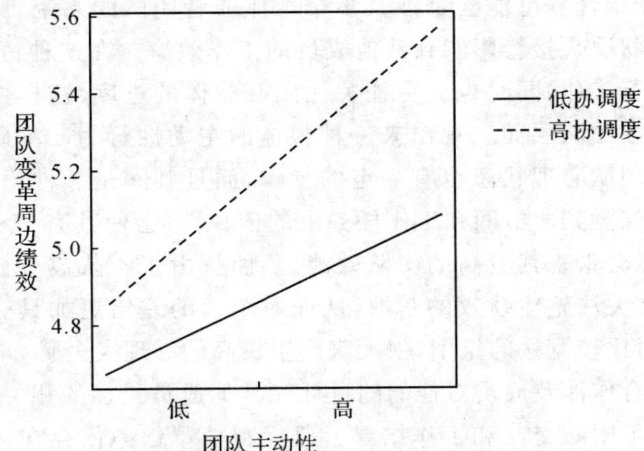


图 5.13 协调度在团队主动性影响变革周边绩效中的缓冲作用

队变革周边绩效产生影响的关键边界条件之一。

从图 5.13 中可以看出，只有在团队主动性高和协调度高的情况下，团队变革周边绩效才能达到更高的水平。

## 第五节 研究讨论

本研究详细检验了团队主动性的影响因素和效能机制，发现了影响团队主动性形成的关键因素和其发挥作用的重要边界条件，从而可以对团队主动性的表现及其效能机制有比较深入的了解。

### 一、关于变革任务特征的效应

任务依存的增加有助于提高团队的目标承诺水平和团队支持行为的出现(Aube,2005)。Banchrach 等(2006)研究发现互助行为和群体绩效之间的关系受到任务依存的调节，当团队成员之间的任务依存越高时，团队成员就会表现出更多的组织公民行为。Devine 等(1999)发现群体工作在大部分组织分支机构中更加占主导地位，表明很多组织在本质上是功能交叉和多学科的，这也和劳动力市场上增加的多样化是相关的。现今组织已经开始重视对工作进行重新设计，这样就会使得任务依存和团队工作增加(Jackson,1996)，这样做的目的就是刺激有着不同知识和专长的员工进行信息交换从而促进互相适应、创新和做出高质量的决策。本研究发现变革任务依存和团队主动性显著正相关，反映出在公司创业、并购、国际化和信息化变等变革类型中，变革任务已经不能由个体单独完成，变革任务可能会是涉及多个个体或者团队的系统工程，团队成员个人任务完成状况直接会影响到其他成员的工作效率。在这种情况下，个体会更加积极地进行工作，同时也会更加关注团队整体的进度，这样由于团队成员之间的互动会在团队层面表现出来一种整体的主动性行为。本研究还发现变革任务特征对团队心理状态也有一定的影响，而且其间是一种正相关的关系。由于团队成员知觉到成员间在工作任务上的依存性，会使其有一种团队集体作战的体验，可能会带来其更高的团队效能感，而且由于团队成员彼此之间的依存性，团队更加关注整体绩效的获取，从而对个人的差错更加具有一定的容忍度，营造出相对比较宽松的氛围，使大家产生较高的心理安全感。

变革目标合作涉及成员对他们的目标和其他成员目标的相关程度的知觉，这种知觉影响了团队交互和工作结果。目标和变革任务依存在概念上和实证上都是不同的，变革目标合作是指当实现个体目标可以帮助他人实现他们目标时，关于目标的信念影响了成员的期望、交流、问题解决行为和工作绩效。如果成员知觉到他们的目标是正相关的，知觉到一个共同的命运，就会促进支持性的行为如交换见解和信息。现场研究发现有着高度合作式目标的团队在讨论他们相反的观点上更加地有建设性，能带来更高的绩效和团队创新。本研究的结果支持了变革目标合作与团队主动性之间正相关的关系。在组织变革背景下，虽然涉及了很多人员利益的调整，但是变革的总体目标肯定是为了整个企业更好地生存和发展，个人的利益从长远来看也是要依托于整个企业的命运，所以团队成员在变革中知觉到的个人目标和集体目标的一致性就很重要。由于这种一致性知觉是一种一般的认知倾向性，对具体行为也具有一般的预测力，在这种一致性期望的驱动下，成员会表现出更多的积极行为并且密切关注整个团队的表现，这就会使团队整体展现出较高水平的团队主动性。进一步从其和团队心理状态之间正相关的关系也可以看出，成员知觉到个人和团队共同的命运后，会对团队更有一种信任感和依赖感，从而在团队中可以体验到更高的团队效能感和团队心理安全感。在当前的组织和社会背景下，团队价值观的统一显得非常有意义，因为从企业实际经验来看，由于社会价值观的多元化，企业对员工产生的影响已经比较有限，所以如果一个团队要适应自身的凝聚力，就需要用共同的命运把大家捆绑在一起，激发出整个团队的战斗力。

## 二、关于团队结构特征的效应

团队结构中有两个受到了广泛关注的特征就是决策集中度和专长分散度，团队决策集中度反映了团队的权力结构，团队专长分散度则反映了团队的知识结构。组织变革背景下随着任务复杂性和难度的提高，必然要求团队在结构上作出相应的调整，权力结构朝向扁平化的方向发展，团队知识结构则朝向多元化的方向发展。由于中国文化传统上是权力距离较大，这也和研究中的发现一致，中国团队领导的决策集中度还是较高的，但是这和团队主动性之间并不存在促进作用，反而有可能是一种抑制作用。在管理上经常出现的一种管理陷阱就是领导者抱怨下属没有主动性，便更加加强了对下属的控制，结果很可能使员工变得更加没有积极性，而领导还在痛苦地思考如何才能更好地控制和推动下属的主动行为，却没有考虑过分权和群体决策参与的重要性。本研究中还发现团队决策集中度和团队心理状态之间并没有显著的正相关关系，相关系数也比较小，在实践中决策集中度和团队心理安全感很可能是负相关的关系，也就是说成员如果只是被动地执行任务，对决策根本没有制定权，那么其会感知到更大的不安全感，更加担心会犯错误。团队专长分散度和团队心理状态、团队主动性行为都是正相关的关系，而且团队专长分散度还是通过团队心理状态的完全中介作用而影响到团队主动性的，这说明一个专长多样的团队并不能必然地带来团队主动性行为，关键在于团队成员心理状态发生的变化。由于存在多种专长，团队成员必然会增加了迎接变革带来挑战的信心，从而可以体验到更高的团队效能感。由于大家可以对不同的专长信息和知识进行判断和加工，对自己所擅长的领域负责，团队成员之间就有了更高的包容性，从而使大家感受到一种团队心理安全感。值得指出的是，团队心理状态的形成需要在一个较长的时间段中才能完成，如果按照 Ilgen(2005)的划分方法，他认为按照时间维度可以把团队划分为形成阶段、执行阶段和完成阶段，那么团队关键心理状态形成及其对行为的推动作用应该是出现在执行阶段的团队，这也是本研究选取团队的标准之一。

### 三、关于团队效能感和团队心理安全感的中介效应

团队效能感影响团队目标设置、计划与策略制定、资源配置和集体努力程度(Bandura, 1997)，一般说来，团队效能感高的团队，其行为更加主动，也更有可能取得好的团队绩效。团队效能感可以预测共享心智模型的准确度和相似度(Rico,2008)。Prussia 等(1996)的研究发现，团队效能感在绩效反馈与群体效能之间起到了完全中介作用，在间接经验和群体效能之间起到了部分中介作用。May 等(2004)指出，员工与同事和上司的关系对员工的安全感有着重要的影响，支持性的上司会鼓励员工主动说出他们所关心的问题、鼓励他们发展新的技能并参与到工作问题解决中来。Edmondson(1999)研究发现同事之间的信任关系带来了心理安全感。由此可见，团队心理安全感的产生受到了外界环境、团队任务、团队结构和人际关系等多种因素的影响。Schein 等(1965)认为，

如果要让个体感到安全并且能够进行变革,就需要创造一种有心理安全感的氛围。团队心理安全感对变革的顺利实施有着重要的影响作用,Nembhard 等(2006)指出有效的执行变革就要求员工展开他们认为有风险的活动,比如在变革执行过程中给出或者接受不确定的反馈。May 等(2004)认为感受到心理安全的员工会更加投入到工作角色中去。心理安全感对于可能导致错误的不确定的组织过程更加重要(Reason, 2000)。Marx(2001)通过对不同行业的员工差错的研究,发现要想让员工及时地报告差错并且对改进工作流程负责,就要让他们心里感到安全。由此可见,心理安全感对于变革背景下的组织来说具有非常重要的现实意义。心理安全感对于个体在组织中的行动有着重要的影响。Edmondson(1999)指出,团队心理安全感有助于改进团队学习的过程,从而使团队获取更高的工作绩效。团队心理安全感可以改进团队学习过程的基础在于,由于安全感的存在,使得团队对差错的容忍度增加,团队成员不会担心因为犯过错误而受到惩罚,团队成员之间也可以更为开放地进行一些错误的交流和改进讨论活动,并能够从别人那里得到比较及时的反馈,从而优化了学习过程,提高了学习速度和改善了学习质量,这些改进的结果就是适应了团队绩效。

本研究的发现和前面的研究都支持了团队效能感和团队心理安全感对团队行为的驱动作用,团队效能感和团队心理安全感都和团队主动性是正相关的关系,而且研究还进一步发现,团队心理状态的产生受到了任务特征和团队特征的影响,团队心理状态在变革任务特征和团队结构特征和团队主动性的关系中起到了中介作用。在组织变革背景下,团队效能感的水平会对团队行为产生显著的影响,由于变革的前景是不清晰的,变革可能会遇到的困难和挫折也是不能事先掌控的,所以只有高团队效能感的团队才更有可能采取主动的、冒险的和创新的行动来推进组织变革进程。由于团队效能感是一种一般的行为倾向性,是针对各种任务、在各种背景下都可以展现出来的群体心理特征,所以比较具有一般的行为预测力。只有在一个开放宽容,鼓励冒险和创新的氛围下,团队成员才能有较高的心理安全感水平,变革导向的表现水平才会较高。只有在这样的条件下,团队成员才更有可能团结一致地克服困难,迎接变革带来的挑战。个体由于其行为惰性或者个性特征上的局限,可能不敢进行某些创造性的尝试,这时一个强有力的团队是其开展大胆尝试的智力支持和精神后盾。当团队取得了若干显著的成功和进展后,便会成为团队进一步努力的基石,也更加有可能去进行更多的创新和冒险性活动,也更有可能在变革中采取更加主动的行为,从而取得更好的变革绩效。组织变革带来了很多的不确定性,行动带来的效果并不明晰,犯错误的几率增加了,这时非常需要团队营造出一种开放、包容的氛围,鼓励成员大胆地提出好的建议并积极实施,即使犯了错误,也能够给予包容，并从中进行反思和学习，从而打造出一种安全的团体心理气氛。只有在这种环境的影响下，群体的行为表现才可能更为积极主动，更有可能获取变革工作的高绩效。

## 四、关于交互记忆系统的缓冲效应

关于交互记忆系统和团队任务绩效的关系，研究中已经提供了很多有意义的结果。Lewis 等(2005)发现在新产品开发团队中团队稳定性、人际信任和成员熟悉度有助于交互记忆系统的形成，并且会带来较好的新产品开发方案。Rau(2006)研究发现，交互记忆系统有助于团队信息获取过程的优化，这种信息获取的优化会有助于团队对动态环境更准确地认知，所以交互记忆系统在外部环境和任务绩效之间起到了调节作用。Zhang(2007)的研究以交互记忆系统作为中介变量，发现了交互记忆系统的确在创新任务特征、创新支持和团队绩效之间起到了中介作用。张志学等(2006)研究发现交互记忆系统和团队的任务绩效、团队凝聚力显著正相关。张钢等(2008)也发现交互记忆系统可以用来解释团队任务完成过程中的知识处理机制。

本研究从交互记忆系统的认知视角出发，支持了交互记忆系统在团队主动性和团队变革绩效关系中的缓冲作用，研究结果提供了输入—过程—输出的团队动态效能模型的证据，拓展了交互记忆系统在组织变革背景下对团队效能的重要意义，发现交互记忆系统是团队主动行为获取较高工作绩效的一种有价值的团队认知结构。由于本研究是从认知视角出发的，还可以把交互记忆系统看作是团队主动性行为带来的结果。也就是说，由于团队成员之间的积极驱动和不断地进行信息更新，更好地掌握了各位成员的专长，并通过团队协作行为的成果更加对成员的专长有了信心，再经由团队规范的不断适应，团队成员之间相互进行工作配合和信息分配及提取的能力都有了更大的提高，从而可以使团队更加充分有效地利用团队成员各自的专长，进一步使团队主动性行为有了更大的智力支持，为团队绩效的获取做好了充足的准备。本研究的结果和前面研究的发现是一致的，都反映出交互记忆系统对团队绩效的获取有着重要的影响。特别是随着团队专长多样性的增加、团队面临环境压力的增大，交互记忆系统的建构就更应该受到重视，其在团队结构或者行为变量、环境变量和团队绩效中的调节作用也得到了大量研究的支持，是一种影响团队绩效的重要的认知过程因素。

## 五、关于团队变革绩效的建构

Armenakis 等(1999)对组织变革相关理论和研究进行了回顾，其中专门涉及了组织变革效标问题，主要是关于在组织变革研究中通常使用的结果变量。研究者指出最常用的指标包括变革结果类指标和变革执行类指标，结果类指标主要是如成功/失败类指标，如利润率或者市场份额，变革执行类指标包括组织变革执行的效率和效能。研究者进一步指出成功的变革执行肯定需要鼓励个体展开新的行动，才能达到理想的变革效果，而变革的行动可能会遭受到不愿看到的反应，如拒绝和抵制，并可能进一步影响变革的顺利开展。因此，仅仅关注结果类和执行类效标是不够的，还要关注员工的心理和行为类指标研究，实践经验认为这些心理和行为反应类指标可以作为补充效标，从而更好地理解和管理促使员工开展相应变革行动的过程。Schabracq 等(1998)认为当组织变革发起的时候，个体习惯的技能可能无效了，组织变革越动态，已经习惯的技能可能越无效，然后员工就会体验到更大的不确定性。随着变革的推进，应对和适应就变得越来越困难，不确定感越大、掌控感越低，员工感受到的压力就越大。变革可能会产生意想不到的结果，因为变革带来的员工的反应可能是相当复杂的。Gilmore 等(1997)研究了 530 家公司的文化变革中的各种效应，结果发现积极效应和消极效应是同时发生的，典型的积极效应包括质量、服务、生产力的提高，消极效应则表现为组织承诺、工作气氛和员工忠诚发生了明显的弱化。他们警告说没有预料到的情感结果上的消极效应可能会破坏甚至挫败进行中的变革。上面这些研究充分说明心理和行为类效标对于组织变革成功与否是非常关键的，因此也是一类很重要的组织变革效标。在组织变革研究中有一些效标并没有得到普遍的应用，但却是很有应用价值的，对于充分理解组织变革中员工的情感和行为变化有着积极意义。Caldwell 等(2004)指出组织变革研究中并没有把人环境匹配(P-E Fit)作为典型的效标变量，但是人环境匹配是一个很重要的组织行为变量。人环境匹配是指员工和工作环境的各个方面的匹配程度，是一个可以解释多种员工和组织结果变化的有效变量。Caldwell 等(2004)以 34 家不同工作单位为样本，进行了组织变革、个体差异和人环境匹配变化之间关系的研究，结果发现当把变革特征和个体差异的交互效应联合起来分析的时候，可以更好地解释员工知觉到的人环境匹配的变化，年龄、控制导向和变革特征在预测人环境匹配变化上有着显著的交互效应。人环境匹配的变化很可能就是引发员工情感和行为变化的重要过程，因为总体匹配知觉的改变会对员工产生多方面的影响，这还需要更多实证研究的支持。

由于组织本身就是一个开放的社会技术系统，组织变革又是一个复杂系统工程，而且是在不断地发展变化的，所以在组织变革效标选取上应该采用多指标、多评价者、多阶段的评价方法，具体效标选取上不仅要注重客观结果类指标和任务执行类指标，还要关注组织变革中的员工心理和行为类指标。本研究重点关注了由于受到了组织变革的不确定性和任务执行依存性影响下的团队变革绩效，主要聚焦在了团队变革任务绩效和团队成员PJ、PO匹配变化上来，从而可以比较好地从客观任务绩效和成员感知两个方面捕捉到组织变革对团队带来的影响结果。研究结果表明，在组织变革中团队变革任务绩效和团队成员匹配知觉都发生了不同程度的变化，团队主动性对团队变革任务绩效和团队成员知觉到的匹配变化都是显著正相关的关系，说明团队主动性对团队变革绩效有较好的预测力。而且研究进一步发现在团队主动性高和专长度、可信度、协调度高的组合模式下，团队变革任务绩效和团队成员PJ、PO匹配才能达到更高的水平。如此看来，优良变革绩效的获取是一个系统工程，需要从行为和认知多方面进行匹配性的建设才能获得理想的绩效。

## 第六节　研究小结与展望

### 一、研究小结

本章主要有以下一些结论：(1)变革任务依存、变革目标合作和团队主动性正相关；(2)决策集中度和团队主动性负相关，专长分散度和团队主动性正相关；(3)团队效能感、团队心理安全感与团队主动性正相关，而且在变革任务特征、团队结构特征和对团队主动性影响的过程中起到了中介作用；(4)团队主动性和团队变革任务绩效、团队成员知觉到的PJ匹配、PO匹配是正相关的关系；(5)交互记忆系统和团队变革绩效是正相关的关系，而且在团队主动性影响团队变革绩效的过程中起到了缓冲作用。

### 二、研究不足

本章研究的不足主要表现在以下几个方面：(1)由于是横切面设计，并不能得出变量之间的因果关系，对中介效应和缓冲效应的解释也只是通过统计推理来完成的，这些统计分析对于理论进展并没有足够的价值。(2)本研究只是从认知视角出发，关注了交互记忆系统的一般特征，而没有关注其具体内容，可能会影响到交互记忆系统应用到不同的工作背景中去的效度。(3)测量团队结构时的局限，前面的研究测量要么是个体知觉要么是团队现象的知觉。Chan(1998)指出，当把低水平的构思合成为高水平的构思时，知觉测量是很有弊端的。Kozlowski等(2000)也建议团队结构未来的研究应该通过聚焦在团队水平的现象来测量，而不是合并个体水平。(4)因为变革是动态的，本研究只能捕捉到某个时间点上团队变革任务和绩效的表现，并不能纵向地观察到核心变量形成和发挥效能的作用过程。(5)本研究研究了三种不同行业类型、四种变革背景下的三种类型的团队，由于总体样本量偏小，影响了研究结果的有效性。

## 三、研究展望

本章对未来研究有以下四个展望：(1)由于本研究只是选取了两个一般任务特征，其具体针对性不强，未来的研究可以更加具体地界定变革任务特征；(2)本研究显示组织环境的变化会带来人们对其与工作及与组织匹配评价的变化，这些变化对于员工的态度和行为可能都会产生重要的影响，比如对组织承诺、离职倾向、变革抵制等的影响，未来可以对这些知觉到的匹配变化进一步进行研究；(3)进一步的研究可以采用实验设计或者纵向研究的范式来进一步检验团队主动性的作用模式，并进一步摆脱仅仅依靠统计来进行推理的局限，从而为改进组织变革中团队管理水平、适应变革绩效提供有效的决策支持和实践帮助；(4)未来的研究可以更加聚焦在某种具体的变革类型上，这样可以较为清晰地界定其特征和对团队行为所带来的影响，从而可以更好地嵌入实践背景，并具有更好的理论预测效度和外部效度。

# 第六章 组织变革背景下团队主动性效能机制的实验研究

## 第一节 实验目的

在前面的现场研究中，初步检验了团队主动性的作用过程。由于是横切面设计，并不能得出因果关系，而且前面的研究并没有聚焦在某种特定的变革类型上，测量上也只是采用了个体知觉数据的加总。所以，本章实验的目的就是进一步探索组织变革背景下团队主动性的效能机制，聚焦在并购整合这一具体的变革类型上，并在测量上采取了对团队整体行为观察评价的方法，从而更加明确团队主动性发挥作用的关键过程和重要边界条件，为实践中有效激发团队主动性、获取优良团队变革绩效提出指导建议。

## 第二节 实验假设

Wegner(1987)把交互记忆系统定义为群体处理和建构信息的方式，是群体成员在信息的编码、存储和提取上的认知分工。Peltokorpi(2008)认为这种认知分工包含了两种成分：一种是内部记忆，是指个体本身所知道的知识；另一种是外部记忆，是指大家周知的群体中他人的知识或者是可以从其他的外部存储媒介中提取的知识。交互记忆系统是一个集合水平的构思，是群体中个体交互记忆联合运作的认知系统。交互记忆系统是通过信息的编码、存储和提取阶段而起作用的，Wegner(1995)指出，这三个阶段还可以用群体中的信息更新、交互分配和提取协调来解释。信息更新是指习得谁知道什么的过程；交互分配是指为了进行信息的加工和存储，而根据群体中个人的专长进行的交互分配过程；提取协调是指为了获取任务绩效而进行专门信息提取的过程。Ellis等(2006)进一步指出，通过信息更新，团队成员获知了彼此的专长领域，并且通过共享或者请求来自队友的信息而更加清楚地认知到"谁知道什么"；通过交互分配，信息通过交流被分配到拥有相关领域专长的成员那里，这样就不会增加其他成员信息存储的容量；通过提取协调，团队成员会根据任务需要，使用他们自己的团队知识分布目录，来获取其他拥有相关专长成员的信息。从这些理论推导来看，团队中的信息更新、交互分配和提取协调过程分别对应了团队信息处理中的编码、存储和提取的过程，正好与经典的个体记忆的概念是相对应的，所以团队的这种认知系统被称为交互记忆系统。交互记忆系统可以从不同的视角来分析，Ellis 等(2006)指出交互记忆系统有行为和认知两种成分，这两种视角是不同的但是可以兼容的。从行为视角来看，其主要是来自社会心理学研究者的观点，主要聚焦在前面所说的信息更新、交互分配和提取协调三种行为上，这些被认为是交互记忆系统的独立的行为指标。

在团队水平上，信息处理被定义为群体成员之间信息、意见和认知过程被共享的程度，以及这种共享信息是如何影响个体和群体水平的结果的(Hinsz, 1997)。虽然不同水平上信息处理的基本成分是相同的，但是团队工作的本质改变了每个阶段发挥作用的方式，而且在每个阶段团队成员还有不同程度的交互依存。Salas 等(2004)指出因为工作群体面临的任务在智力和认知上的要求越来越高，所以团队的绩效就更加依存于团队信息处理的能力。Ellis 等(2006)认为可以把团队看作一个信息处理器，其中最重要的两个过程就是心智模型和交互记忆。但是这两种结构是不同的，团队心智模型是对团队任务环境关键成分的共享理解(Mohammed, 2001)，它的主要焦点在于团队共享心智模型的准确度和相似度上，交互记忆系统聚焦在团队成员的知识专长分布以及分布知识的整合上，这两种过程在影响团队效能上是互补的。

面对不确定的环境和复杂的任务，现今团队的专长多样性程度越来越高，Rulke 等(2000)认为如果团队成员不能在交互过程中熟知他人的专长并且加以利用的话，那么这个团队的专长知识库是没有被充分利用的，不利于团队决策过程质量的提高。Brodbeck 等(2007)指出交互记忆系统会减少一个群体的谈判焦点，因为其可以使团队成员更有信心共享他人的专家信息，会更积极地去获取别人的专家信息。Stasser 等(1995)认为发展良好的交互记忆系统还可以减少群体讨论的偏差，因为团队成员都可以聚焦在自己专长的领域上，可以比别人更好地评估相关信息，而且知道彼此专长的群体倾向于更多讨论非共享信息，这样就可以更加全面地了解问题，从而做出较高质量的团队决策。由此可见，随着团队专长多样性的增加，团队成员之间的互动和交流就变得更加重要，特别是要发挥出这种多种专长的优势，就要建立交互记忆系统这种有效的团队认知结构。研究表明剧烈压力给个体的信息处理能力带来了消极的影响，因为剧烈压力使得个体注意的宽度变窄了，结果个体倾向于把注意力聚焦在具有优先性的信息来源上，而忽视了次要的或者周边的任务（Gladstein，1985）。Driskell 等（1999）也指出团队成员在压力情景下会变得更加个体中心，对次要任务关注更少，而团队信息加工是要更加具有团队焦点的，是以团队为中心进行的信息加工过程。Ellis（2006）通过实验研究发现，剧烈压力明显地减少了团队的信息更新、交互分配和提取协调行为，从而对团队绩效带来了消极的影响。这反映出交互记忆系统的建构是需要团队较多的注意资源的，而且随着压力的增大，团队成员在团队焦点上会变得弱化起来，这就对实践中交互记忆系统的建构具有很好的指导意义。特别是在组织变革背景下，团队面临着很大的压力，更加需要注意进行交互记忆系统的培养和建构。诸多研究结果也表明交互记忆系统和团队任务绩效是正相关的关系。Lewis 等（2005）发现在新产品开发团队中团队稳定性、人际信任和成员熟悉度有助于交互记忆系统的形成，并且会带来较好的新产品开发方案。Rau（2006）研究发现，交互记忆系统有助于团队信息获取过程的优化，这种信息获取的优化会有助于团队对动态环境更准确地认知，所以交互记忆系统在外部环境和任务绩效之间起到了调节作用。Zhang（2007）的研究以交互记忆系统作为中介变量，发现了交互记忆系统的确在创新任务特征、创新支持和团队绩效之间起到了中介作用。张志学等（2006）研究发现交互记忆系统和团队的任务绩效、团队凝聚力显著正相关。张钢等（2008）也发现交互记忆系统可以用来解释团队任务完成过程中的知识处理机制。

团队主动性是指团队在工作中采取的一系列主动行为的集合，其主要特征是：群策、协作和适应。团队主动性的三个方面是一种互相强化、循环往复的关系。团队主动性的概念开发是从正在经历创业、并购、信息化和国际化的企业的访谈资料中提炼出来的一个构思，该构思是深深地根植于组织变革背景的，而且是从积极行动视角来看待组织变革背景下群体行为模式的，是探讨一种群体如何积极拥抱变革的行为表现。这其中包含了群体面对变革所表现出来的积极的态度和行为模式，也可以说团队主动性是团队应对组织变革带来挑战的重要手段。变革背景下的不确定性意味着很难有具体而明确的工作目标，这就要求团队进行自身驱动和设置目标，并且通过团队成员之间不同的专长和信息交流进行协作，从而实现行动的领先性，这样可以使得团队能够符合组织变革带来的快速变化和响应的要求。由于组织变革的动态性，团队的最佳实践不可能一蹴而就，还需要团队不断进行行为的修正和变化，不断对团队行为规范进行适应，包括从团队行动规范和团队文化建设上面的努力。综上所述，团队主动性是组织变革的实践要求在团队层面上的体现，也是团队采取主动积极态度来迎接组织变革挑战的行动组合，两者有着天然的联系。

在组织变革背景下，团队主动性展现出来以后，最重要的问题就是如何把这些行动落实下去，从而转化为团队和组织的绩效，交互记忆系统的行为视角给我们提供了一个很好的转化路径。通过团队专长的信息更新、信息分配和提取协调，按照团队成员各自专长进行分配、团队成员在执行过程中根据专长进行的信息支持询问，这样才能保证团队主动性展现所制定的行动领先的方案能够得到有效和快速的执行，才能获取良好的团队绩效。

根据文献基础和上述讨论，从行为视角出发，本研究提出以下假设：

假设 1：交互记忆系统和团队变革绩效是正相关的关系。

假设 2：交互记忆系统和团队主动性在影响团队变革绩效的过程中存在着交互作用。

Lewin 于 20 世纪 40 年代在场理论研究基础上提出了群体动力学理论，以团体为坐标来研究人的社会行为，群体动力是指群体中的各种力量交互的作用力和影响力，Lewin 使用了场的概念来说明群体成员之间各种相互依存、相互作用的关系。Lewin(1947)认为群体是一个动力整体，群体中个人的活动、交互作用和情绪的综合就构成了群体行为的动力。任何群体都置于两种力量的交互作用之下，一种是一致性的合力，一种是干扰性的阻力。群体中的干扰性力量可能来自成员之间交流的障碍，或者是个体目标和群体目标的冲突。群体动力可能来自于群体的一致性，这种一致性表现为群体成员有着共同的目标、观点、兴趣等。群体规范具有很强的行为导向作用，群体压力会使得个体表现出群体所一致接受的价值观和行为模式。群体动力还可能来自于群体内的冲突，由于背景、专长和所掌握信息的差异，成员可能在达成目标的方式上并没有一致的看法，这种带有竞争性质的冲突只要是控制在一定的合理范围内，对于增加决策科学性，改进决策质量都是很有帮助的，但是如果良性的竞争变成了恶意的攻击就会产生负面的结果。群体中表现出来的一致性程度则取决于群体内两种力量对比之间的关系，如果一个群体可以较好地满足成员的需求，并且对成员有足够的吸引力，那么该群体表现出来的是一种正向的驱动力。群体动力会对群体产生全面的和持续的影响，并贯穿群体形成和行动的全过程，对群体结构的设计、群体沟通模式的建构、群体任务的理解与执行、群体内人际关系的发展、群体绩效的获取和培训都有着广泛的影响，群体动力学特别关注这些活动产生背后的动力机制、行动执行中的心理和情感机制。

结合 Lewin 的相关理念，从心理学的视角来看，本研究认为团队主动性就是组织变革背景下团队在获取团队效能的过程中表现出的一种重要的群体动力。从 Lewin 的相关理论来看，团队本身及其所处的环境就构成了团队行动的力场，团队尝试和外界环境之间保持一种平衡的关系。但是在组织变革的背景下，由于外界环境的不确定性和快速变化，已经使得团队所处的力场发生了不平衡性，这时为了进一步与外界环境进行匹配和平衡，需要团队表现出变革的行动，团队主动性可以说是团队为了实现所处力场的一种平衡状态而主动进行的一种群体变革活动。为了占得变革的先机，团队需要汲取内在的动力，这种动力包括团队一致性的凝聚力，也可能包括团队针对情景作出不同判断之间不一致的摩擦力，总之这种驱动的力量是来自于团队内部，来自于团队结构或者是团队文化的一种内在驱动。当这种驱动力表现出来的时候，其载体就是团队成员之间的协作配合，大家交换各自的专长和信息，从而可以在变革中制定出领先性的行动方案，捕捉到未来的市场机会或者是解决掉已经存在的问题，并且能够在对手行动之前已经有所作为，从而占据市场竞争的有利位置。在团队协作互动的过程中，不可能是一帆风顺的，中间可能会有很多摩擦或者是任务执行不顺利的时候，或者是团队凝聚力下降、团队价值观分散的被动局面，这种状况下就需要团队在团队运作规范和团队文化建设上更多的进行发力，从而使得团队应对组织变革的行为能够持续下来，并且能够进行不断的更新。在这个意义上而言，团队主动性可以作为组织变革背景下团队效能获取的重要的中间行为过程，是团队为了维持自身所处力场的平衡而主动展开的一种协作和不断适应的群体动力。

Lewin 认为组织变革就是推动组织朝向所渴望的新的平衡状态转变，因而提出了“解冻—变革—再冻结”组织变革模型，并指出了各阶段变革的要点：(1)解冻阶段，这个阶段的主要人物就是发现组织变革的阻力，力争使用各种方法克服组织变革的阻力，并明确组织变革的目标，设计比较全面的组织变革方案。(2)变革阶段，此阶段的主要任务是按照制定的变革方案展开具体的行动，促使组织从现有状态向理想状态转变。变革是个认知的过程，它由获得新的概念和信息得以完成在这个过程中，应该重视对员工的心理和行为过程的监控和管理，采用多种措施推动变革进展，比如指导人计划、群体培训、行为训练等手段，旨在塑造员工新的态度和行为模式。(3)再冻结阶段，此阶段的主要目的就是预防组织倒退回变革前的旧有习惯中，管理者需要采取各种策略来保证新的行为模式和组织形态得到强化和巩固，比如明确制度、规范流程、改善氛围等方法，来使新的态度和行为模式固定下来，从而使组织处于稳定状态。

本研究认为，Lewin 的变革模型和思路同样可以用在团队层面上，用于指导团队发展的过程和模式，而且“解冻—变革—再冻结”三阶段和团队主动性的三个过程是互相匹配的流程，都反映了团队问题解决和发展所需要的一般流程，根据文献基础和前面的讨论，本研究提出以下假设：

假设 3：团队主动性的过程适用于 Lewin 的变革模型思路进行解释。

假设 3a：在解冻阶段，群策表现高的组，团队绩效更高。

假设 3b：在变革阶段，协作表现高的组，团队绩效更高。

假设 3c：在再冻结阶段，适应表现高的组，团队绩效更高。

## 第三节 实验方法

### 一、实验设计

本章研究采用了 2×2 的被试间实验设计，把交互记忆系统分为高水平组和低水平组，把团队主动性分为高团队主动性组和低团队主动性组，四种实验条件下每种随机分配五组被试，每组 5 人。

Ellis 等(2006)使用信息加工理论作为解释性的理论框架，检验了在剧烈压力和团队绩效间心智模型和交互记忆系统的缓冲作用。通过团队模拟实验，验证了剧烈压力消极影响心智模型和交互记忆系统，从而解释为什么团队在剧烈压力下变得绩效较差。本研究中交互记忆系统的操作按照这一思路进行，团队决策时所获得的资源和拥有的时间都是有限的。本研究中对交互记忆系统高水平组的操作是在正式实验开始前进行 10 分钟的信息沟通，使得大家彼此了解各自的专长和所掌握的信息，为在讨论中进行信息分配和协调互动打下基础。对于交互记忆系统低水平组，则是在实验开始前并没有进行任何个人专长和所掌握信息的交流，就直接进入模拟任务的讨论阶段。

团队主动性的操作则是依据本研究所开发的团队主动性构思，团队主动性是一种群策的领先性行为，主要驱动力来自团队本身而非外界压力，团队主动性的发挥需要成员对团队高度认同，才可能真正地卷入团队活动中，发挥出团队的主动性来。所以在操作上，低团队主动性组的被试在实验开始前接受的指导信息是：“本次模拟实验只是一次课堂练习，大家的表现不会记入成绩，录像只是为了做个形式，而且由于本案例是一个成熟的案例，大家也不可能提出什么新的创意出来，大家只要完基本任务要求即可。”高团队主动性组被试接受的指导信息是：“本次实验是决定大家考试成绩的关键部分，实验录像将会被专家进行评价，请大家充分发挥自己的专长和经验，积极发挥团队精神和创新精神，在规定时间里创造性地解决问题，提出更多数量、更高质量的决策方案。”

## 二、实验被试

为了控制实验被试带来的差异，本实验中的被试尽可能选取同质被试，达到实验中个体和任务的有效组合的目标。

在四组预实验中，被试来自浙江大学管理学院管理专业和心理系应用心理学专业的研究生，被试包括男性 15 人，女性 5 人，平均年龄 27 岁，分别随机分配在四种实验条件下。预实验的主要目的是确保实验流程的合理性和检查被试对实验材料的理解性，确定实验操作具有可行性。经过四组预实验的操作，对实验材料的表述进行了修正，并对实验流程重新进行了设计。

正式实验的被试来自浙江财经学院商学院在职研究生班，被试在一起上课的时间在一年以上，彼此之间较为熟悉，基本符合一个执行阶段团队的要求。正式实验共有 20 组，每种实验条件下随机分配 5 组，每组 5 人。在 100 名被试中，男性 60 人，女性 40 人，平均年龄 29 岁，80％的被试是本科学历，之前有 2～10 年的工作经验。被试中 70％的被试曾经经历过或者正在经历企业中某种类型的组织变革。

## 三、实验任务

实验材料的开发是基于前期访谈中的一个典型的企业并购案例，通过对该企业的高管进行深入的追踪访谈、到企业的实地参观、参加企业的高管工作会议进行比较全面的信息搜集，从而较为细致地掌握了企业并购背景、并购思路、整合顺序、整合策略和整合策略实施效果等各方面的信息，在此基础上进行了本书实验任务的开发。实验任务是模拟一个五人的高管团队，进行企业并购整合决策，确定整合的顺序、制定每种整合的关键策略，从而在这个过程中考察团队主动性的表现、交互记忆系统建设与否的影响以及团队主动性各阶段表现对于任务绩效的影响。由于该任务是基于真实的并购整合案例，所以具有较高的外部效度。具体实验材料如下：

下面是对变革前的公司组织结构、业务模式、运营模式、公司文化、人员素质、战略规划、市场客户等关键特征的描述：

B 公司在本地区是一家食品饮料行业领先的公司，为了进一步扩大市场占有率和完善产品种类，刚刚完成了对 M 公司的并购。M 公司是一家乳品制造加工企业，是一个已经有30年历史的国有企业。M公司拥有自己的注册商标M，有地区内最大的现代化奶牛基地，拥有辐射100公里的牛奶配送物流中心，主要产品包括鲜奶和酸奶两大系列十几个品种；业务模式以居民订奶配送为主，并有一些中小学成为其供应对象；产品的包装分为瓶装、盒装和袋装三种形式，但顾客有时会反映瓶装奶不新鲜、袋装奶出现破袋等问题。M公司的组织架构分为三个层级，厂长主要负责公司的战略制定和发展规划，厂长下面有三个副厂长，副厂长X负责生产部和质检部，副厂长Y负责市场部和物流部，副厂长Z负责人事部、财务部、宣传部。M公司的人员年龄结构偏大，知识体系较为老化，公司论资排辈现象比较明显，考核激励制度和业绩脱节问题较为突出，员工的工作主动性普遍较差。由于市场竞争激励和金融环境变化，已经连续三年出现大幅亏损。虽然B公司原来没有在乳品行业经营的经验，但是公司相信凭借其在食品饮料行业中的成功经验和品牌建设，能够较好地实现对M公司的并购整合。

作为B公司的高管团队，在本次讨论中的目标就是：(1)确定整合顺序：业务整合、组织整合和文化整合的先后顺序到底应该怎样确定？(2)制定整合方案：确定整合顺序后，应该怎样制定出每个整合阶段的几个关键策略？

## 四、实验流程

本研究初步设计了高管团队的并购整合战略及策略研讨模拟任务，设计的角色包括：总经理、人力资源经理、财务经理、营销经理、研发经理。角色的分配采取参与成员自主选择的方式，即根据自己的专长和经验自行选取，如果出现重合的现象，再由研究者根据被试的背景进行分配。

本研究所采用的决策规则是总经理主持下的民主集中制，大家要达成一致。

队员进来后首先填写背景信息，包括：年龄、性别、学历、所学专业、工作经验（几年）、当前职务。

之后团队成员要回答关于交互记忆系统和团队主动性的操作检验问题，关于交互记忆系统的检验问题是：请评价你对该团队在任务执行中能够知道彼此专长和信息并能够有效进行信息分配和互动协作的程度打分，打分采用了七点量表的形式，分数越高表明交互记忆系统建构的水平越高。对团队主动性的检验问题是：请对该团队能够在任务执行中表现出群策、协作和适应行为的可能性评分，打分采用了七点量表的形式，分数越高表明团队主动性度越高。

交互记忆系统高水平组首先要进行10分钟的信息和专长的互动交流，交互记忆系统低水平组直接进行讨论任务。

讨论开始后，全部的过程都进行录像，以备后面对团队行为进行评价。

组织变革背景下的团队讨论，采用的是观点产生式任务，总的讨论时间是1个小时，分为三个阶段：(1)解冻阶段，团队职责讨论，根据要达到的目标，分别阐述自己在该团队中所承担的职责，讨论时间10分钟，每人发言2分钟，总经理同时写下每人所说职责要点。(2)变革阶段，针对两个目标，根据背景材料和各自专长，进行互动讨论：①确定整合顺序讨论20分钟，每人2分钟发表自己观点，自由讨论10分钟，本研究使用的决策规则是总经理领导下的民主集中制，最后要大家达成共识，完成后总经理写下整合顺序；②制定整合策略讨论20分钟，根据制定的整合顺序，每人就各个阶段的关键整合策略阐述2分钟，然后在总经理主持下自由讨论10分钟，确定各个阶段的一些关键策略，总经理同时把这些策略写下来。(3)再冻结阶段，团队规范讨论，探讨如何更好地建立团队协同机制，如何能在团队决策中取得更好的绩效，讨论时间10分钟，每人发言2分钟，总经理同时写下每人所说的规范要点。

总的讨论时间是一个小时，在这个过程中，两位经过培训的应用心理学博士生对整个团队的表现进行评分。其中团队主动性的评分依据是根据团队主动性量表开发出的行为测量问题，分为9个问题，采用七点语义差别量表进行评分。例如流程适应，得分高的表现是只要遇到一些问题或者困难，团队尝试在流程上马上可以做出恰当反应，当面对冲突时，团队成员把冲突点进行集体的分析和辩论；得分低的表现就是团队不能够进行统一的运作，大家各行其是。本研究中把任务分解为解冻、变革和再冻结三个阶段，所以团队主动性的评价也是包括了三个阶段，即分别在任务执行的每个阶段对团队主动性行为进行评价一次，每个阶段中针对一个维度上的表现进行评分，解冻阶段评价的焦点是群策，变革阶段评价的焦点是协作，再冻结阶段评价的焦点是适应。交互记忆系统的评价也是基于行为锚定量表，借鉴Ellis等(2006)的操作，从行为视角进行设定，也是编制了9个项目进行评价，采用七点量表的形式评分。例如信息分配，得分高的行为表现就是信息按照各自专长进行分配加工，本人掌握的信息中涉及其他人专长的会主动询问其他人。得分低的行为表现就是团队基本上各自加工自己的信息，即使自己不擅长的也不愿意交给别人来加工。交互记忆系统的评价是针对整个过程来进行的，评分者根据编制的行为锚定量表进行相应的评分。

当实验任务完成的时候，由两位评分者对团队的决策方案进行评分，评分者一位是来自案例企业的高管，另一位是一直参与该研究的应用心理学博士研究生。方案评价包括两个方面：一个是方案数量，一个是方案质量。评分的方式也是按照阶段来进行的，即分别对解冻、变革和再冻结阶段的方案进行评价。

方案数量从团队最终提出方案所包含的积极性、创造性和关系性策略的数量上来进行评价，采用七点量表的形式，其中积极性方案是指该方案的提出和执行都是团队自身来展开的，并不需要借助外界的力量；创造性方案是指该方案和此领域同类问题的解决办法相比具有创新性；关系性方案是指团队充分利用社会网络、积极利用多种关系资源来解决问题的方案。方案质量的评价是针对方案的现实程度、计划量和前瞻性来进行评价的，采用七点量表评分的方式，例如现实程度得分高的表现是：目前情况下，用现在的方法获得成功的可能性很大；现实程度得分低的表现是：目前情况下，用现在的方法不可能获得成功。

## 第四节 实验结果

### 一、操作检验

首先对 100 位团队成员对交互记忆系统问题评分进行 T 检验，检验结果如表 6.1 所示。

**表 6.1 交互记忆系统高低组 T 检验**

| 组 别 | 平均数 | T 检验 | 显著性 |
|---|---|---|---|
| 高交互记忆系统组 | 5.6 | 5.17 | 0.000 |
| 低交互记忆系统组 | 3.1 | | |

从表 6.1 的结果可以看出，交互记忆系统高水平组的评分显著高于低水平组，而且高低组之间的差异达到了显著水平，这表明交互记忆系统的操作是有效的，交互记忆系统高低组在讨论前建构水平存在显著差异。

然后对 100 位团队成员对于团队主动性问题评分进行 T 检验，团队主动性是把三阶段群策、协作和适应的得分求平均数而得，具体检验结果如表 6.2 所示。

**表 6.2 团队主动性高低组 T 检验**

| 组 别 | 平均数 | T 检验 | 显著性 |
|---|---|---|---|
| 高团队主动性组 | 4.92 | 4.45 | 0.000 |
| 低团队主动性组 | 3.44 | | |

从表 6.2 的结果可以看出，团队主动性高组的评分高于团队主动性低组的

评分,而且高低组之间的差异达到了显著水平,这表明对团队主动性的操作是有效的,团队主动性高低组在团队主动性水平上存在显著差异。



## 二、测量工具的有效性检验

首先对交互记忆系统行为测量的两位评分者的评价一致性系数进行了检验,对于 9 个项目的评价一致性,ICC 系数介于 0.78 到 0.97 之间,表明两位评分者之间存在较高的评价一致性,可以把两位评分者的评价分数进行合成。分数合成以后,进行了探索性因素分析,采用了特征根大于 1、正交方差最大化旋转的方法,剔除掉两个交叉负荷很高的项目,最后抽取出了三个因素,因素分析的结果如表 6.3 所示。

**表 6.3 交互记忆系统行为测量的探索性因素分析**

| 因素 | 测量题目 | $F_1$ | $F_2$ | $F_3$ | α 系数 |
|---|---|---|---|---|---|
| $F_1$ 信息更新 | TMS2 有目标的更新自己的信息 | 0.94 | 0.21 | 0.12 | 0.84 |
| | TMS3 询问相关实务的信息 | 0.85 | 0.19 | 0.22 | |
| $F_2$ 信息分配 | TMS4 信息分配 | 0.16 | 0.88 | 0.17 | 0.87 |
| | TMS6 分布加工 | 0.18 | 0.67 | 0.23 | |
| $F_3$ 提取协调 | TMS7 决策支持要求 | 0.14 | 0.06 | 0.92 | 0.93 |
| | TMS8 信息提取协调 | 0.15 | 0.05 | 0.90 | |
| | TMS9 加工反应协同 | 0.20 | 0.13 | 0.86 | |
| 各因素累积解释变异的百分比 | | | | | 90.29% |

对于团队主动性的行为测量来说,在解冻阶段,行为评价的焦点是群策、结构驱动和文化驱动;在变革阶段,行为评价的焦点是互动激发、协作配合和行动领先;在再冻结阶段,行为评价的焦点是流程适应、文化适应和制度推动。这 9 个项目的评分者一致性系数 ICC 介于 0.81 到 0.93 之间,表明评分者一致性系数良好,可以进行分数的合成。然后计算出三个阶段的项目一致性系数分别是 0.89、0.83 和 0.91,表明项目的内部一致性达到了良好水平。

对于三阶段方案评分,分别计算了决策数量和决策质量的评分者一致性系数,决策数量三个项目的 ICC 系数平均数分别是 0.95、0.81、0.82,决策质量的三个项目的 ICC 系数平均数分别是 0.92、0.96、0.93,表明这些项目之间的一致性程度良好,可以进行分数的合成。

分别计算出上面各个变量的合成分数,并进行描述统计和相关分析,如表 6.4 所示。

**表 6.4　实验中主要变量的描述统计**

| 变　量 | 平均数 | 标准差 | 偏态度 | 峰态度 |
| --- | --- | --- | --- | --- |
| 信息更新 | 4.55 | 1.27 | −1.28 | 0.74 |
| 信息分配 | 4.93 | 1.42 | 0.23 | −0.23 |
| 提取协调 | 4.82 | 1.16 | 0.22 | −2.18 |
| 群策 | 4.62 | 1.07 | 0.44 | −2.02 |
| 协作 | 4.90 | 1.16 | 0.22 | −2.18 |
| 适应 | 4.80 | 1.31 | −0.92 | −0.18 |
| 方案数量 1 | 4.08 | 0.70 | 0.58 | −0.34 |
| 方案质量 1 | 4.43 | 1.13 | −0.12 | −1.59 |
| 方案数量 2 | 4.52 | 0.79 | −0.24 | −1.68 |
| 方案质量 2 | 4.22 | 1.39 | 0.18 | −1.78 |
| 方案数量 3 | 4.22 | 0.65 | 0.03 | −1.68 |
| 方案质量 3 | 4.63 | 1.04 | 0.10 | −1.52 |

## 三、交互记忆系统和团队变革绩效的关系检验

在假设 1 中提出交互记忆系统和团队变革绩效是正相关的关系，首先计算出信息更新、信息分配、提取协调与三阶段方案数量和质量的相关，如表 6.5 所示。

**表 6.5　交互记忆系统和团队变革绩效的相关表**

| 变　量 | 平均数 | 标准差 | 1 | 2 | 3 | 4 | 5 | 6 | 7 | 8 | 9 |
| --- | --- | --- | --- | --- | --- | --- | --- | --- | --- | --- | --- |
| 1 信息更新 | 4.55 | 1.27 | 1 | | | | | | | | |
| 2 信息分配 | 4.93 | 1.42 | 0.76** | 1 | | | | | | | |
| 3 提取协调 | 4.82 | 1.16 | 0.75** | 0.69** | 1 | | | | | | |
| 4 方案数量 1 | 4.08 | 0.70 | 0.41 | 0.55** | 0.42** | 1 | | | | | |
| 5 方案质量 1 | 4.43 | 1.13 | 0.53** | 0.43** | 0.52** | 0.60** | 1 | | | | |
| 6 方案数量 2 | 4.52 | 0.79 | 0.54** | 0.58** | 0.51** | 0.51** | 0.53** | 1 | | | |
| 7 方案质量 2 | 4.22 | 1.39 | 0.49** | 0.44* | 0.38** | 0.40 | 0.41** | 0.57** | 1 | | |
| 8 方案数量 3 | 4.22 | 0.65 | 0.51* | 0.28 | 0.49** | 0.31 | 0.50* | 0.42** | 0.31** | 1 | |
| 9 方案质量 3 | 4.63 | 1.04 | 0.52* | 0.53* | 0.60** | 0.47* | 0.57** | 0.82 | 0.39** | 0.57** | 1 |

注：* $p<0.05$；* * $p<0.01$。

从表 6.5 中可以看出，信息更新和方案质量 1、2、3 以及方案数量 2、3 都是正相关的，而且相关达到了显著水平；信息更新和方案数量 1 的相关虽然没有达到显著水平，方向还是正相关的。这说明在实验任务的解冻阶段，团队成员还需要更多的时间来进行融入任务，所以提出的数量比较有限，但是由于信息更新的作用，其质量还是相当高的。信息分配除了和方案数量 3 的正相关没有达到显著水平外，和其他的绩效分数都达到了显著相关水平，这说明再冻结阶段的方案数量已经不是信息分配的结果了。提取协调则是和所有绩效指标的正相关都达到了显著水平，这反映出在所有的三个阶段，信息获取的协调运作、互相支持进行决策是团队取得优良绩效的必要保证。从这些结果可以看出，假设 1 得到了支持。

下面对假设 2 关于交互记忆系统和团队主动性在影响团队变革绩效的过程中存在着交互作用进行检验，下面分别针对三个阶段的绩效水平，进行四种实验条件下的平均数差异检验，使用 ANOVA 进行方差分析，检验结果如表 6.6 所示。

**表 6.6 四种实验条件下团队绩效分数差异的方差分析**

| | F 值 | 显著性 |
|---|---|---|
| 方案数量 1 | 1.24 | 0.33 |
| 方案质量 1 | 2.65 | 0.09 |
| 方案数量 2 | 11.44 | 0.00 |
| 方案质量 2 | 12.37 | 0.00 |
| 方案数量 3 | 45.58 | 0.00 |
| 方案质量 3 | 11.52 | 0.00 |

注：表格中的数字是方差分析的 F 值。

从表 6.6 可以看出，四种实验条件下除了解冻阶段的绩效没有存在显著差异外，在变革和再冻结阶段团队绩效的差异都达到了显著水平。为了进一步确定差异的来源，使用 LSD 方法进行事后比较分析，结果如表 6.7 所示。

**表 6.7　用 LSD 方法对不同实验条件下团队绩效差异进行事后比较**

| 方案质量 3 | 实验条件 | 方案数量 2 | 方案质量 2 | 方案数量 3 |
|---|---|---|---|---|
| ①高 TMS 高团队主动性 | 5.33 | 5.60 | 5.00 | 5.60 |
| ②高 TMS 低团队主动性 | 4.93 | 5.07 | 4.60 | 5.33 |
| ③低 TMS 高团队主动性 | 4.00 | 3.13 | 3.67 | 3.87 |
| ④低 TMS 低团队主动性 | 3.80 | 3.07 | 3.60 | 3.73 |
| 组间比较 | 1＞2＞3＞4 | 1＞2＞3＞4 | 1＞2＞3＞4 | 1＞2＞3＞4 |

从表 6.7 的结果可以看出，四种实验条件下，在变革和再冻结阶段团队绩效的差异达到了显著水平，而且对四个绩效指标的检验都发现了同样的结果：高交互记忆系统高团队主动性组的绩效水平显著高于低交互记忆系统组，而且即使团队主动性高的情况下，交互记忆系统低仍然不能达到绩效高水平，团队主动性低但是交互记忆系统建设高的组绩效分数也高于高团队主动性低交互记忆系统组。这些结果也说明，团队在变革任务中想要获得高的绩效，团队内的团队主动性只是一个基本条件，还必须要进行专长和信息的不断更新、积累和协调，这样才能主动灵活地进行各种变革活动，才更有可能获得较高的绩效。

分别做出交互记忆系统和团队主动性对绩效影响的交互作用图，如图 6.1 至图 6.4 所示。

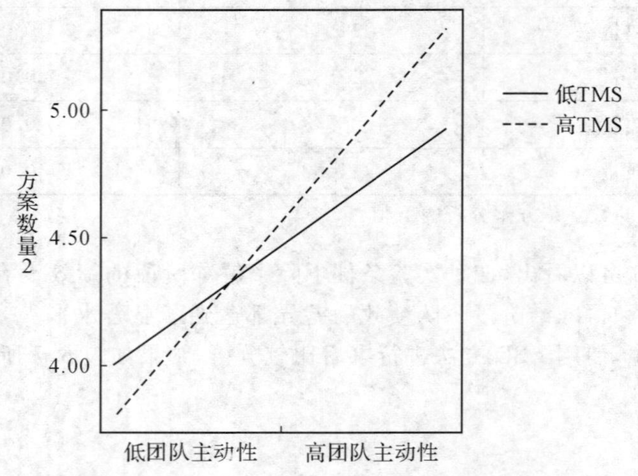


图 6.1　交互记忆系统和团队主动性对方案数量 2 的交互作用

从图 6.1 中可以看出，随着交互记忆系统水平和团队主动性水平的适应，方案数量 2 得到了明显的增加，在高交互记忆系统和高团队主动性条件下，方案数量 2 是最大的。有意思的是，在低交互记忆系统条件下，低团队主动性反而提出了更多的数量，这说明在这种条件下既没有团队交互记忆系统的构建，又缺乏团队内的团队主动性，这时大家处于一种各自为战的状态，纷纷从自己的角度提出了一些看法和建议，但是质量如何并不能确定。

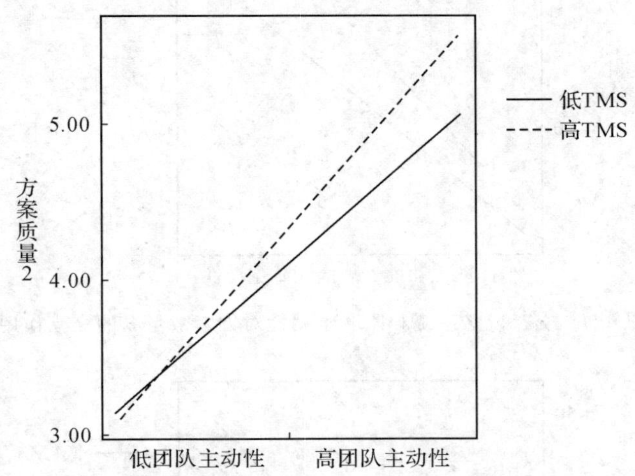


图 6.2　交互记忆系统和团队主动性对方案质量 2 的交互作用

从图 6.2 中可以明显地看出，低交互记忆系统条件下，无论团队主动性的高低，方案质量 2 的水平都是较低的；在高交互记忆系统条件下，随着团队主动性水平的增加，方案质量 2 的水平也得到了明显适应，表明了只有在高交互记忆系统和高团队主动性的组合条件下才能获的最高的方案质量 2。

从图 6.3 中可以看出，对于方案数量 3 而言，高低交互记忆系统条件下，高团队主动性水平的团队表现明显好于低团队主动性水平的团队表现，方案数量 3 最高水平是在高交互记忆系统和高团队主动性的条件下取得的。

从图 6.4 中可以看出，在低团队主动性的条件下，低交互记忆系统团队的质量还略高于高团队主动性的质量，这说明团队成员在经过实验任务的执行以后，个体也已经对相关内容比较熟悉，并能够结合自己的经验和信息提出一些高质量的建议，但是要想保证团队取得方案质量 3 的最高水平，还是要在高交互记忆系统和高团队主动性组合的条件下才能实现。

### 四、Lewin 变革模型思路下团队主动性三阶段差异分析

假设 3 提出，可以用 Lewin 变革模型理论来进行团队主动性和团队绩效之间关系的解释，分别假定在解冻阶段，群策水平越高的团队越有可能取得更高的团队绩效，在变革阶段协作水平越高的团队越有可能取得更高的团队绩效，

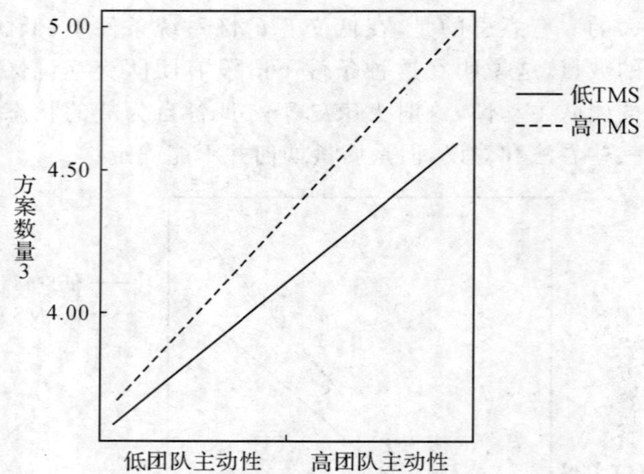


图 6.3　交互记忆系统和团队主动性对方案数量 3 的交互作用

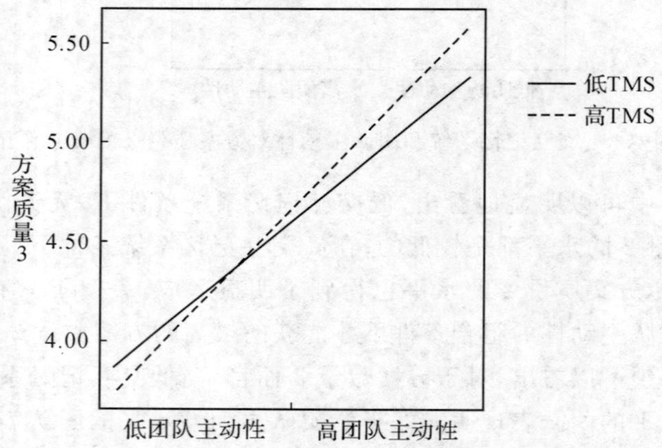


图 6.4　交互记忆系统和团队主动性对方案质量 3 的交互作用

在再冻结阶段适应水平越高的团队越有可能取得更高的团队绩效。下面分别按照解冻、变革、再冻结三个阶段群策、协作和适应的平均数将其分为高低两组，检验其团队绩效水平是否存在显著差异。检验结果如表 6.8 至表 6.10 所示。

**表 6.8　群策 高低组的团队绩效差异检验**

| | T 值 | 显著性 |
|---|---|---|
| 方案数量 1 | 1.13 | 0.27 |
| 方案质量 1 | 1.30 | 0.21 |

从表 6.8 中可以看出，群策得分高低两组之间的团队绩效并没有存在显著差异，这反映出在实验任务执行开始的阶段，各团队还没有能够完全进入适应的状态，所以绩效得分不存在显著差异，这也说明了团队任务执行的开始阶段，能够快速地适应并明确职责是非常重要的。

**表 6.9 协作高低组的团队绩效差异检验**

| | T 值 | 显著性 |
|---|---|---|
| 方案数量 2 | 2.19 | 0.04 |
| 方案质量 2 | 2.85 | 0.01 |

从表 6.9 中可以看出，协作高的团队的团队绩效水平明显高于协作低组的绩效水平，这反映出在团队进行讨论决策的关键环节中，各位成员积极发挥主动性，从自己专长出发，提供各种有效的信息和知识，并且在这个过程中能够受到其他团队成员的激发，从而不断更新自己的信息，提出更多的建议，整个团队则会在这种良性互动的氛围下产生更多高质量、领先性的方案。协作水平高低组的绩效差异显著反映出团队协作水平对于团队绩效的重要影响作用。

**表 6.10 适应高低组的团队绩效差异检验**

| | T 值 | 显著性 |
|---|---|---|
| 方案数量 3 | 0.26 | 0.78 |
| 方案质量 3 | 0.72 | 0.48 |

从表 6.10 可以看出，适应高低组的团队绩效差异并不明显，这说明团队在执行实验任务的过程中，表现出适应倾向高的团队在制定团队规范的要点的时候，和过程中适应倾向低的团队并没有显著差异，这可能和团队任务设置本身有很大的关系。最后的制定规范要点任务由于团队成员在制定的过程中，较多的可能会依赖本身的工作经验来讲出一些要点，而这些要点可能和本实验任务本身并无关系，但是按照评分表来评价的话，分数却可能是比较高的。这些结果也从另一方面说明，对于再冻结阶段的建设，很多团队成员已经有了较高的理解和关注，已经对团队适应问题有了较大的重视程度。从上面这些结果来看，假设 3 基本上得到了支持。

## 第五节 实验讨论

本章研究通过基于真实组织变革案例开发的实验操作，发现了团队交互记忆系统和团队变革绩效正相关，而且交互记忆系统和团队主动性在影响团队变革绩效的过程中存在着交互作用，反映了团队主动性行为影响团队绩效的中间过程机制，表明了团队主动性行为表现出来以后，要想达到较高的团队绩效水平，还需要对团队的交互记忆系统进行积极的建设，按照团队成员的专长和经验进行信息的分配，并且随着在变革背景下不确定性的增加，积极有效地更新信息，并且能够把信息在团队各成员之间进行有效的提取协调，实现信息和专长规范的动态更新、积累和分配，从而提高团队互动行为的速度和质量，从而提高决策质量，获得更好的团队绩效。Ellis(2006)通过实验研究发现，剧烈压力明显地减少了团队的信息更新、交互分配和提取协调行为，从而对团队绩效带来了消极的影响。这反映出交互记忆系统的建构是需要团队较多的注意资源的，而且随着压力的增大，团队成员在团队焦点上会变得弱化起来，这就对实践中交互记忆系统的建构具有很好的指导意义。特别是在组织变革背景下，团队面临着很大的压力，更加需要注意进行交互记忆系统的培养和建构。诸多研究结果也表明交互记忆系统和团队任务绩效是正相关的关系。Lewis等(2005)发现在新产品开发团队中团队稳定性、人际信任和成员熟悉度有助于交互记忆系统的形成，并且会带来较好的新产品开发方案。Rau(2006)研究发现，交互记忆系统有助于团队信息获取过程的优化，这种信息获取的优化会有助于团队对动态环境更准确地认知，所以交互记忆系统在外部环境和任务绩效之间起到了调节作用。Zhang(2007)的研究以交互记忆系统作为中介变量，发现了交互记忆系统的确在创新任务特征、创新支持和团队绩效之间起到了中介作用。张志学等(2006)研究发现交互记忆系统和团队的任务绩效、团队凝聚力显著正相关。张钢等(2008)也发现交互记忆系统可以用来解释团队任务完成过程中的知识处理机制。本研究的结果和前面的相关研究是一致的，都表明了团队主动性和绩效之间正相关的关系。

本研究发现团队主动性和组织变革绩效正相关，而且和交互记忆系统有较强的交互效应，只有在交互记忆系统高和团队主动性高的条件下，团队绩效才能够达到更高的水平。这反映出在变革背景下，由于环境和任务的不确定，团队可能本身就要经历某种调整和变化，若要有效地开发、建设和利用团队的交互记忆系统并且能够随着环境和任务的变化而动态地调整，团队内的高度团队主动性是必不可少的。Rico(2008)指出，团队主动性水平会影响到团队成员进行协调和互动的方式，从而影响到信息的共享度和决策方案的准确度，本研究的发现支持了这一观点。团队主动性水平和交互记忆系统产生的交互作用表明，团队主动性影响了交互记忆系统的建设和发挥功能的过程，随着团队主动性的适应，交互记忆系统建设才可能达到更高的水平，这样才能做出更多高质量的决策。面对不确定的环境和复杂的任务，现今团队的专长多样性程度越来越高，Rulke 等(2000)认为如果团队成员不能在交互过程中熟知他人的专长并且加以利用的话，那么这个团队的专长知识库是没有被充分利用的，不利于团队决策过程质量的提高。Brodbeck 等(2007)指出交互记忆系统会减少一个群体的谈判焦点，因为其可以使团队成员更有信心共享他人的专家信息，会更积极地去获取别人的专家信息。Stasser 等(1995)认为发展良好的交互记忆系统还可以减少群体讨论的偏差，因为团队成员都可以聚焦在自己专长的领域上，可以比别人更好地评估相关信息，而且知道彼此专长的群体倾向于更多讨论非共享信息，这样就可以更加全面地了解问题，从而做出较高质量的团队决策。由此可见，随着团队专长多样性的增加，团队成员之间的互动和交流就变得更加重要，特别是要发挥出这种多种专长的优势，就要建立交互记忆系统这种有效的团队认知结构。研究表明，剧烈压力给个体的信息处理能力带来了消极的影响，因为剧烈压力使得个体注意的宽度变窄了，结果个体倾向于把注意力聚焦在具有优先性的信息来源上，而忽视了次要的或者周边的任务(Gladstein，1985)。Driskell 等(1999)也指出团队成员在压力情景下会变得更加个体中心，对次要任务关注更少，而团队信息加工是要更加具有团队焦点的，是以团队为中心进行的信息加工过程。所以在团队主动性行为展现的过程中，交互记忆系统的构建和运作对于最终的团队绩效获取起到了重要的调节作用，可以说是团队主动性获取高绩效的关键边界条件之一。

本研究发现采用 Lewin 变革模型理论的思路是可以对团队主动性的发展做出解释的，在解冻阶段团队成员要快速地适应任务的变化，群策的动力就非常关键；在变革阶段，团队成员要制定出高质量的决策方案，团队成员之间的互动激发非常必要；在再冻结阶段，团队要为未来行动做出规范并能够设置协同的机制，从而保证团队的持续发展。Lewin 变革模型理论的思路较好地捕捉到了团队主动性行为发展的实质和过程，可以用在团队层面上指导团队发展过程和模式，而且“解冻—变革—再冻结”三阶段和团队主动性的三个过程是互相匹配的流程，都反映了团队问题解决和发展所需要的一般流程。

## 第六节 实验小结与展望

通过基于真实变革案例的模拟实验，本研究发现交互记忆系统和团队变革绩效之间是正相关的关系，交互记忆系统和团队主动性在影响团队变革绩效的过程中存在着交互作用，Lewin 的变革模型的思路可以较为有效地对团队主动性行为的发展进行解释。

本章研究存在以下几个局限:(1)实验被试过少,每种实验条件下正式被试只有五组;(2)实验任务设计上第一阶段的设置没有留给被试充足的准备时间,不利于充分思考和主动性行为的表现;(3)决策方案评分上由于三阶段的任务不同,应该分别专门设置不同的评价指标,本实验中只是从数量和质量两个方面进行了评价,可能会带来一定的偏差;(4)在实验控制上,由于被试之前的工作经验并没有进行控制,可能会给实验带来一定的影响。

未来的研究可以从以下几个方面继续探索团队主动性行为和团队变革绩效的关系:(1)拓展变革类型。本研究只是在组织并购背景下展开的研究,那么对于公司创业、信息化、国际创业等变革类型,本研究的发现能否成立还需要进一步地检验。(2)加强被试的选择工作。实验是被试、任务和背景组合的综合手段,为了进一步增加实验的外部效度,需要对被试进行进一步的筛选和控制,比如控制先前工作经验的影响。(3)更严密地设置实验任务。本研究是从真实案例中截取了一个代表性的并购决策任务,在三阶段任务的分解上可能不够严密,会影响到被试的理解和行为表现,未来的研究应该结合变革背景特征进行更多的关键行为抽取和组合,从而能够捕捉到每种任务下的团队行为的关键特征和表现模式。

# 第七章 研究总论

## 第一节 研究讨论

### 一、团队主动性的内涵

团队主动性是一个集体行为构思，主要是指团队为了达到应对环境变化、捕捉未来机会、预防已有问题等目的而展开的集体行为，是组织变革背景下一种重要的群体动力，具有三个典型特征：群策、协作和适应，三个维度分别反映了团队主动性的动力基础、行动过程和持续机制方面的特征。群策是指团队行动的动力来自团队内部，包括来自团队结构的动力和团队文化的动力；协作表征了团队主动性的行动过程和行动特征，团队是以领先行动为目的而展开互动协作；适应反映了团队在运作流程和文化建设上的努力，为的是能够建构一种能够保证团队主动性持续下去的工作机制。团队主动性的三个方面是一种互相强化、循环往复的关系，团队追求的是团队设定的目标，要想实现这些目标，就需要团队对未来的机会或者可能出现的问题进行提前的判断和准备；由于任务的复杂性，在行动过程中需要团队成员互相配合、紧密协作，这样才能实现团队行动的领先性；团队执行任务的过程可能和最初设定的目标存在一定偏差，团队成员的心理状态也许发生了一些变化，这时需要团队在任务执行流程规范上，以及团队文化建设上做出努力，从而优化团队工作流程、增强团队文化凝聚力，为团队主动性的持续展开进行积累和改进。团队主动性的三个方面反映了团队行动流程，在时间顺序上存在先后之分，但也是一个循环进行的过程。

团队主动性和个人主动性的相似点主要表现在以下5个方面：(1)团队主动性和个人主动性都是和组织的使命一致的，都是为了组织获取更大的竞争优势而表现出来的主动行为；(2)团队主动性和个人主动性都有着较为长期的时间焦点，两者都体现出了对未来的一种预测，都是为了解决可能出现的问题或者是捕捉即将到来的机会而展开的行动；(3)两者都是团队或者个体本身驱动的，不是由上级领导或者组织命令驱动的，是来自本身设定的目标而进行行动的；(4)团队主动性和个体主动性都表现出行动领先的特征，能够在问题发生或者机会出现之前就展开主动的行动，进行积极的前景展望并且制定出超前的问题解决方案；(5)团队主动性和个人主动性都体现出了行为持续上的努力，为了使得主动性行为能够持续下去，个体需要在意志强化和目标坚持上进行不断的努力，团队需要根据内外环境的不断变化而对团队运作的流程和团队文化建设进行规范的适应，从而使得主动性行为能够成为一种个体稳定的行为或者团队的工作机制。团队主动性和个人主动性的差异主要表现在以下3个方面：(1)两个构思的水平不同。团队主动性把主动性的概念从个体层面上拓展到了团队层面上，不仅是概念水平发生了变化，内涵也有了拓展。这主要源自团队成员之间的交互作用，群策相比于自我驱动因素结构复杂了很多，不仅包括个人对权力、利益和价值观的追求，也包含了他人的各种动机在内；而且很关键的是当大家组成一个团队的时候，里面的动力机制就变得比较复杂。协作是团队取得良好绩效的必要条件，个体行动领先就可以实现在某些机会捕捉或者问题识别上的领先性，但是一个团队要实现超前性，必然要依靠团队成员之间的互动协作才能完成。个体的坚持不懈更多的是个体在意志上的一种努力和强化，而团队行动的适应必须要经由工作规范和文化建设上的努力，才能适应团队工作效能和加强团队凝聚力。(2)两者出现的时间顺序不同。团队主动性的三个主要方面在时间上有一个比较明显的先后顺序，从团队规范的制定到团队成员的接受、团队行为的展现，之间可能要经过很长的时间过程。团队主动性的打造因为团体成员间的差异和团队结构的变化而必然会经历一个较长的过程，相对而言，个人主动性则是倾向于在个体水平上同时交叉出现的，是一个个体自我目标和行动调整强化的过程。(3)两者的驱动力构成不同。团队主动性的驱动力中，不仅包含一致性的驱动力，也包含了差异性的驱动力，也就是符合Lewin的群体动力学中群体动力的两大基本来源思想。但是个人主动性的动力主要来自个人本身人格或者目标的驱动力，是一种较为单一的个体驱动力，主要表现为一致的稳定的驱动力，这就和团队水平上由于背景、专长、价值观的差异而表现出的摩擦驱动力是不同的。

团队主动性的中国特色表现在团队领导的作用贯穿了群策、协作和适应的全过程，团队领导的引领可能是群策中最重要的驱动力之一，团队领导的重视和参与可能是协作顺利进展的最关键影响因素之一，团队领导的指导和坚持可能是团队适应最具有预测力的边界条件之一。这里所反映出的一个最具中国特色的现象就是领导角色在团队主动性的驱动、展开和持续的过程中所扮演的重要角色，而且这种影响力是以一种内隐的方式发挥作用的。这也体现出团队在执行任务过程中习惯于更多地依靠领导，而不是依靠科学和不断更新的制度。这就对领导能力提出了很大的挑战，特别是在高复杂的环境中，个人的能力和知识都是有限的，这给团队绩效的适应带来了很大的限制。随着团队决策集中度的下降和团队专长多样化的发展，这一问题可以得到一定的解决。即便是领导起到了很重要的影响作用，在不同行业中、不同所有制中、不同团队类型中，这种影响力的大小和起作用的方式又是不同的。比如，在IT这种专业知识技术密集的行业中，领导对团队的影响力更多表现为一种方向性的指引，并不能具体地规定行动的框架和步骤，行动方案还是需要团队成员彼此的配合与协作才能制定出来；在国有企业中，基层团队领导的个人影响力是有限的，基层领导更多的是组织高层决策的代言人，作为高层领导意志的中转站，其本身体现更多的是组织特征而非个人特征，所以其对团队的影响力相对比较有限；在研发团队中，由于其本身的专长和技能多元化结构，团队领导对团队的影响更多的也是表现在激励和总体引领上面，团队主动性的发挥和持续更多地还要依靠团队成员之间的互动和协作，并不断完善团队运作规范，适应和塑造团队文化。团队主动性的中国特色体现在团队领导对团队主动性的一种内隐而实在的影响力上，并贯穿了团队主动性展开的全部过程，这种影响部分地源自中国文化传统，又在不同的行业类型、所有制类型和团队类型中表现有所差异，并且在组织变革的背景下也正在发生着变化。

团队主动性的概念开发是从正在经历创业、并购、信息化和国际化的企业的访谈资料中提炼出来的一个构思，该构思是深深地根植于组织变革背景的，而且是从积极行动视角来看待组织变革背景下群体行为模式的，是探讨一种群体如何积极拥抱变革的行为表现。其中包含了群体面对变革所表现出来的积极的态度和行为模式，也可以说是团队主动性是团队应对组织变革带来挑战的重要手段。变革背景下的不确定性意味着很难有具体而明确的工作目标，这就要求团队进行自身驱动和设置目标，并且通过团队成员之间不同的专长和信息交流进行协作，从而实现行动的领先性，这样可以使得团队能够符合组织变革带来的快速变化和响应的要求。由于组织变革的动态性，团队的最佳实践不可能一蹴而就，还需要团队不断进行行为的修正和变化，不断对团队行为规范进行适应，包括了从团队行动规范和团队文化建设上面的努力。综上所述，团队主动性是组织变革的实践要求在团队层面上的体现，也是团队采取主动积极态度来迎接组织变革挑战的行动组合，两者有着天然的连接。

从心理学的视角来看，本研究认为团队主动性就是组织变革背景下团队在获取团队效能的过程中表现出的一种重要的群体动力。从 Lewin 的相关理论来看，团队本身及其所处的环境就构成了团队行动的力场，团队尝试和外界环境之间保持一种平衡的关系。但是在组织变革的背景下，由于外界环境的不确定性和快速变化，已经使得团队所处的力场发生了不平衡性，这时为了进一步与外界环境进行匹配和平衡，需要团队表现出变革的行动，团队主动性可以说是团队为了实现所处力场的一种平衡状态而主动进行的一种群体变革活动。为了占得变革的先机，团队需要汲取内在的动力，这种动力包括团队一致性的凝聚力，也可能包括团队针对情景作出不同判断之间不一致的摩擦力，总之这种驱动的力量是来自于团队内部，来自于团队结构或者团队文化的一种内在驱动。当这种驱动力表现出来的时候，其载体就是团队成员之间的协作配合，大家交换各自的专长和信息，从而可以在变革中制定出领先性的行动方案，捕捉到未来的市场机会或者是解决掉已经存在的问题，并且能够在对手行动之前已经有所作为，从而占据市场竞争的有利位置。在团队协作互动的过程中，不可能是一帆风顺的，中间可能会有很多摩擦或者是任务执行不顺利的时候，或者出现团队凝聚力下降、团队价值观分散的被动局面，这种状况下就需要团队在团队运作规范和团队文化建设上更多地进行发力，从而使得团队应对组织变革的行为能够持续下来，并且能够进行不断地更新。在这个意义上而言，团队主动性可以作为组织变革背景下团队效能获取的重要的中间行为过程，是团队为了维持自身所处力场的平衡而主动展开的一种协作和不断适应的群体动力。

## 二、团队主动性的多种测量方法及其比较

本研究提出了组织变革背景下团队主动性是一个三维结构的假设，并使用了问卷测量和回顾式行为测量的方法进行分别检验，结果发现这两种测量方法之间具有较高的聚合效度，都可以用来捕捉团队主动性的三维构思。

经过前面对团队主动性两种测量方法的分析和比较，结果发现了一些比较类似的现象。从所在行业来看，IT 行业在两种测量中的表现都是优于服务和制造行业中的团队的，这说明 IT 行业是一个知识和技术密集的行业，IT 团队更是一个职责明确、结构功能匹配、互动协作程度强、行为领先水平高运转规范

的团队。而且由于IT行业的从业者一般文化素质较高，再加上合理的团队管理措施，就能更加表现出协作的行为，更能提出有创造性的方案。进一步由于这个行业中的知识更新速度很快，也要求团队具备快速学习和自我教育的能力，所以他们也相应地更加重视培训和学习。从所有制来看，民营企业和三资企业的团队主动性表现也优于国有企业团队。由于三资企业创立之初就比较规范，民营企业体制灵活而且越来越重视对自身人力资本的开发和管理素质的适应，所以在这种大的市场背景和管理环境下，国有企业的团队表现就相对比较落后一些，可能源于国有企业的管理模式、权力和利益分配机制都过于集中，无论协作水平还是适应表现都有较大的差距。从团队类型来看，研发团队在各个方面的表现一般来说要优于管理团队和销售团队，特别是在协作和适应上，研发团队的创造力和创新性要显著高于另外两种团队类型。这可能和研发团队产品创新和设计创新的核心内容紧密相关，并且在实际运作过程中，研发团队更好地注重了团队和个人利益的分配与捆绑，用制度来保证了团队主动性的发挥。从变革类型来看，国际化、公司创业和并购中的团队所展现出的团队主动性要显著高于信息化背景下的团队，这表明前面两种变革给公司中各个层面带来了更大的影响，其对整个组织和团队的运行都带来了更大的挑战，而信息化更像是一种流程上的变化，对团队职责、运作模式、制度规范的影响力较小，所以对团队主动性的要求相对也就弱化了一些。

## 三、团队主动性的影响因素及其作用过程

本书发现变革任务依存和团队主动性显著正相关，反映出在公司创业、并购、国际化和信息化变等变革类型中，变革任务已经不能由个体单独完成，变革任务可能会是涉及多个个体或者团队的系统工程，团队成员个人任务完成状况直接会影响到其他成员的工作效率。在这种情况下，个体会更加积极地进行工作，同时也会更加关注团队整体的进度，这样由于团队成员之间的互动会在团队层面表现出一种整体的主动性行为。本研究还发现变革任务特征对团队心理状态也有一定的影响，而且其间是一种正相关的关系。由于团队成员知觉到成员间在工作任务上的依存性，会使其有一种团队集体作战的体验，可能会带来其更高的团队效能感。而且由于团队成员彼此之间的依存性，团队更加关注整体绩效的获取，从而对个人的差错更具有一定的容忍度，营造出相对较宽松的氛围，使大家产生较高的心理安全感。变革目标合作涉及成员对他们的目标和其他成员目标的相关程度的知觉，这种知觉影响了团队交互和工作结果。目标和变革任务依存在概念上和实证上都是不同的，变革目标合作是指当实现个体目标可以帮助他人实现他们目标时，关于目标的信念影响了成员的期望、交

流、问题解决行为和工作绩效。如果成员知觉到他们的目标是正相关的,知觉到一个共同的命运,就会促进支持性的行为如交换见解和信息。现场研究发现有着高度合作式目标的团队在讨论他们相反的观点时更加的有建设性,能带来更高的绩效和团队创新。本研究的结果支持了变革目标合作与团队主动性之间正相关的关系。在组织变革背景下,虽然涉及了很多人员利益的调整,但是变革的总体目标肯定是为了整个企业更好地生存和发展,个人的利益从长远来看也是要依托于整个企业的命运,所以团队成员在变革中知觉到的个人目标和集体目标的一致性就很重要。由于这种一致性知觉是一种一般的认知倾向性,对具体行为也较具有一般的预测力,在这种一致性期望的驱动下,成员会表现出更多的积极行为并且密切关注整个团队的表现,这就会使团队整体展现出较高水平的团队主动性。进一步从其和团队心理状态之间正相关的关系也可以看出,成员知觉到个人和团队共同的命运后,会对团队更有一种信任感和依赖感,从而在团队中可以体验到更高的团队效能感和团队心理安全感。在当前的组织和社会背景下,团队价值观的统一显得非常有意义,因为从企业实际经验来看,由于社会价值观的多元化,企业对员工产生的影响已经比较有限,所以如果一个团队要适应自身的凝聚力,就需要用共同的命运把大家捆绑在一起,激发出整个团队的战斗力。

团队专长分散度则反映了团队的知识结构,组织变革背景下随着任务复杂性和难度的提高,必然要求团队在结构上作出相应的调整,权力结构朝向扁平化的方向发展,团队知识结构则朝向多元化的方向发展。由于中国文化传统上是权力距离较大,这也和研究中的发现一致,中国团队领导的决策集中度还是较高的,但是这和团队主动性之间并不存在促进作用,反而有可能是一种抑制作用。在管理上经常出现的一种管理陷阱就是领导者抱怨下属没有主动性,便更加加强了对下属的控制,结果很可能使员工变得更加没有积极性,而领导还在痛苦地思考如何才能更好地控制和推动下属的主动行为,却没有考虑过分权和群体决策参与的重要性。本研究中还发现团队决策集中度和团队心理状态之间并没有显著的正相关关系,相关系数也比较小。在实践中决策集中度和团队心理安全感很可能是负相关的关系,也就是说成员如果只是被动地执行任务,对决策根本没有制定权,那么其会感知到更大的不安全感,更加担心会犯错误。团队专长分散度和团队心理状态、团队主动性行为都是正相关的关系,而且团队专长分散度还是通过团队心理状态的完全中介作用而影响到团队主动性的,这说明一个专长多样的团队并不能必然的带来团队主动性行为,关键在于团队成员心理状态发生的变化。由于存在多种专长,团队成员必然会增加迎接变革带来挑战的信心,从而可以体验到更高的团队效能感。由于大家可以对不同的专长信息和知识进行判断和加工，对自己所擅长的领域负责，团队成员之间就有了更高的包容性，从而使大家感受到一种团队心理安全感。值得指出的是，团队心理状态的形成需要在一个较长的时间段中才能完成，如果按照 Ilgen(2005)的划分方法，他认为按照时间维度可以把团队划分为形成阶段、执行阶段和完成阶段，那么团队关键心理状态形成及其对行为的推动作用应该是出现在执行阶段的团队。

本书的发现和前面的研究都支持了团队心理状态对团队行为的驱动作用，团队效能感和团队心理安全感都和团队主动性是正相关的关系。而且研究还进一步发现，团队心理状态的产生受到了任务特征和团队特征的影响，团队心理状态在变革任务特征和团队结构特征和团队主动性的关系中起到了中介作用。在组织变革背景下，团队效能感的水平会对团队行为产生显著的影响，由于变革的前景是不清晰的，变革可能会遇到的困难和挫折也是不能事先掌控的，所以只有高团队效能感的团队才更有可能采取主动的、冒险的和创新的行动来推进组织变革进程。由于团队效能感是一种一般的行为倾向性，是针对各种任务、在各种背景下都可以展现出来的群体心理特征，所以比较具有一般的行为预测力。只有在一个开放宽容，鼓励冒险和创新的氛围下，团队成员才能有较高的心理安全感水平，变革导向的表现水平才会较高。只有在这样的条件下，团队成员才更有可能团结一致地克服困难，迎接变革带来的挑战。个体由于其行为惰性或者个性特征上的局限，可能不敢进行某些创造性的尝试，这时一个强有力的团队是其开展大胆尝试的智力支持和精神后盾。当团队取得了若干显著的成功和进展后，便会成为团队进一步努力的基石，也更加有可能去进行更多的创新和冒险性活动，也更有可能在变革中采取更加主动的行为，从而取得更好的变革绩效。组织变革带来了很多的不确定性，行动带来的效果并不明晰，犯错误的几率增加了，这时非常需要团队营造出一种开放、包容的氛围，鼓励成员大胆地提出好的建议并积极实施，即使犯了错误，也能够给予包容，并从中进行反思和学习，从而打造出一种安全的团体心理气氛。只有在这种环境的影响下，群体的行为表现才可能更为积极主动，更有可能获取变革工作的高绩效。

### 四、团队主动性的效能机制

通过问卷研究，从交互记忆系统的认知视角出发，支持了交互记忆系统在团队主动性和团队变革绩效关系中的缓冲作用。研究结果提供了输入—过程—输出的团队动态效能模型的证据，拓展了交互记忆系统在组织变革背景下对团队效能的重要意义，发现交互记忆系统是团队主动行为获取较高工作绩效的一种有价值的团队认知结构。由于本研究是从认知视角出发的，还可以把交互记忆系统看作是团队主动性行为带来的结果，也就是说由于团队成员之间的积极驱动和不断地进行信息更新，更好地掌握了各位成员的专长，并通过团队协作行为的成果更加对成员的专长有了信心，再经由团队规范的不断适应，团队成员之间相互进行工作配合和信息分配及提取的能力都有了更大的提高，从而可以使团队更加充分有效地利用团队成员各自的专长，进一步使团队主动性行为有了更大的智力支持，为团队绩效的获取做好了充足的准备。本研究的结果和以前的研究发现是一致的，都反映出交互记忆系统对团队绩效的获取有着重要的影响，特别是随着团队专长多样性的增加、团队面临环境压力的增大，交互记忆系统的建构就更应该受到重视，其在团队结构或者行为变量、环境变量和团队绩效中的调节作用也得到了大量研究的支持，是一种影响团队绩效的重要的认知过程因素。

通过基于真实变革案例的模拟实验，从行为视角出发，通过基于真实变革案例的模拟实验，本研究发现交互记忆系统和团队变革绩效之间是正相关的关系，交互记忆系统和团队主动性在影响团队变革绩效的过程中存在着交互作用，Lewin 的变革模型的思路可以较为有效地对团队主动性行为的发展进行解释。

Peltokorpi(2008)认为当团队中的成员接受了信息编码、存储和提取的责任的时候，交互记忆系统就可能形成了。知道了各自的专长，就可以使得成员把相关的信息进行合适的编码；依据各自的专长和群体的规模等因素，类似的信息可以在单个成员或者多个成员中进行存储；当团队中至少有两个人一起工作时，就可能会要求提取各自专门的知识。交互记忆系统有效的运作还受到很多因素的影响：(1)团队中的成员应该是认知上交互依存的、彼此互动的，而且愿意进行知识的分享和交流，Hollingshead(2001)认为当群体成员习得了他人的专长并且在信息的编码、存储和提取上互动的时候，认知上的交互依存就形成了；(2)团队成员需要在成员的专长分布上达成共识，Brandon 等(2004)指出，那些被认为是专家的人应该是真正的专家；(3)任务也会影响交互记忆系统的运作，任务应该是足够复杂的，这样为了完成整个任务团队成员才会彼此依存、共同协作，来获取和处理能够完成任务的各种相关信息；(4)群体组成应该是相对稳定的，因为群体成员的变化可能会导致交互记忆系统的重新建立，在动态环境下，对快速建立交互记忆系统就提出了更高的要求。

交互记忆系统对于团队的益处是非常明显的。Zhang 等(2007)指出，在一个建构了交互记忆系统的团队中，个体可以较大地适应他们的有效利用他人资源的能力，可以建立一种知识持有体系，该体系比任何个人的自我记忆系统都更加庞大和复杂，这会使得团队运作得更加有效。Peltokorpi(2008)认为交互记忆系统可以使团队成员通过利用其他成员作为外部记忆辅助而变得更加专业化，这就使得个体拥有了更大容量的关于任务的知识；交互记忆系统还可以以创新的方式对群体成员的互补性信息进行合并，从而推进团队的创新活动。Wegner(1986)指出交互记忆系统的所有要素都是有助于优化群体学习过程的，从而有助于适应群体绩效。交互记忆系统也有其局限性，随着团队人数的增加，其建立和良好运转会变得更加困难，有效的交互记忆系统可能会使得团队过于相信他们的知识，从而降低其决策能力，Kozlowski 等(2003)指出这些因素阻碍了团队在时间紧迫情境下效能的获取。本研究的系列结果支持了团队交互记忆系统构建的重要作用和积极效应，特别是其与团队主动性交互作用对团队绩效有着积极的影响。

由于组织本身就是一个开放的社会技术系统，组织变革又是一个复杂系统工程，而且是在不断地发展变化的，所以在组织变革效标选取上应该采用多指标、多评价者、多阶段的评价方法，具体效标选取上不仅要注重客观结果类指标和任务执行类指标，还要关注组织变革中的员工心理和行为类指标。本研究重点关注了由于受到了组织变革的不确定性和任务执行依存性影响下的团队变革绩效，主要聚焦在了团队变革任务绩效和团队成员 PJ、PO 匹配变化上来，从而可以比较好地从客观任务绩效和成员感知两个方面捕捉到组织变革对团队带来的影响结果。研究结果表明，在组织变革中团队变革任务绩效和团队成员匹配知觉都发生了不同程度的变化，团队主动性对团队变革任务绩效和团队成员知觉到的匹配变化都是显著正相关的关系，说明团队主动性对团队变革绩效有较好的预测力。而且研究进一步发现，在认知视角下，团队主动性高和专长度、可信度、协调度高的组合模式下，团队变革任务绩效和团队成员 PJ、PO 匹配才能达到更高的水平；在行为视角下，只有团队充分地进行了信息更新、信息分配和提取协调工作，才能获取更高的团队绩效。由此可见，优良变革绩效的获取是一个系统工程，需要从认知和行为等多方面进行匹配性的建设才能获得理想的绩效。

## 五、研究总的框架图

最后，对本书研究整体框架图进行总结，如图 7.1 所示。

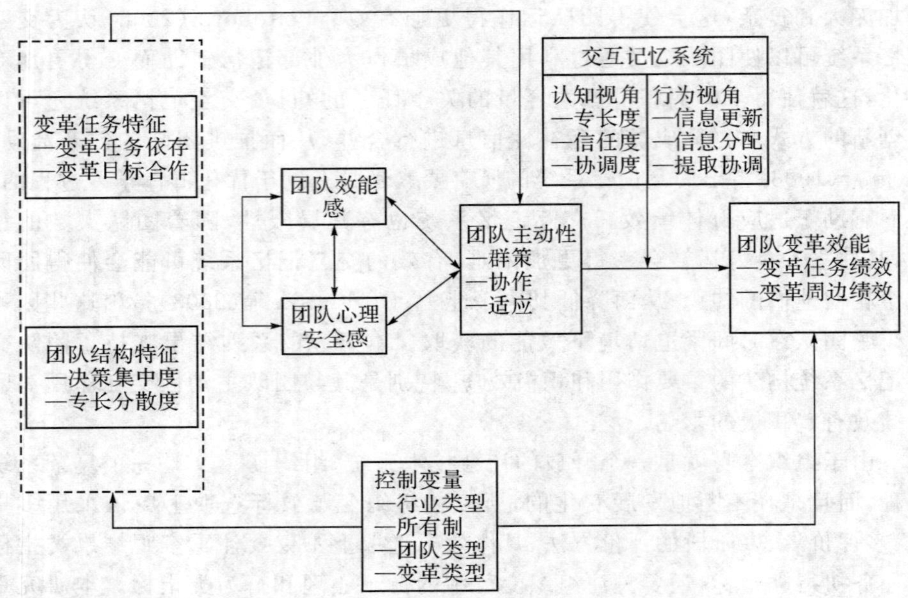


图 7.1　研究总体框架图

## 第二节　研究结论

经过前面的研究讨论，本书的基本结论如下：

(1)团队主动性是一个集体行为构思，主要是指团队为了达到应对环境变化、捕捉未来机会、预防已有问题等目的而展开的集体行为，是组织变革背景下一种重要的群体动力，具有三个典型特征：群策、协作和适应，三个维度分别反映了团队主动性的动力基础、行动过程和持续机制方面的特征；团队领导的作用贯穿了群策、协作和适应的全过程，团队领导的引领可能是群策中最重要的驱动力之一；团队主动性是组织变革的实践要求在团队层面上的体现，也是团队采取主动积极态度来迎接组织变革挑战的行动组合，两者有着天然的连接；团队主动性可以作为组织变革背景下团队效能获取的重要的中间行为过程，是团队为了维持自身所处力场的平衡而主动展开的一种协作和不断适应的群体动力。

(2)团队主动性可以使用问卷法和回顾式行为测量法进行测量，两种方法都可以有效地捕捉到团队主动性的内涵，而且两种方法之间的聚合效度较高；团队主动性的三个维度在不同行业类型、企业所有制类型、团队类型和组织变革类型的团队中存在显著差异，其中IT行业、民营和三资企业中，正在经历国际化、公司创业和并购的IT团队在各方面都展现出了较高的团队主动性水平。

(3)在团队主动性的影响因素及其作用过程的现场研究中发现，变革任务依存、变革目标合作和团队主动性正相关；决策集中度和团队主动性负相关，专长分散度和团队主动性正相关；团队效能感、团队心理安全感与团队主动性正相关，而且在变革任务特征、团队结构特征和对团队主动性影响的过程中起到了中介作用；团队主动性和团队变革任务绩效、团队成员知觉到的PJ匹配、PO匹配是正相关的关系。

(4)在团队主动性的效能机制研究中同时采用了现场研究和实验研究的方法，在现场研究中发现，交互记忆系统和团队变革绩效是正相关的关系，而且在团队主动性影响团队变革绩效的过程中起到了缓冲作用。实验研究发现，通过基于真实变革案例的模拟实验，本书研究发现交互记忆系统和团队变革绩效之间是正相关的关系，交互记忆系统和团队主动性在影响团队变革绩效的过程中存在着交互作用，Lewin的变革模型的思路可以较为有效地对团队主动性行为的发展进行解释。

## 第三节　本研究取得的理论进展

总的来说，本书在以下三个方面取得了一定的理论进展：

(1)结合组织变革背景，在团队水平上开展主动性研究，从组织变革背景下群体如何能够主动拥抱变革的视角出发，提出了团队主动性的新构思，通过扎根理论的方法探索出了其内涵，并且采用了问卷测量、行为测量的方法捕捉到了其关键特征。

(2)借鉴团队研究中情感中介过程研究启示，把团队心理状态作为组织变革背景下团队行为产生的重要过程，探索了团队主动性的形成过程；采取整合式研究思路，把团队认知过程作为团队行为与团队效能之间关系的重要调节变量，研究了团队主动性的效能机制，而且专门对团队变革效能指标进行建构，使用了客观结果类、任务执行类和心理反应类指标，较为全面地捕捉到了组织变革对团队带来的效应。

(3)以Lewin的场理论、群体动力学和变革模型作为研究的理论基础，并对其进行了进一步拓展，确认了团队主动性可以作为组织变革背景下一种重要的群体动力，把变革模型应用到团队主动性表现过程上，从而对组织变革背景下群体行为模式的表现及其发展有了更深刻的了解。

## 第四节 本书研究的现实意义

本书具有以下四点现实意义：

(1)对于组织变革中的团队建设和管理具有现实的指导意义。构建组织变革背景下较为完整的团队主动性形成和效能机制完整图式，有助于实务界人士从一个比较系统和整合的思路来看待变革中的团队建设和经营，特别是在团队结构设计、领导风格展示、组织氛围构建、交互记忆系统系统的打造上都比较有借鉴意义。

(2)对于组织变革背景下员工的心态管理，特别是群体心理建设上有现实的指导意义。组织是一个复杂的社会心理系统，员工个体和群体的导向、效能感、安全感等重要的心理状态直接会影响到他们的态度和行为模式，所以管理上的支持、组织中公平氛围的打造对于有效地激发出员工积极主动的行为非常重要。

(3)团队是一个信息加工的主体，决策质量的效率和质量对于企业成败至关重要，特别是在组织变革背景下，很多未来的目标任务连领导也不能说清楚，这时就需要团队一种主动开拓、互动创新的举措，这其中如何能够提高质量的关键就是交互式记忆系统的构建和不断地更新，只有这样才能使团队的主动行为获得更好的绩效。

(4)在团队规范建设上，实务中存在一个规章制度订立好了就认为团队会表现出期望行为的误区，本研究也发现团队规范的制定和成员的接受与执行并不是同一回事，这之间还需要一个较长的时间过程，在这个过程中信息的沟通与交流反馈渠道的建立就非常重要。

## 第五节 本书研究的局限及未来研究的展望

本书研究存在以下一些局限：(1)研究只关注了交互记忆系统的一般特征，而没有关注其具体内容，可能会影响到交互记忆系统应用到不同的工作背景中去的效度；(2)在使用问卷测量团队结构时存在局限，前面的研究测量要么是个体现象知觉、要么是团队现象的知觉，未来的研究应该通过聚焦在团队水平的现象来测量，而不是合并个体水平；(3)因为变革是动态的，本研究只能捕捉到某个时间点上团队变革任务和绩效的表现，并不能纵向地观察到核心变量形成和发挥效能的作用过程；(4)本书研究了四种变革背景下的三种类型的团队，由于总体样本量偏小，在一定程度上影响了研究结果的有效性；(5)实验被试过少，每种实验条件下正式被试只有五组；实验任务设计上第一阶段的设置没有留给被试充足的准备时间，不利于充分思考和主动性行为的表现；决策方案评分上由于三阶段的任务不同，应该分别专门设置不同的评价指标，本书实验中只是从数量和质量两个方面进行了评价，可能会带来一定的偏差；在实验控制上，由于被试之前的工作经验并没有进行控制，可能会给实验带来一定的影响。

本书有以下几个未来研究的展望：(1)由于本研究选取的两个一般任务特征具体的针对性不强，未来的研究可以更加具体地界定变革任务特征。(2)本研究显示组织环境的变化会带来人们对其与工作及与组织匹配评价的变化，这些变化对于员工的态度和行为可能都会产生重要的影响，比如对组织承诺、离职倾向、变革抵制等的影响，未来可以对这些知觉到的匹配变化进一步进行研究。(3)拓展变革类型。本研究只是在组织并购背景下展开的研究，那么对于公司创业、信息化、国际创业等变革类型，本研究的发现能否成立还需要进一步的检验。(4)加强被试的选择工作。实验是被试、任务和背景组合的综合手段，为了进一步增加实验的外部效度，需要对被试进行进一步的筛选和控制，比如控制先前工作经验的影响。(5)更严密地设置实验任务。本研究是从真实案例中截取了一个代表性的并购决策任务，在三阶段任务的分解上可能不够严密，会影响到被试的理解和行为表现，未来的研究应该结合变革背景特征进行更多的关键行为抽取和组合，从而能够捕捉到每种任务下的团队行为的关键特征和表现模式。

# 参考文献

[1] Alper, S. , Tjosvold, D. , & Law, K. S. Interdependence and controversy in group decision making: Antecedents to effective self-managing teams[J]. Organizational Behavior and Human Decision Processes,1998, 74:33-52

[2] Andersson L M. Employee cynicism: An examination using a contract violation framework [J]. Human Relations, 1996,49:1395-141

[3] Antoncic B, Hisrich R D. Clarifying the Concept of Intrapreneurship[J]. Journal of Small Business and Enterprise Development, 2003, 10,(1):7-24

[4] Aragon-Correa J A. Strategic proactivity and form approach to the natural environment[J]. Academy of Management Journal,1998, 41:55-567

[5] Armenakis, A. A. , & Bedeian, A. G. Organizational change:A review of theory and research in the 1990s[J]. Journal of Management, 1999, 25:293-315

[6] Aube C, Rousseau V. Team Goal Commitment and Team Effectiveness:The Role of Task Interdependence and Supportive Behaviors[J]. Group Dynamics:Theory, Research, & Practice,2005, 9(3):189-204

[7] Bachrach, D. G. , Powell, B. C. , Bendoly, E. , & Richey, R. G. Organizational citizenship behavior and performance evaluations: Exploring the impact of task interdependence [J]. Journal of Applied Psychology,2006, 91:193-201

[8] Baer M, Frese M. Innovation is not Enough: Climate for Initiative and Psychological Safety, Process Innovations and Firm Performance [J]. Journal of Organizational Behavior, 2003,24:45-68

[9] Bagozzi, R. P, Yi Y. Multitrait-multimethod matrices in consumer research[J]. Journal of Consumer Research, 1991, 17:426-439

[10] Bandura A. Self-efficacy: The exercise of control[M]. New York: Freeman and Company, 1997

[11] Baron R. OB and entrepreneurship: The reciprocal benefits of closer conceptual links[J]. Research in Organizational Behavior, 1998, 24:225-269

[12] Bateman T S, Crant J M. The Proactive Component of Organizational Behavior: A Measure and Correlates[J]. Journal of Organizational Behavior, 1993, 14(2):103-118

[13] Bliese, P D. Within-group agreement, non-independence, and reliability. In K. J. Kline & S. W. Kozlowski (Eds.), Multilevel theory, research, and methods in organizations[M] . San Francisco: Jossey-Bass. 2000:349-381

[14] Baron R M, Kenny D A. The moderator-mediator variable distinction in social psychological research: Conceptual, strategic, and statistical considerations[J]. Journal of Personality and Social Psychology, 1986, 51 (6):1173-1182

[15] Beal D J. Cohen R R. Burke M J. McLendon C L. Cohesion and performance in groups: a meta-analytic clarification of construct relations [J]. Journal of Applied Psychology, 2003, 88(6):989-1004.

[16] Beer M. The technology of organization development. Handbook of Industrial and organizational psychology[M]. 1976. Chicago: Rand McNally:937-993

[17] Bell S T. Deep-level composition variables as predictors of team performance: A meta-analysis[J]. Journal of Applied Psychology, 2007, 92(3): 595-615

[18] Brandon, D. P. , & Hollingshead, A B. Transactive memory systems in organizations: Matching tasks, expertise, and people[J]. Organization Science, 2004, 15:633-644

[19] Brodbeck Eelix C, Rudolf Kerschreiter, Andreas Mojzisch. Group decision making under conditions of distributed knowledge: The information

asymmetries model. Academy of Management Review 2007, 32(4): 1078-1095

[20] Bryan D E, Eric A D. Relationships among team ability composition, team mental models, and team performance[J]. Journal of Applied Psychology, 2006, 91(3):727-736

[21] Burke C S. Stagl K C. Salas E., et al. Understanding team adaptation: a conceptual analysis and model[J]. Journal of Applied Psychology, 2006, 91(6):1189-1207

[22] Burns, T., & Stalker, G. M. The management of innovation[M]. London: Tavistock. 1961

[23] Cable, D. M., & Parsons, C. K. Socialization tactics and person-organization fit[J]. Personnel Psychology,2001:54, 1-23

[24] Caldwell S D, Herold D M, Fedor D. Toward an Understanding of the Relationships Among Organizational Change, Individual Differences, and Changes in Person-Environment Fit: A Cross-Level Study[J]. Journal of Applied Psychology, 2004,89(5):868-882

[25] Campbell D J. The proactive employee: Managing workplace initiative [J]. Academy of Management Executive,2000, 14(3):52-66

[26] Campion, M. A., Medsker, G. J., & Higgs, A. C. Relations between work group characteristics and effectiveness: Implications for designing effective work groups[J]. Personnel Psychology,1993:46, 823-850

[27] Carlson D S, Kacmar K M. Work-family conflict in the organization: Do life role values make a difference[J]? Journal of Management, 2000, 26: 1031-1054

[28] Carpenter, M. A., & Fredrickson, J. W. Top management teams, global strategic posture, and the moderating role of uncertainty[J]. Academy of Management Journal, 2001,44:533-545

[29] Cascio, W. F. Whither industrial and organizational psychology in a changing world of work[J]? American Psychologist,1995,50:928-939

[30] Chandler G N. Measuring the performance of emerging businesses: A validation study[J]. Journal of Business Venturing, 1993,8:391-408

[31] Clarke, J., Ellett, C., Bateman, J., & Rugutt, J. Faculty receptivity/resistance to change, personal and organizational efficacy, decision deprivation and effectiveness in research I universities[R]. Paper presented at

the Twenty-first Annual Meeting of the Association for the Study of Higher Education, Memphis, TN, 1996,10

[32] Corbin, J. M. & Strauss, A. [J]. Grounded theory research: Procedures, canons, and evaluative criteriaQualitative Sociology, 1990, 13 (1):3-21

[33] Cote J A, Buckley R. Estimating trait, method, and error variance: Generalizing across 70 construct validation studies[J]. Journal of Marketing Research, 1987, 24:315-318

[34] Covin J G, Slevin D P. A Conceptual Model of Entrepreneurship as Firm Behavior[J]. Entrepreneurship Theory and Practice, 1994, 16, (1):7-25

[35] Daft, R. L. Management[M]. The Dryden Press, Fortworth, TX. 1994:160-169

[36] Deci, E. L., Eghrari, H., Patrick, B. C., & Leone, D. Facilitating internalization: The self-determination theory perspective[J]. Journal of Personality,1994, 62:119-142

[37] Deloitte&Touche. 2005. Managingchange. http://www. deloitte. com/dtt/article/0,1002,cid%253D96213,00. html

[38] DeShon RP, Kozlowski SWJ, Schmidt AM. A multiple goal, multilevel model of feedback effects on the regulation of individual and team performance in training[J]. Journal of Applied Psychology, 2004, 89(6): 1035-1056

[39] Deutsch, M. The resolution of conflict. New Haven, CT: Yale University Press,1973

[40] Devine, D. J., Clayton, L. D., Philips, J. L., Dunford, B. B., & Melner. S. B. Teams in organizations: Prevalence, characteristics, and effectiveness[J]. Small Group Research,1999, 30:678-711

[41] Derue D S, Morgeson F P. Stability and change in person-team and person-role fit over time: the effects of growth satisfaction, performance, and general self-efficacy[J]. Journal of Applied Psychology, 2007, 92 (5):1242-1253

[42] Devos G, Buelwns M, Bouckenooghe. Contribution of Content, Context, and Process to Understanding Openness to Organizational Change: Two Experimental Simulation Studies[J]. The Journal of Social Psychology, 2007,147(6):607-629

[43] Dion K L. Group cohesion: from "field of forces" to multidimensional construct[J]. Group Dynamics: Theory, Research, and Practice. 2000, 4(1):7-26

[44] Dov Z, Gil L. A multilevel model of safety climate: Cross-level relationships between organization and group-level climates[J]. Journal of Applied Psychology, 2005,90(4):616-628

[45] Drach-Zahavy, A., & Somech, A.. Understanding team innovation: The role of team processes and structures[J]. Group Dynamics: Theory, Research, and Practice, 2001,5(2):111-123

[46] Drazin, R., & van de Ven, A. H. Alternative forms of fit in contingency theory[J]. Administrative Science Quarterly, 1985, 30:514-539

[47] Driskell, J. E., Salas, E., & Johnston, J. Does stress lead to a loss of team perspective[J]. Group Dynamics: Theory, Research, and Practice, 1999, 3:291-302

[48] Eden D. Team development: a true field experiment at three levels of rigor[J]. Journal of Applied Psychology, 1985, 70(1):94-100

[49] Edmondson A. Psychological safety and learning behavior in work teams [J]. Administrative Science Quarterly, 1999, 44(2):350-383

[50] Elagovan A R, Xie J L. Effects of perceived power of supervisor on subordinate stress and motivation: The moderating role of subordinate characteristics[J]. Journal of Organizational Behavior, 1999, 20:359-373

[51] Elias S M. Employee Commitment in Times of Change: Assessing the Importance of Attitudes Toward Organizational Change[J]. Journal of Management, 2009, 35(1):37-5

[52] Ellis A PJ. System breakdown: the role of mentl models and transactive meory in the relationship between acute stress and team performance[J]. Academy of Management Journal, 2006, 49(3):576-589

[53] Esser, J. K. Alive and well after 25 years: A review of groupthink research[J]. Organizational Behavior and Human Decision Processes, 1998, 73:116-141

[54] Fay D, Sabine S. Rethinking the Effects of Stressors: A Longitudinal Study on Personal Initiative[J]. Journal of Occupational Health Psychology, 2002, 7(3):221-234

[55] Ford, J. D. Organizational change as shifting conversations[J]. Journal

of Organizational Change Management, 1999,12(6):1-39

[56] Fraidin, S. N. When is one head better than two? Interdependentinformation in group decision making[J]. Organizational Behavior and Human Decision Processes,2004, 93:102-113

[57] Frederick P. Morgeson. David A. Hofmann. The structure and function of collective constructions: Implications for multilevel research and theory development[J]. Academy of Management Review, 1999, 24(2):249-265

[58] Frese M, Dieter Zapf. Action as the core of work psychology: A German Approach[M]. Palo Alto, CA. 1994

[59] Frese M, Fay D. Personal Initiative: An Active Performance Concept for Work in the 21st Century [J]. Research in Organizational Behavior, 2001, 23:133-187

[60] Frese M, Garst H. Making Things Happen: Reciprocal Relationships between Work Characteristics and Personal Initiative in A Four-Wave Longitudinal Structural Equation Model[J]. Journal of Applied Psychology, 2007, 92(4):1084-1102

[61] Frese M. The psychology of entrepreneurship[M]. Mahwah, New Jersey: Lawrence Erlbaum. 2006

[62] Frese M. , Kring W, Soose . , et al. Personal Initiative at Work: Differences between East and West Germany[J]. Academy of Management Journal, 1996,39, (1):37-63

[63] Furst S A. Employee Resistance to Organizational Change: Managerial Influence Tactics and Leader-Member Exchange[J]. Journal of Applied Psychology, 2008,93(2):453-462

[64] Gibson C B, Randel A E, Earley P C. Understanding group efficacy: An empirical test of multiple assessment methods. Group and Organization Management, 2000, 25(1):67-97

[65] Gibson C B. Me and us: Differential relationships among goal-setting training, efficacy and effectiveness at the individual and team level. Journal of Organizational Behavior, 2001, 22(7):789-811

[66] Gibson C B. They do what they believe they can: Group-efficacy beliefs and group performance across tasks and cultures[J]. Academy of Management Journal, 1996, 42:132-152

[67] Gilmore, T. , Shea, G. , & Useem, M. Side effects of corporate cultural transformations. Journal of Applied Behavioral Science, 1997, 33: 174-189

[68] Gladstein, D. L. , & Reilly, N. P. Group decision making under threat: The tycoon game[J]. Academy of Management Journal,1985, 28:613-62

[69] Glaser, B G & Strauss, A L. The Discovery of Grounded Theory: Strategies for Qualitative[M]. Research, Chicago, Aldine Publishing Company. 1967

[70] Glaser, B. G. The ground theory perspective: Conceptualisation with description[M]. Mill Valley: Sociology Press, 2001

[71] Gully, S. M. , Incalcaterra, K. A. , Joshi, A. , & Beaubien, J. M. A meta-analysis of team-efficacy, potency, and performance: Interdependence and level of analysis as moderators of observed relationships[J]. Journal of Applied Psychology,2002, 87:819-832

[72] Hackman J R. Group influences on individuals[C]. Handbook of industrial and organizational psychology. Rand McNally. 1976

[73] Hackman JR. The design of work teams. In Handbook of Organizational Behavior, ed. JW Lorsch[M] Englewood Cliffs, NJ: Prentice-Hall. 1987:315-342

[74] Harrison, D. A. , Price, K. H. , Gavin, J. H. , & Florey, A. T. Time, teams, and task performance: Changing effects of surface-and deeplevel diversity on group functioning[J]. Academy of Management Journal, 2002,45, 1029-1045

[75] Herscovitch, L. , & Meyer, J. P. . Commitment to organizational change: Extension of a three-component model[J]. Journal of Applied Psychology2002, , 87:474-487

[76] Hinsz, V. B. , Tindale, R. S. , & Vollrath, D. A. Theemerging conceptualization of groups as information processors. Psychological Bulleton. 1997, 121:43-64

[77] Hisrich R D. Entrepreneurship/Intrapreneurship[J]. American Psychologist, 1990, 45:209-222

[78] Hollenbeck, J. R. , Ilgen, D. R. , Sego, D. J. , Hedlund, J. , Major, D. A. , & Phillips, J. Multilevel theory of team decision making: Decision performance in teams incorporating distributed expertise[J]. Journal

of Applied Psychology, 1995,80:292-316

[79] Hollenbeck, J. R. , Moon, H. , Ellis, A. P. J. , West, B. J. , Ilgen, D. R. , Sheppard, L. , Porter, C. , & Wagner, J. A. Structural contingency theory and individual differences: Examination of external and internal person-team fit[J]. Journal of Applied Psychology, 2002, 87:599-606

[80] Hollingshead, A B. Cognitive interdependence and convergent expectations in transactive memory[J]. Journal of Personality and Social Psycholog,2001, 81:1080-1089

[81] Horak B J. Hicks K. Pellicciotti S. Duncan A. Create cultural change and team building[J]. Nursing Management. 2006,12:12-13

[82] Hornsey, M. J. , & Hogg, M. A. Assimilation and diversity: An integrative model of subgroup relations[J]. Personality and Social Psychology Review,2002, 4:143-156

[83] Hunter, J. E. , & Hunter, R. F. Validity and utility of alternative predictors of job performance[J]. Psychological Bulletin,1984, 96:72-98

[84] Ilgen Daniel R, John R Hollenbeck, Michael Johnson et al. Teams in organizations: From input-process-output models to IMOI models[J]. Annual Review of Psychology, 2005,56:517-543

[85] Ilgen, D. R. Teams embedded in organizations: Some implications[J]. American Psychologist, 1999,54:129-139

[86] Jackson, S. E. The consequences of diversity in multidisciplinary teams [C]. In M. A. West (Ed. ), Handbook of work group psychology. Chichester, UK: Wiley,1996:53-76

[87] James, L. R. , Demaree, R. G. , & Wolf, G. Estimating within-group interrater reliability with and without response bias[J]. Journal of Applied Psychology,1984, 69:85-98

[88] Jeffery A L. Adaptation of teams in response to unforeseen change: effects of goal difficulty and team compositon in terms of cognitive ability and goal orientation[J]. Journal of Applied Psychology, 2005, 90(6): 1153-1167

[89] Johanson J, Vahlne, J E. The internationalization process of the firm-a model of knowledge development and increasing foreign commiment[J]. Journal of International Business Studies,1977, 8(2):23-32

[90] Johnson Michael D, John R Hollenbeck, Stephen E Humphrey, Daniel R Ilgen, Christopher J Meyer. Cutthroat cooperation: Asymmetrical adaptation to changes in team reward structures[J]. Academy of Management Journal, 2006, 49(1):102-119

[91] Johnson, D. W., & Johnson, R. T. Cooperation and competition:Theory and research[C]. Edina, MN: Interaction Book. 1989

[92] Judge, T. A., & Cable, D. M. Applicant personality, organizational culture, and organization attraction. Personnel Psychology, 1997, 50: 359-393

[93] Judge, T. A., Thoresen, C. J., Pucik, V., & Welbourne, T. M. Managerial coping with organizational change: A dispositional perspective[J]. Journal of Applied Psychology, 1999, 84:107-122

[94] Jung D I, Sosik J J. Group potency and collective efficacy: Examining their predictive validity, level and analysis, and effects of performance feedback on future group performance. Group and Organization Management, 2003, 28(3):366-391

[95] Kim T Y. Cable D M. Socialization tactics, employee proactivity, and person-organization fit[J]. Journal of Applied Psychology, 2005, 90(2): 232-241

[96] Kouzes, J. M., & Posner, B. Z. The leadership challenge (3rd ed.) [M]. San Francisco: Jossey-Bass. 2002

[97] Kozlowski, S. W. J., & Bell, B. S. Work groups and teams in organizations[C]. In W. C. Borman, D. R. Ilgen, & R. Klimoski (Eds.), Comprehensive handbook of psychology. Industrial and organizational psychology. New York: Wiley. 2003, 12:333-376

[98] Kristof-Brown, A. L. Perceived applicant fit: Distinguishing between recruiters' perceptions of person-job and person-organization fit[J]. Personnel Psychology, 2000, 53:643-671

[99] Kristof A L. Stevens C K. Goal congruence in project teams: does the fit between members' personal mastery and performance goal matter[J]? Journal of Applied Psychology, 2001, 86(6):1083-1-95

[100] Kristof A L. Jansen J K. Colbert A E. A policy-capturing study of the simultaneous effects of fit with jobs, groups, and organizations[J]. Journal of Applied Psychology, 2002, 87(5):985-993

[101] Leavitt, H. Applied organizational change in industry: structural, technological and humanistic approaches[C]. (Eds), Handbook of Organizations, Rand McNally & Co., Chicago, IL. 1965

[102] LePine J A. Team adaptation and postchange performance: effects of team composition in terms of members' cognitive ability and personality [J]. Journal of Applied Psychology, 2003, 88(1):27-39

[103] LePine J A. Adaptation of teams in response to unforeseen change: Effects of goal difficulty and team composition in terms of cognitive ability and goal orientation[J]. Journal of Applied Psychology, 2005, 90 (6):1153-1167

[104] Lewin K Frontiers in Group Dynamics: Concept, Method and Reality in Social Science; Social Equilibria and Social Change[J]. Human Relations, 1947,1(1):5-41

[105] Lewin K. Field theory and experiment in social psychology: concepts and methods[J]. The American Journal of Sociology, 1939,44(6):868-896

[106] Lewin K. Field theory in social science. New York: Harper & Row. 1951

[107] Lewis, K. Measuring transactive memory systems in the field: Scale development and validation[J]. Journal of Applied Psychology, 2003, 88:587-604

[108] Lewis, K., Lange, D., & Gillis, L. Transactive memory systems, learning, and learning transfer[J]. Organization Science,2005, 16:581-598

[109] Madrid L D, Canas M, Medina. Effects of team competition versus team cooperation in classwide peer tutoring[J]. The journal of Educational Research. 2007, 100(3):155-160

[110] Marks MA, Mathieu JE, Zaccaro SJ. A temporally based framework and taxonomy of team processes[J]. Academy of Management Review. 2001, 26:356-76

[111] May, D. R., Gilson, R. L., Harter, L. M. The psychological conditions of meaningfulness, safety and availability and the engagement of the human spirit at work[J]. Journal of Occupational and Organizational Psychology. 2004,77:11-37.

[112] Marks M A. Zaccaro S J. Mathieu J E. Performance implications of leader briefings and team-interaction training for team adaptation to novel environments[J]. Journal of Applied Psychology, 2000, 85(6):971-986

[113] Mayer, R. C., & Gavin, M. B. Trust in management and performance: Who minds the shop while the employees watch the boss[J]? Academy of Management Journal,2005, 48: 874-888

[114] McCann, J. E. Patterns of growth, competitive tech-nology, and financial strategies in young ventures[J]. Journal of Business Venturing, 1991, 6: 189-203

[115] McGrath JE, Arrow H, Berdahl JL. The study of groups: past, present, and future [J]. Personality and Social Psychology Review, 2000, 4:95-105

[116] Meyer, J. P., & Allen, N. J. Commitment in the workplace: Theory, research, and application[M]. Thousand Oaks, CA: Sage. 1997

[117] Michael S R. Organizational change techniques: Their present, their future[J]. Organizational Dynamics, 1982,11(1):67-80

[118] Miller D. The correlates of entrepreneurship in three types of firms[J]. Management Science,1983,29(7):770-791

[119] Mohammed, S., & Dumville, B. C. Team mental models in a team knowledge framework: Expanding theory and measurement across disciplinary boundaries[J]. Journal of Organizational Behavior,2001, 22: 89-106

[120] Morgeson F P, D Hofmann D A. The structure and function of collective constructions: Implications for multilevel research and theory development[J]. Academy of Management Review, 1999, 24(2):249-265

[121] Moreland, R L. Transactive memory: Learning who knows what in work groups and organizations[C]. In L. Thompson, D. Messick, & J. Levine (Eds.), Sharing knowledge in organizations: The management of knowledge. Hillsdale, NJ: Erlbaum.. 1999, 3-31

[122] Nembhard I M, Edmondson A C. Making it safe: The effects of leader inclusiveness and professional status on psychological safety and improvement efforts in health care teams[J]. Journal of Organizational Behaviour. 2006, 27:941-966

[123] Nijhuis B J, Messelink H R. A review of salient elements defining team collaboration in paediatric rehabilitation. Clinical Rehabilitation[J]. 2007,21:195-211

[124] O'Reilly, C. A., III, Chatman, & J. Caldwell, D. F. People and organizational culture: A profile comparison approach to assessing person-organization fit [J]. Academy of Management Journal, 1991, 34, 487-516

[125] Parker, S. K. Role breadth self-efficacy: Relationship with work enrichment and other organizational practices[J]. Journal of Applied Psychology,1998,83: 835-852

[126] Parker, S. K., Williams, H., M., & Turner, N. Modeling the antecedents of proactive behavior at work[J]. Journal of Applied Psychology,2006, 91: 636-652

[127] Parks, C. D, Cowlin, R. A. Acceptance of uncommon information into group discussion when that information is or is not demonstrable[J]. Organizational Behavior and Human Decision Processes, 1996, 66: 307-315

[128] Peltokorpi V. Transactive memory systems[J]. Review of General Psychology. 2008, 12(4):378-394

[129] Pickering C, Wynn E. An architecture and business process framework for global team collaboration[J]. Intel Technology Journal, 2004,8(4): 373-382

[130] Podsakoff P M, MacKenzie S B, Lee J Y, Podsakoff N P. Common method biases in behavioral research: A critical review of the literature and recommended remedies[J]. Journal of Applied Psychology, 2003, 58(5):879-903

[131] Prussia G E, Kinicki A J. A motivational investigation of group effectiveness using social-cognitive theory. Journal of Applied Psychology, 1996, 81(2):187-198

[132] Rafferty A E, Griffin M A, Perceptions of Organizational Change: A Stress and Coping Perspective[J]. Journal of Applied Psychology, 2006, 91(5):1154-1162

[133] Rank J, Pace V L, Frese M. Three Avenues for Future Research on Creativity, Innovation, and Initiative[J]. Applied Psychology: An In-

ternational Review, 2004, 53,(4):518-528

[134] Rau D. Top management team transactive memory, information gathering, and perceptual accuracy[J]. Journal of Business Research, 2006, 59:416-424

[135] Reason J. Safety paradoxes and safety culture[J]. International Journal for Consumer and Product Safety. 2000, 7(1):3-1

[136] Rico Ramon. Team implicit coordination processes: A team knowledge-based approach[J]. Academy of Management Review 2008, 33(1):163-184

[137] Ruggles, R. The state of the notion: knowledge management in practice [J]. California Management Review, 1998, 40(3):80-89

[138] Rulke, D. L., & Galaskiewicz, J. Distribution of knowledge, group network structure and group performance[J]. Management Science, 2000,46: 612-625

[139] Saavedra, R., Earley, P. C., & Van Dyne, L. Complex interdependence in task-performing groups[J]. Journal of Applied Psychology, 1993,78:61-72

[140] Salas, E., & Fiore, S. M. Team cognition: Understanding the factors that drive process and performance[M]. Washington, DC: American Psychological Association

[141] Sargis, E. G., & Larson, J. R., Jr. Informational centrality and member participation during group decision making[J]. Group Processes and Intergroup Relations,2002, 5: 333-347

[142] Schabracq, M., & Cooper, C.. Toward a phenomenological framework for the study of work and organizational stress[J]. Human Relations,1998, 51: 625-648

[143] Schein E H, Warren B. Personal and organizational change via group methods[M]. New Upor: Wiley, 1965

[144] Searle B J. Does personal initiative training work as a stress management intervention[J]? Journal of Occupational Health Psychology, 2008, 13(3):259-270

[145] Seijts G H., Latham G P, Whyte G. Effect of self and group efficacy on group performance in a mixed-motive situation. Human Performance, 2000,13(3):279-298

[146] Shaw, M. E. Group dynamics: The psychology of small group behavior (3rd ed.) [M]. New York: McGraw-Hill. 1981

[147] Shea, G. P., & Guzzo, R. A. Group effectiveness: What really matters[J]? Sloan Management Review, 1987,28(3):25-31

[148] Stasser, G., Steward, D. D., & Wittenbaum, G. M. Expert roles and information exchange during discussion: The importance of knowing who knows what[J]. Journal of Experimental Social Psychology, 1995, 31: 244-265

[149] Thomas M B, Joseph M C. Panel analysis of the moderating effects of commitment on job satisfaction, intent to quit, and health following organizational change[J]. Journal of Applied Psychology, 1993, 78(4): 552-556

[150] Thompson, J. D. Organizations in action[M]. New York: McGraw-Hill. 1967

[151] Tjosvold, D., Tang, M. M. L., & West, M. Reflexivity for team innovation in China: The contribution of goal interdependence. Group and Organization Management, 2004,29, 540-559

[152] Tyler T R, Lind E A. A relational model of authority in groups[J]. Advances in Experimental Psychology. 1992, 25:115-191

[153] Vakola, M., & Nikolaou, I. Attitudes towards organizational change: What is the role of employees' stress and commitment[J]? Employee Relations,2005, 27: 160-174

[154] Van Swol, L. M., Savadori, L., & Sniezek, J. A. Factors that may affect the difficulty of uncovering hidden profiles[J]. Group Processes and Intergroup Relations,2003, 6: 285- 304

[155] Wageman, R. Interdependence and group effectiveness[J]. Administrative Science Quarterly,1995, 40: 145-180

[156] Wagner, J. A. Organizations. In A. E. Kazdin (Ed.), Encyclopedia of psychology[C]. New York: Oxford Press and the American Psychological Association. 2000, 6: 14-20

[157] Waller, M. J. The timing of adaptive group responses to nonroutine events[J]. Academy of Management Journal, 1999,42: 127-137

[158] Wanberg, C. R., & Banas, J. T. Predictors and outcomes of openness to change in a reorganizing workplace[J]. . Journal of Applied Psychol-

ogy,2000，85：132-142

[159] Wegner, D. M. A computer network model of human transactive memory[J]. Social Cognition,1995，13:319-339

[160] Wegner, D. M. Transactive memory：A contemporary analysis of the group mind[C]. In B. Mullen & G. R. Goethals (Eds.), Theories of group behavior. New York：Springer-Verlag. 1987，185-208

[161] Whiteoak J W，Challp L. Hort L K. Assessing group efficacy：Comparing three methods of measurement. Small Group Research，2004，35 (2):158-173

[162] Woodman R W. Sherwood J J. The role of team development in organizational effectiveness：a critical review [J]. Psychological Bulletin, 1980，88(1):166-186

[163] Zaccaro S J. Leader resources and the nature of organizational problems [J]. Applied Psychology，1995，44(1):32-36

[164] Zenger T R，Lawrence B S. Organizational demography：The differential effects of age and tenure distribution on technical communication [J]. Academy of Management Journal,1989，32：353-376

[165] Zhang Zhi Xue，Paul S Hempel，Yu-Lan Han，Dean Tjosvold. Transactive memory system links work team characteristics and performance [J]. Journal of Applied Psychology，2007,92(6):1722-1730

[166] 陈向明．扎根理论的思路和方法[J]．教育 研究 与 实验,1999，(004)：58-63

[167] 费小冬．扎根理论研究方法论:要素、研究程序和评判标准[J]．公共行政评论，2008，(03):23-43

[168] 傅鸿震．信息时代的企业组织变革研究[J]．当代经济管理，2008，30 (12):56-58

[169] 侯杰泰，温忠麟，成子娟．结构方程模型及其应用[M]．北京：教育科学出版社，2004

[170] 胡君．基于组织变革的员工关系管理研究[D]．江西财经大学硕士学位论文，2004

[171] 胡玲．企业并购后整合:基于核心能力的观点[D]．中国社会科学院研究生院博士学位论文,2003

[172] 侯杰泰，温忠麟，成子娟．结构方程模型及其应用[M]．北京：教育科学出版社，2004

[173] 李红. 组织变革中个人效能与团队冲突契合研究[J]. 学术交流，2008，11:184-188

[174] 李锐. 企业员工团队效能感的结构及其相关研究[D]. 暨南大学硕士学位论文. 2007

[175] 吕新萍. 组织变革与员工心理契约管理[J]. 首都经济贸易大学学报，2002(5):25-28

[176] 孟范详，张文杰，杨春河. 西方企业组织变革理论综述[J]. 北京交通大学学报(社会科学版),2008,7(2):89-92

[177] 彭瑞峰. 组织变革中员工心理契约的变化及引导[J]. 现代人才，2006(4):38-39

[178] 石伟. 组织变革中的员工反应研究[J]. 商场现代化，2008,1:316

[179] 王重鸣. 心理学研究方法[M]. 北京：人民教育出版社,2001

[180] 温忠麟，张雷,侯杰泰，刘红云. 中介效应检验程序及其应用[J]. 心理学报，2004，34(5):614-620

[181] 吴三清. 我国中小企业国际化经营的影响因素及方式选择研究[D]. 暨南大学博士学位论文，2004

[182] 张德亮. 企业并购及其效应研究——以上市公司为例[D]. 浙江大学博士学位论文，2003

[183] 张钢，熊立. 交互记忆系统与团队任务、成员异质性、团队绩效关系的实证研究[J]. 技术经济，2008,27(5):26-33

[184] 张永生. 驱动组织变革的员工自我绩效管理[J]. 中国人力资源开发，2008,216:17-19

[185] 张志学，Paul S Hempel，韩玉兰，邱静. 高技术工作团队的交互记忆系统及其效果[J]. 心理学报，2006,38(2):271-280

# 附录 1

访谈大纲：

1 请您简要介绍一下公司的背景信息(行业、主要产品/服务、成立时间、股权结构、销售额、市场等)。

2 请您简要介绍一下本团队的背景信息(团队成员学历、年龄、性别、决策集中度、专长分散度、任务设计特征、领导风格等)。

3 请您介绍一下公司最近进行的一项主要的变革的情况(背景、目标、时间、内容、流程、影响等)。

4 请您介绍一下本团队在这项组织变革中扮演什么角色？团队成员能否积极地拥护组织变革/认同组织、团队的价值观？

团队面临组织变革中不确定的情景能否主动地进行准备和行动？当变革中出现了意料之外的事情时团队能否动态地进行调整？

针对变革中以及团队自身存在的问题和不足的地方，团队是否能够进行持续的关注和改进？上面的所有问题，能否举出具体的案例进行说明？

5 您认为贵公司的组织文化能够支撑变革的顺利展开吗？您认为本团队经过这次变革后绩效有什么变化？

您认为经过这次变革对团队成员有什么影响？工作能力上价值观上团队凝聚力？

# 附录 2

## 研究问卷员工版

尊敬的先生/女士：

您好！非常感谢您在百忙之中能抽出时间填写此问卷！本次调查采用无记名方式，除研究者外，任何人都不会看到您的问卷结果，请放心作答。问卷结果仅供学术研究之用，因此答案没有对错之分。请您仔细阅读每道题目，并根据您的实际情况如实填写，请勿遗漏。

～非常感谢您的协助～ （浙江大学人力资源与战略发展研究中心）

**一、请填写或把符合您情况的选项上打勾。**

1. 性别：①男　　②女

2. 年龄：①20 岁以下　②20～29 岁　③30～39 岁　④40 岁以上

3. 最高学历：①初中及以下　②高中　③大专　④本科　⑤研究生

4. 所在企业名称：________________

5 企业所有制：①国有　②民营　③中外合资　④外商独资

6. 您目前所在的团队是：①管理　②销售　③研发　④其他（请注明）：

7. 您在该团队的时间是：______年______个月，您的团队由______人组成。

8. 您的所学专业是：________您之前的工作经历有：

9. 目前公司所正在进行的一项主要变革是：①并购　②信息

化 ③国际化 ④公司创业 ⑤其他(请注明):________________

**二、下面是对您所在团队的一些工作行为的描述,请在符合您团队情况的选项上打勾。**

| | | 非常不同意 | 不同意 | 中等 | 同意 | 非常同意 |
|---|---|---|---|---|---|---|
| TI-1 | 这次变革中团队本身就是我们行动的巨大推动力 | 1 | 2 | 3 | 4 | 5 |
| TI-2 | 变革中尽管有时具体目标不明确,但是团队的职责会促使我们采取行动 | 1 | 2 | 3 | 4 | 5 |
| TI-3 | 这次变革中团队本身的权力结构、专长结构促进了团队整体积极行动 | 1 | 2 | 3 | 4 | 5 |
| TI-4 | 变革中团队文化给我们带来了很大的驱动力 | 1 | 2 | 3 | 4 | 5 |
| TI-5 | 变革中团队成员的价值观和团队职责是相适应的 | 1 | 2 | 3 | 4 | 5 |
| TI-6 | 环境和任务的不确定性需要我们更好地履行团队的职责 | 1 | 2 | 3 | 4 | 5 |
| TI-7 | 变革中团队文化的凝聚力和推动力有利于团队整体行为的展开 | 1 | 2 | 3 | 4 | 5 |
| TI-8 | 团队成员相互配合地搜集各种信息,可以使我们在变革中占据主动 | 1 | 2 | 3 | 4 | 5 |
| TI-9 | 变革中团队内适度存在的冲突和摩擦,恰恰是我们工作进步的有力推手 | 1 | 2 | 3 | 4 | 5 |
| TI-10 | 变革中团队成员进行集体研讨,可以更好地预测未来的市场机会和可能的风险 | 1 | 2 | 3 | 4 | 5 |
| TI-11 | 团队成员集中反思,可以更全面地总结变革中存在的各种问题并预防其未来再次发生 | 1 | 2 | 3 | 4 | 5 |
| TI-12 | 变革中团队成员各自的专长在群体互动的激发之下,可以得到更好的发挥 | 1 | 2 | 3 | 4 | 5 |
| TI-13 | 变革中团队成员之间进行充分的信息交流,可以使我们做出更科学的决策 | 1 | 2 | 3 | 4 | 5 |
| TI-14 | 变革中团队成员一起进行头脑风暴,可以提出更多创造性、领先性的方案 | 1 | 2 | 3 | 4 | 5 |
| TI-15 | 变革中团队会尝试建立一种快速反应机制,以应对一些突发事件 | 1 | 2 | 3 | 4 | 5 |
| TI-16 | 即使面对很多变革中的困难和障碍,团队也会积极地思考能够改进的地方 | 1 | 2 | 3 | 4 | 5 |

续表

| | | 非常不同意 | 不同意 | 中等 | 同意 | 非常同意 |
|---|---|---|---|---|---|---|
| TI-17 | 变革中团队经常讨论改进工作流程的新规范 | 1 | 2 | 3 | 4 | 5 |
| TI-18 | 变革中团队有一种鼓励大家积极行动和良好配合的氛围,并尝试把这种做法制度化 | 1 | 2 | 3 | 4 | 5 |
| TI-19 | 变革中团队会非常关注如何更好地进行文化建设 | 1 | 2 | 3 | 4 | 5 |
| TI-20 | 变革中团队有一些奖励创新想法、优良绩效的制度 | 1 | 2 | 3 | 4 | 5 |
| TI-21 | 变革中团队会更加积极地不断更新原有的工作理念和工作标准 | 1 | 2 | 3 | 4 | 5 |

| 团队成员填写 | | 编码者评分 | | | | |
|---|---|---|---|---|---|---|
| | 请回顾过去三个月企业变革进程中的团队行为 | 基本没有 | 很少 | 中等 | 有一些 | 很多 |
| TI-22 | 请举例说明在过去三个月的变革进程中,你所在的团队会主动采取行动吗? | 1 | 2 | 3 | 4 | 5 |
| TI-23 | 请举例说明这些主动的行动有多少是团队本身发动的而并不是来自上级领导指示的? | 1 | 2 | 3 | 4 | 5 |
| TI-24 | 请举例说明变革中来自团队的权力/利益/价值观结构所驱动的团队主动行为有多少? | 1 | 2 | 3 | 4 | 5 |
| TI-25 | 请举例说明这次变革中来自团队文化驱动的主动行为有多少? | 1 | 2 | 3 | 4 | 5 |
| TI-26 | 请举例说明过去的三个月的变革进程中,您所在的团队成员之间进行了很多的协作吗? | 1 | 2 | 3 | 4 | 5 |
| TI-27 | 请举例说明您的团队在变革中的行为可以有多少做到协同一致? | 1 | 2 | 3 | 4 | 5 |
| TI-28 | 请举例说明这些协作会使得团队预先判断机会、超前发现问题吗? | 1 | 2 | 3 | 4 | 5 |
| TI-29 | 请举例说明过去三个月的变革进程中,您的团队专门讨论过工作流程或者文化建设上的规范问题吗? | 1 | 2 | 3 | 4 | 5 |
| TI-30 | 请举例说明团队在这次变革中对团队运作规范或者文化改进上的主动行为有多少? | 1 | 2 | 3 | 4 | 5 |
| TI-31 | 请举例说明团队在变革中不断尝试适应和改进规范的努力有多少? | | | | | |

**三、下面是对您所在团队的一些结构和态度特征的描述，请在符合您团队情况的选项上打勾。**

| | | 非常不同意 | 不同意 | 有些不同意 | 中立 | 有些同意 | 同意 | 非常同意 |
|---|---|---|---|---|---|---|---|---|
| TA-1 | 这次变革后中我在工作上与他人合作紧密 | 1 | 2 | 3 | 4 | 5 | 6 | 7 |
| TA-2 | 这次变革中我经常与他人进行工作上的协调 | 1 | 2 | 3 | 4 | 5 | 6 | 7 |
| TA-3 | 这次变革中我自己的绩效取决于接受到别人的准确信息 | 1 | 2 | 3 | 4 | 5 | 6 | 7 |
| TA-4 | 这次变革后中我完成任务的方式对他人有显著影响 | 1 | 2 | 3 | 4 | 5 | 6 | 7 |
| TA-5 | 这次变革中我的工作要求我相当频繁地咨询别人 | 1 | 2 | 3 | 4 | 5 | 6 | 7 |
| CO-1 | 这次变革中我们的团队成员休戚与共 | 1 | 2 | 3 | 4 | 5 | 6 | 7 |
| CO-2 | 这次变革中我们团队成员希望彼此都能成功 | 1 | 2 | 3 | 4 | 5 | 6 | 7 |
| CO-3 | 这次变革中团队成员的目标是一致的 | 1 | 2 | 3 | 4 | 5 | 6 | 7 |
| CO-4 | 这次变革中当团队成员一起工作的时候，我们通常有共同的目标 | 1 | 2 | 3 | 4 | 5 | 6 | 7 |

| | | 非常不同意 | 不同意 | 有些不同意 | 中立 | 有些同意 | 同意 | 非常同意 |
|---|---|---|---|---|---|---|---|---|
| TS-1 | 这次变革中团队中最重要的决策都是由团队领导做出的 | 1 | 2 | 3 | 4 | 5 | 6 | 7 |
| TS-2 | 这次变革中团队成员和领导之间的权力距离很大 | 1 | 2 | 3 | 4 | 5 | 6 | 7 |
| TS-3 | 这次变革中团队成员对重要问题都有发言权，最后采取多数通过的原则决策 | 1 | 2 | 3 | 4 | 5 | 6 | 7 |
| TS-4 | 这次变革中团队成员有着相似的知识背景和工作经验 | 1 | 2 | 3 | 4 | 5 | 6 | 7 |
| TS-5 | 这次变革中团队成员之间的知识、经验有着较大的差异 | 1 | 2 | 3 | 4 | 5 | 6 | 7 |
| TS-6 | 这次变革中团队成员的专长和能力之间有较大的互补性 | 1 | 2 | 3 | 4 | 5 | 6 | 7 |

| | | 非常不同意 | 不同意 | 有些不同意 | 中立 | 有些同意 | 同意 | 非常同意 |
|---|---|---|---|---|---|---|---|---|
| EF-1 | 这次变革中实现团队的目标是在我们能力控制范围之内的 | 1 | 2 | 3 | 4 | 5 | 6 | 7 |
| EF-2 | 这次变革中团队目标的实现不需要我们付出长期的时间和巨大的努力 | 1 | 2 | 3 | 4 | 5 | 6 | 7 |
| EF-3 | 这次变革中团队有目标有能力,可以实现任何我们想完成到的事情 | 1 | 2 | 3 | 4 | 5 | 6 | 7 |
| SA-1 | 这次变革中如果你对这个团队犯了过错,那么团队就会经常和你过不去 | 1 | 2 | 3 | 4 | 5 | 6 | 7 |
| SA-2 | 这次变革中本团队的成员可能带来问题或者麻烦 | 1 | 2 | 3 | 4 | 5 | 6 | 7 |
| SA-3 | 这次变革中因为存在差异,本团队的成员有时会反对别人 | 1 | 2 | 3 | 4 | 5 | 6 | 7 |
| SA-4 | 这次变革中在团队中进行冒险活动是安全的 | 1 | 2 | 3 | 4 | 5 | 6 | 7 |
| SA-5 | 这次变革中在本团队中请求别人帮助是很困难的 | 1 | 2 | 3 | 4 | 5 | 6 | 7 |
| SA-6 | 这次变革中本团队中不会有任何人刻意地破坏我所作出的努力 | 1 | 2 | 3 | 4 | 5 | 6 | 7 |
| SA-7 | 这次变革中跟本团队的成员在一起工作,我的专长和才华被重视并受到重用 | 1 | 2 | 3 | 4 | 5 | 6 | 7 |

**四、下面是对团队运作一些描述，请在符合您团队情况的选项上打勾。**

| | | 非常不同意 | 不同意 | 有些不同意 | 中立 | 有些同意 | 同意 | 非常同意 |
|---|---|---|---|---|---|---|---|---|
| TMS-1 | 这次变革中每个成员都有我们项目的不同方面的专门的知识 | 1 | 2 | 3 | 4 | 5 | 6 | 7 |
| TMS-2 | 这次变革中我拥有我们项目中一方面的别人没有的知识 | 1 | 2 | 3 | 4 | 5 | 6 | 7 |
| TMS-3 | 这次变革中不同团队成员对不同领域的专长负责 | 1 | 2 | 3 | 4 | 5 | 6 | 7 |
| TMS-4 | 这次变革中为了完成我们的项目，需要几个不同团队成员的专门的知识 | 1 | 2 | 3 | 4 | 5 | 6 | 7 |
| TMS-5 | 这次变革中我知道哪个成员拥有哪个具体领域的知识 | 1 | 2 | 3 | 4 | 5 | 6 | 7 |
| TMS-6 | 这次变革中接受到来自其他成员的程序建议我感到很舒适 | 1 | 2 | 3 | 4 | 5 | 6 | 7 |
| TMS-7 | 这次变革中我相信其他成员关于我们项目的知识是可信的 | 1 | 2 | 3 | 4 | 5 | 6 | 7 |
| TMS-8 | 这次变革中我对依存其他成员带入讨论的信息是有信心的 | 1 | 2 | 3 | 4 | 5 | 6 | 7 |
| TMS-9 | 这次变革中当其他成员给出信息的时候，我想再次地进行确认 | 1 | 2 | 3 | 4 | 5 | 6 | 7 |
| TMS-10 | 这次变革中我对其他成员的专长并没有太多信心 | 1 | 2 | 3 | 4 | 5 | 6 | 7 |
| TMS-11 | 这次变革中我们的团队以一种良好协调的方式一起工作 | 1 | 2 | 3 | 4 | 5 | 6 | 7 |
| TMS-12 | 这次变革中我们的团队关于做什么很少有误解 | 1 | 2 | 3 | 4 | 5 | 6 | 7 |
| TMS-13 | 这次变革中我们的团队经常需要回头并重新开始 | 1 | 2 | 3 | 4 | 5 | 6 | 7 |
| TMS-14 | 这次变革中我们顺畅、高效地完成了任务 | 1 | 2 | 3 | 4 | 5 | 6 | 7 |
| TMS-15 | 这次变革中关于我们如何完成任务上有很多困惑 | 1 | 2 | 3 | 4 | 5 | 6 | 7 |

**五、最后是有关本次变革对您个人影响的一些描述，请在符合您情况的选项上打勾。**

| | 通过这次变革…… | 非常不同意 | 不同意 | 有些不同意 | 中立 | 有些同意 | 同意 | 非常同意 |
|---|---|---|---|---|---|---|---|---|
| PJ-1 | 我的能力和培训更好地匹配了工作要求 | 1 | 2 | 3 | 4 | 5 | 6 | 7 |
| PJ-2 | 我比以前更好地胜任自己的工作 | 1 | 2 | 3 | 4 | 5 | 6 | 7 |
| PJ-3 | 我的技能没有更好地和工作匹配 | 1 | 2 | 3 | 4 | 5 | 6 | 7 |
| PO-1 | 我个人的价值观和组织的价值观更好地匹配 | 1 | 2 | 3 | 4 | 5 | 6 | 7 |
| PO-2 | 我个人的价值观和组织的价值观看起来更相似了 | 1 | 2 | 3 | 4 | 5 | 6 | 7 |

## 研究问卷领导版

尊敬的先生/女士：

您好！非常感谢您在百忙之中能抽出时间填写此问卷！本次调查采用无记名方式，除研究者外，任何人都不会看到您的问卷结果，请放心作答。问卷结果仅供学术研究之用，因此答案没有对错之分。请您仔细阅读每道题目，并根据您的实际情况如实填写，请勿遗漏。

～非常感谢您的协助～ （浙江大学人力资源与战略发展研究中心）

**一、请填写或把符合您情况的选项上打勾。**

1. 性别：①男　　②女

2. 年龄：①20 岁以下　②20～29 岁　③30～39 岁　④40 岁以上

3. 最高学历：①初中及以下　②高中　③大专　④本科　⑤研究生

4. 所在企业名称：________________

5 企业所有制：①国有　②民营　③中外合资　④外商独资

6. 您目前所在的团队是：①管理　②销售　③研发　④其他（请注明）：

7. 您在该团队的时间是：______年______个月，您的团队由______人组成。

8. 您的所学专业是：____________您之前的工作经历有：

9. 目前公司所正在进行的一项主要变革是：①并购　②信息化　③国际化　④公司创业　⑤其他（请注明）：________________

**二、下面是对团队在变革中的绩效的一些描述，请在符合的选项上打勾。**

| | | 很差 | 挺差 | 有些差 | 平均水平 | 有些好 | 挺好 | 非常好 |
|---|---|---|---|---|---|---|---|---|
| PE-1 | 我们的团队在这次变革中工作效率如何 | 1 | 2 | 3 | 4 | 5 | 6 | 7 |
| PE-2 | 我们的团队在这次变革中工作质量如何 | 1 | 2 | 3 | 4 | 5 | 6 | 7 |
| PE-3 | 我们的团队在这次变革中创新水平如何 | 1 | 2 | 3 | 4 | 5 | 6 | 7 |
| PE-4 | 我们的团队在这次变革中按时完成计划水平如何 | 1 | 2 | 3 | 4 | 5 | 6 | 7 |
| PE-5 | 我们的团队在这次变革中预算控制水平如何 | 1 | 2 | 3 | 4 | 5 | 6 | 7 |

# 附录3

## 实验材料

公共指导语

尊敬的女士/先生，您好！欢迎参加浙江大学全球创业研究中心的“组织变革背景下团队主动性”研究。为了更好地捕捉团队互动行为，本研究采用录像研究技术，使用的是高管团队的并购整合战略及策略研讨模拟任务，请尽可能地发挥您的创造性，积极参与到团队讨论中来。

1 角色选择

高管团队的角色包括：总经理、人力资源经理、财务经理、营销经理和研发经理。角色的分配采取参与成员自选的方式，即根据自己的专长和经验自行选取，如果出现重合的现象，再进行协调分配。

2 讨论流程

总的讨论时间是1个小时，分为三个阶段（每个阶段时间结束后会有提醒）：

(1)团队职责讨论，根据要达到的目标，分别阐述自己的职位在高管团队中所承担的职责。讨论时间共10分钟：每人发言2分钟，发言顺序为人力资源经理、财务经理、营销经理、研发经理、总经理，总经理同时写下每人所说职责要点。

(2)第二阶段，针对下面两个目标，根据背景材料和各自专长，进行互动讨论。

①确定整合顺序：业务整合、组织整合和文化整合的先后顺序到底应该怎样确定？确定整合顺序讨论20分钟：每人2分钟

发表自己观点并简要阐明理由，之后自由讨论10分钟，就整合顺序达成一致意见，完成后总经理写下商讨后的整合顺序。

②制定整合方案：确定整合顺序后，应该怎样制定出每个整合阶段的几个关键策略？

根据制定的整合顺序，就各个阶段的关键整合策略，在总经理主持下自由讨论20分钟，确定各个阶段的几个关键策略，总经理同时把这些策略的要点写下来。

(3)团队规范讨论，探讨如何更好地建立团队协同机制，如何能在团队决策中取得更好的绩效。讨论时间10分钟：每人发言2分钟，总经理同时写下每人所说规范要点。

3　决策规则

本次讨论所采用的决策规则是总经理主持下的民主集中制，最终方案要大家达成共识。

如果您已经理解了上述材料和任务，请看相关参考信息。

**总经理参考信息**

角色信息（以下信息只有您的职位才掌握）：

作为公司的总经理，您在本次并购中掌握如下信息：

1. M公司的业务计划调整成以研发为核心、以物流基地为依托的现代牛奶生产、配送模式，并大力开拓超市、商场等市场。

2. 组织结构计划调整为更加扁平的模式，围绕生产研发和市场营销两个核心来进行重新设计。

3. 文化理念上向B公司靠拢，打造以创新为核心的持续竞争力，强调创新创业精神。

4. M公司的潜在优势就在于有希望打造成为覆盖本地区的新鲜牛奶快速生产供应中心，做到顾客喝到的都是当天的奶。

5. 公司未来战略是做好本地区的样本市场，并把这个模式向全国其他大中型城市推广。

请您在决策时适当参考这些信息，并根据您原有的专长和经验创造性发挥。

**营销经理参考信息**

作为公司的营销经理，您在本次并购中掌握如下信息：

1. 在本地区牛奶配送市场上，M公司所占份额从兴盛时的20%下降到现在的13%。在本地区牛奶配送业务上，主要的竞争对手是光明和新希望。

2.瓶装、盒装和袋装牛奶在公司业务中分别占到50%、30%和20%的比例。

3.瓶装奶有时不新鲜的问题主要是配送工人管理不到位，不能及时送货。袋装奶的问题是由于供应包装袋的厂家产品质量不稳定。

4.三聚氰胺事件出来以后对牛奶市场冲击很大，消费者信心受到很大影响，幸运的是M公司产品都没有这个问题。

5.由于业务流程的原因，营销中的一些活动支出没有及时地在财务处备案。

### 人力资源经理参考信息

作为公司的人力资源经理，您在本次并购中掌握如下信息：

1.M公司没有严格的绩效考核制度，存在吃大锅饭问题。

2.现在的人才市场很难招到优秀的营销人员，特别是牛奶行业相关的。

3.M公司表现出的是一种表面和谐的文化，有了问题很少当面指出来。

4.M公司被收购后，公司原有员工普遍存在恐慌和排斥心理。

5.M公司的一些营销业务主管还是挺有能力的，但是却没有得到重用。

### 财务经理参考信息

作为公司的财务经理，您在本次并购中掌握如下信息：

1.M公司近三年，每年亏损2000万左右。

2.如果一开始就进行大规模裁员，会带来很高的成本。

3.M公司有一个会议营销的专项经费，但是在账面上却没有记载这笔钱花在了哪里。

4.B公司完成了对M公司的收购之后，所能周转的现金比较有限。

5.M公司物流基地的燃料、车辆维护成本偏高。

### 研发经理参考信息

作为公司的研发经理，您在本次并购中掌握如下信息：

1.M公司近三年只推出了两个新产品。

2.M公司有一个与本地大学共建的研发中心，但是由于激励问题成果很少。

3.M公司研发部门人员知识结构比较类似，需要补充新鲜血液。

4.M公司的研发人员自主性较差，习惯于等待领导给命令。

5. M公司的研发人员和市场营销部门配合较为薄弱，很少能够根据营销部门的要求进行产品的设计和更新。

### 交互记忆系统高低组指导语

高水平组：在正式实验开始前进行10分钟的信息沟通，使得大家彼此了解各自的专长和所掌握的信息。

低水平组：在实验开始前并没有进行任何个人专长和所掌握信息的交流，直接进入模拟任务的讨论阶段。

### 团队主动性高低组指导语

高水平组：本次实验是决定大家考试成绩的关键部分，实验录像将会由专家进行评价，请大家充分发挥自己的专长和经验，积极发挥团队精神和创新精神，在规定时间里创造性地解决问题，提出更多数量、更高质量的决策方案。

低水平组：本次模拟实验只是一次课堂练习，大家的表现不会记入成绩，录像只是为了做个形式，而且由于本案例是一个成熟的案例，大家也不可能提出什么新的创意出来，大家只要完基本任务要求即可。

### 操作检验

交互记忆系统检验：请评价你对该团队在任务执行中能够知道彼此专长和信息并能够有效进行信息分配和互动协作的程度打分，打分采用了七点量表的形式，分数越高表明交互记忆系统建构的水平越高。

| 低 | 1 | 2 | 3 | 4 | 5 | 6 | 7 | 高 |
|---|---|---|---|---|---|---|---|---|

对团队主动性的检验问题是：请对该团队能够在任务执行中表现出群策、协作和适应行为的可能性评分，打分采用了七点量表的形式，分数越高表明团队主动性度越高。

| 低 | 1 | 2 | 3 | 4 | 5 | 6 | 7 | 高 |
|---|---|---|---|---|---|---|---|---|

## 评价者评价量表

**1　请根据您观察到的该团队在讨论中的实际行为表现，对以下各项进行打分：**

| | | | | | | | | | | | |
|---|---|---|---|---|---|---|---|---|---|---|---|
| TMB-1 | 主动了解别人的专长 | 弱 | 1 | 2 | 3 | 4 | 5 | 6 | 7 | 强 | 强：经常去关心别人的专长是什么，如询问别人所熟知的经验是什么。<br>弱：很少关心别人的专长是什么。 |
| TMB-2 | 有目标地更新自己的信息 | 弱 | 1 | 2 | 3 | 4 | 5 | 6 | 7 | 强 | 强：根据任务目标不断更新自己的信息和知识，如通过讨论不断补充完整自己的信息。<br>弱：很少对自己的信息和知识更新。 |
| TMB-3 | 询问相关实务的信息 | 弱 | 1 | 2 | 3 | 4 | 5 | 6 | 7 | 强 | 强：经常询问别人相关实务信息，如询问行业中一般的一些做法。<br>弱：很少询问别人相关实务信息。 |
| TMB-4 | 交互分配 | 弱 | 1 | 2 | 3 | 4 | 5 | 6 | 7 | 强 | 强：信息按照各自专长进行分配加工，如本人掌握的信息中涉及其他人专长的会主动询问其他人。<br>弱：信息很少进行分配加工。 |
| TMB-5 | 任务分解 | 弱 | 1 | 2 | 3 | 4 | 5 | 6 | 7 | 强 | 强：任务会按照各自的专长进行分解。如制定各个步骤时会根据步骤的关键点重点询问负责人的意见。<br>弱：很少把任务进行分解。 |
| TMB-6 | 分布加工 | 弱 | 1 | 2 | 3 | 4 | 5 | 6 | 7 | 强 | 强：信息加工充分听取各方的意见。<br>弱：信息加工主要是领导来进行处理的。 |
| TMB-7 | 决策支持要求 | 弱 | 1 | 2 | 3 | 4 | 5 | 6 | 7 | 强 | 强：频繁要求成员提供相关信息支持。<br>弱：很少要求成员的信息支持。 |
| TMB-8 | 信息提取协调 | 弱 | 1 | 2 | 3 | 4 | 5 | 6 | 7 | 强 | 强：经常要在信息获取中进行协调。<br>如确定某种信息应该从谁哪里得知。<br>弱：很少对信息获取进行协调。 |
| TMB-9 | 加工反应协同 | 弱 | 1 | 2 | 3 | 4 | 5 | 6 | 7 | 强 | 强：经常要求大家在信息加工中进行协同配合。<br>弱：很少要求大家进行协同配合。 |

**2　请根据您观察到的该团队在讨论中的实际行为表现，对以下各项进行打分。**

2.1　第一阶段评分

| | | | | | | | | | | | |
|---|---|---|---|---|---|---|---|---|---|---|---|
| TIB-1 | 职责驱动 | 低 | 1 | 2 | 3 | 4 | 5 | 6 | 7 | 高 | 高：团队职责是行动的巨大推动力。如即使讨论中遇到了矛盾，仍然尝试寻求更好的方案。<br>低：表现不出职责的推动。 |
| TIB-2 | 结构驱动 | 低 | 1 | 2 | 3 | 4 | 5 | 6 | 7 | 高 | 高：团队成员的权力、专长分布结构对团队行动有较大的驱动力。如在讨论中角色的专长、信息、权力促进了团队成员积极的行动。<br>低：表现不出对团队行为的驱动。 |
| TIB-3 | 文化驱动 | 低 | 1 | 2 | 3 | 4 | 5 | 6 | 7 | 高 | 高：团队中的氛围是对团队主动行动产生了有力推动。如团队中存在一种鼓励大家积极发言、主动行动的氛围。<br>低：表现不出文化氛围上的动力。 |

2.2　第二阶段评分

| | | | | | | | | | | | |
|---|---|---|---|---|---|---|---|---|---|---|---|
| TIB-4 | 互动激发 | 低 | 1 | 2 | 3 | 4 | 5 | 6 | 7 | 高 | 高：团队成员各自的专长可以在群体互动之下得到更好的发挥。如成员的经验和信息充分得到运用。<br>低：表现不出互动的效益。 |
| TIB-5 | 协作配合 | 低 | 1 | 2 | 3 | 4 | 5 | 6 | 7 | 高 | 高：团队成员相互配合地整合各种信息。如在讨论中策略的制定是共同努力的成果。<br>低：表现不出配合的动作。 |
| TIB-6 | 行动领先 | 低 | 1 | 2 | 3 | 4 | 5 | 6 | 7 | 高 | 高：团队成员积极尝试全面搜索信息、对未来可能出现的问题提前做出预测。<br>低：只是局限在对问题的短期讨论上。 |

## 第三阶段方案评分

| | | | | | | | | | | |
|---|---|---|---|---|---|---|---|---|---|---|
| TIB-7 | 流程适应 | 低 | 1 | 2 | 3 | 4 | 5 | 6 | 7 | 高 | 高:团队在进行互动讨论和决策时更加关注发言顺序、大家各自的表现。如当面对冲突时,团队成员把冲突点进行集体的分析和辩论。<br>低:表现不出对流程提高的努力。 |
| TIB-8 | 制度推动 | 低 | 1 | 2 | 3 | 4 | 5 | 6 | 7 | 高 | 高:团队有一种鼓励大家积极行动和良好配合的氛围,并尝试建立制度。如强调讨论规范就是大家畅所欲言。<br>低:没有做出相应的行动。 |
| TIB-9 | 文化适应 | 低 | 1 | 2 | 3 | 4 | 5 | 6 | 7 | 高 | 高:团队成员尝试建立一种更加安全的鼓励创造的氛围。如强调为了做出更高质量的决策,努力建设平等创新的文化。<br>低:表现不出从文化上的努力。 |

### 3　请您对该团队在三个阶段的决策方案分别进行决策质量评价

| | | | | | | | | | | | |
|---|---|---|---|---|---|---|---|---|---|---|---|
| S-noact | 积极性方案数量 | 差 | 1 | 2 | 3 | 4 | 5 | 6 | 7 | 好 | 好:提出了很多积极性的方案。<br>差:基本提不出积极性的方案。 |
| S-nocr | 创造性方案数量 | 差 | 1 | 2 | 3 | 4 | 5 | 6 | 7 | 好 | 好:提出了很多创造性的方案。<br>差:基本提不出创造性的方案。 |
| S-nore | 关系导向数量 | 差 | 1 | 2 | 3 | 4 | 5 | 6 | 7 | 好 | 好:提出了很多关系导向的方案。<br>差:基本提不出关系导向的方案。 |

| | | | | | | | | | | | |
|---|---|---|---|---|---|---|---|---|---|---|---|
| S-rea | 现实程度 | 低 | 1 | 2 | 3 | 4 | 5 | 6 | 7 | 高 | 高:目前情况下,用现在的方法获得成功的可能性很大。<br>低:目前情况下,用现在的方法不可能获得成功。 |
| S-plan | 计划量 | 低 | 1 | 2 | 3 | 4 | 5 | 6 | 7 | 高 | 高:大量的计划。<br>低:很少或没有计划。 |
| S-pro | 前瞻性 | 低 | 1 | 2 | 3 | 4 | 5 | 6 | 7 | 高 | 高:积极搜集新信息,依据新信息与机会采取行动,积极寻找新的解决新方法,寻求不同的解决方法。 |

图书在版编目（CIP）数据

组织变革背景下团队主动性特征与效能机制研究 / 薛宪方著. 一杭州：浙江大学出版社，2011.12

ISBN 978-7-308-09439-9

Ⅰ.①组… Ⅱ.①薛… Ⅲ.①企业管理一组织管理学一研究 Ⅳ.①F272.9

中国版本图书馆 CIP 数据核字（2011）第 265353 号

组织变革背景下团队主动性特征与效能机制研究

薛宪方　著

责任编辑　王　波
封面设计　续设计
出版发行　浙江大学出版社
（杭州市天目山路 148 号　邮政编码 310007）
（网址：http://www.zjupress.com）
排　　版　杭州中大图文设计有限公司
印　　刷　浙江云广印业有限公司
开　　本　710mm×1000mm　1/16
印　　张　12.75
字　　数　229 千
版 印 次　2011 年 12 月第 1 版　2011 年 12 月第 1 次印刷
书　　号　ISBN 978-7-308-09439-9
定　　价　30.00 元